本书系国家自然科学基金地区科学基金项目"基于共词分析的科学计量信效度研究"（71563042）和国家自然科学基金面上项目"信息致贫的微观机理与信息减贫的宏观制度关联研究"（71874141）成果。

西部地区"一带一路"建设与创新发展系列丛书
张永丽 主编

社会认识层次论
—— 一个LIS基础理论框架的建构与检验

周文杰 ○ 著

中国社会科学出版社

图书在版编目（CIP）数据

社会认识层次论：一个 LIS 基础理论框架的建构与检验 / 周文杰著.
—北京：中国社会科学出版社，2021.3
（西部地区"一带一路"建设与创新发展系列丛书）
ISBN 978 – 7 – 5203 – 7858 – 1

Ⅰ. ①社⋯　Ⅱ. ①周⋯　Ⅲ. ①图书馆工作—读者服务—研究　Ⅳ. ①G252

中国版本图书馆 CIP 数据核字（2021）第 022844 号

出 版 人	赵剑英
责任编辑	马　明
责任校对	任晓晓
责任印制	王　超

出　　版	中国社会科学出版社
社　　址	北京鼓楼西大街甲 158 号
邮　　编	100720
网　　址	http://www.csspw.cn
发 行 部	010 – 84083685
门 市 部	010 – 84029450
经　　销	新华书店及其他书店
印　　刷	北京明恒达印务有限公司
装　　订	廊坊市广阳区广增装订厂
版　　次	2021 年 3 月第 1 版
印　　次	2021 年 3 月第 1 次印刷
开　　本	710×1000　1/16
印　　张	20.25
插　　页	2
字　　数	322 千字
定　　价	109.00 元

凡购买中国社会科学出版社图书，如有质量问题请与本社营销中心联系调换
电话：010 – 84083683
版权所有　侵权必究

《西部地区"一带一路"建设与创新发展系列丛书》
编 委 会

主　编：张永丽
副主编：关爱萍
编　委：张学鹏　柳建平　周文杰　王桢
　　　　马文静　李承晋

总　序

　　改革开放以来，我国用40年的时间不仅解决了人民温饱问题，而且人民生活总体上达到小康水平的目标也将在2020年全面实现，中国即将进入为全面建设社会主义现代化国家的第三个目标而努力奋斗的崭新历史阶段。与分三步走战略并行、旨在解决我国区域发展不平衡问题的西部大开发战略2000年正式开始实施，从组织机构的成立，到西部大开发"十一五"规划、"十二五"规划的出台，再到2019年《西部陆海新通道总体规划》的颁布，国家出台了一系列鼓励西部地区发展的政策措施。这些政策措施大大激发了西部地区发展潜力，使区域内经济、社会、文化等各方面发生了巨大变化，经济发展水平与全国的差距有所缩小，但受自然、历史、社会等因素的制约，西部地区经济发展相对落后的局面并未彻底改变，占全国国土面积超过70%、人口接近30%的西部地区，国内生产总值仅占全国的不到20%，人均国内生产总值只占全国平均水平的三分之二左右，区域发展不平衡问题仍然较为突出。西部地区自然资源丰富，市场潜力巨大，战略位置重要，如何更好地实现西部地区经济发展和社会进步，缩小与东中部地区的差距，化解区域发展不平衡的矛盾，既是我国实现第三阶段战略目标必须解决的重大课题，也是全面建设社会主义现代化国家的内在要求。

　　开放和创新将成为未来中国经济发展的两大重点路径。

　　"一带一路"倡议为中国对外开放格局的调整描绘了一幅新的蓝图。西部地区陆地边境线占全国的80%左右，古丝绸之路途经的国内省份主要在陕西、甘肃、新疆等西部地区，建设"一带一路"为西部地区带来了新的发展机遇。近年来，作为我国重点建设省区的西北五省区，通过与中西亚、中东欧、南亚、东南亚等"一带一路"沿线国家开展深入合作，积极融入"一带一路"建设，对外开放步伐进一步加快；西部地区企业的国际化经营合作也迎来了良好的机遇，呈现出良好的发展势头，基础设施、贸易、金融、能源等领域的一系列重大项目陆续实施，企业"走出去"的热情日益高涨，对外投资规模保持增长态势。

创新驱动战略的实施为我国经济发展增添了新的动力。党的十九大提出，要"加快建设创新型国家"，"大力实施创新驱动发展战略"。习近平总书记强调，"要深入实施创新驱动战略，推动科技创新、产业创新、企业创新、市场创新、产品创新、业态创新、管理创新等"。在国家战略的指引下，我国出台了一系列鼓励企业创新的政策措施，产生了积极的效果。不少企业通过组织结构与管理机制创新，加快向扁平化、平台化的创新型组织转型，极大地释放了企业内部的创新活力，催生了大量新技术、新产品、新业态和新模式。西部地区在国家创新型战略引领下，也正在积极参与技术、产品、制度等领域的创新，参与创新型社会建设，谋求以创新为核心实现经济发展方式的转型。

开放和创新的西部地区，既需要充分利用"一带一路"提供的与沿线国际开展经济合作的历史机遇，大力发展对外贸易，提高对外开放水平，通过强化对外经济合作推动经济增长；也需要在供给侧结构性改革的大背景下，通过人口和劳动力流动，积极承接产业转移，调整区域产业结构，从而缩小区域差距；既需要通过精准扶贫、精准脱贫，正确处理消除贫困与区域发展的关系，在实现贫困人口脱贫摘帽、与全国同步进入小康社会的同时，促进区域经济发展水平的提升；也需要大力发展外向型企业和创新型企业，提升企业管理水平和创新能力，助推西部地区经济向外向型、创新型经济过渡，实现区域的高质量发展。

这套丛书由七部著作构成，分别研究了"一带一路"建设背景下中国西北地区与中亚五国产业互补及合作，劳动力流动、产业转移与区域发展差距，西部地区精准扶贫政策与实践，西北地区外向型中小企业管理，中国IT行业员工的组织相关态度对离职倾向的影响等热点问题，通过对"一带一路"建设背景下西部地区产业、贸易、扶贫、中小企业管理等问题的实证分析，提出了一系列切实有效地政策建议和措施，以期为提高西部地区经济发展水平、缩小区域差距提供政策参考。

总　序

当前，中国经济发展已由高速增长阶段转向高质量发展阶段，党的十九大已经从"深化供给侧结构性改革、加快建设创新型国家、实施区域协调发展战略、加快完善社会主义市场经济体制、推动形成全面开放新格局"等方面进行了全面部署。西部各省区应该紧紧围绕这些战略部署，积极探索，主动作为，全方位推进开放和创新，为全面建设社会主义现代化国家贡献力量。

张永丽
2020 年 5 月

前　　言

在过去的半个多世纪时间里，"世界3"理论、社会认识论及认知结构理论等先后提出和发展。虽然这些理论基于迥异的逻辑起点并旨在解释不同的社会现象，但却指向了一个共同的方向——社会的"认知结构"。

将社会类比于个体，并对其认知发展的过程、原理与本质进行揭示，是美国图书馆情报学家杰西·谢拉（Jesse H. Shara）毕生努力的方向，而提出社会认识论堪称谢拉一生中最重要的理论贡献。谢拉的著述中，频繁而热切地呼唤图书馆职业[①]从社会认识论的角度理解自己的使命与原理。将社会认识论作为图书馆情报学的理论基础，以谢拉为肇始，但也同样以谢拉为归宿。社会认识论提出之后，图书馆情报学并没有沿着谢拉期盼的方向，基于社会认识论的视角，从一个统一而自洽的理论基点出发，构建一个兼具理论完备性和实践指导性的学科体系。社会认识论提出以来，在图书馆情报学领域内应者寥寥。虽然图书馆情报学领域也曾产生一些以"交流"等名义展开的学说，但这些学说既缺乏与社会认识论之间的直接理论关联，又缺乏令人信服的实证研究跟进，更没有在职业实践中得到实质性的应用，其生命力之短暂，确乎是昙花一现。

谢拉之后，对图书馆职业影响最重大的事件，就是整个社会开始走向信息化、网络化和数字化的转型。对于这样一个信息技术发展日新月

---

① 本书中所称的图书馆职业，不仅对应着由实体图书、情报、档案等以记录资源的收集、管理与提供利用为主要职业活动内容的机构所构成的事业体系，也对应着图书、情报、档案管理等专业教育与研究机构。这种称谓并非科学意义上的界定，是为了表述简练而采用的一种"工作性"称谓。

异的时代而言，唯一不变的，就是变化。由于与信息技术之间的关联如此紧密，以至于信息技术的更新换代常常使图书馆职业处于被"颠覆"的幻象之中。毋庸讳言，最近二三十年来方兴未艾的专业教育机构更名、学科体系异化、研究领域泛化等现象都表明，由于学理基础薄弱、职业环境巨变、专业自我消解、友邻学科分裂等种种因素的叠加，传统的图书馆学科已然到了"危急存亡之秋"。在此背景下，探求永续变化环境中图书馆职业不变的理论根基，就变得非常紧迫。

应用性学科得以存在的重要前提，是这个学科所依附的职业尚具有存在的合理性；而一个职业之所以有必要存在，通常是由于这个职业对应着并能够满足社会的某种需求。从这个角度看，解读社会对于图书馆职业的需求，进而对这种需求背后的理论质素与原理展开解析，不失为图书馆情报学理论建构的一条基本路径。在这条路径上，谢拉以社会认识论的名义，为图书馆情报学的基础理论建设指出了一个有价值的思考方向：如果社会确实像个体一样，通过不断获取知识而得以发展的话，图书馆职业的本质属性，是否正是在于其凭借对知识信息的物化形态——记录资源的收集、整序与提供利用而满足社会认知发展需求，并最终促进社会认识高级化？

本书写作的初衷，并不是要构建一个有别于社会认识论的理论体系，恰恰相反，这是一本旨在将社会认识论与世界3和认知结构等理论融会于一体的著作。终其一生，谢拉致力于将图书馆情报学的理论基础置于社会认识论之上，但却对社会认识获得发展的内在机理和资源基础几乎没有进行过深入解析。与谢拉同时代的英国图书馆情报学家布鲁克斯（Bertram Claude Brookes）曾指出，波普尔的"世界3"理论不能不引起图书馆学者、情报学者的注意，这是因为它是第一次从纯粹实用的观点以外的角度，为图书馆学与情报学的专业活动提供了理论根据。[①] 如果沿着布鲁克斯的逻辑展开进一步思考就会发现，社会认识论与世界3理论在记录资源与用户互动的各层面都具有一定的理论关联。事实上，布鲁克斯对于图书馆情报学的重要贡献在于，他系统地从认知地图的角度对

---

① ［英］布鲁克斯（Bertram Claude Brookes）：《情报学的基础（一）》，王崇德、邓亚桥、刘继刚等译，《情报科学》1983年第4期。

知识组织的原理和本质给予了解释。通过布鲁克斯的努力，不仅使世界3理论进入了图书馆情报学基础理论建构的视野，而且也为知识组织等图书馆职业的具体业务活动找到了理论根基。

在前期关于信息贫困问题的研究中，本书作者发现，在当今社会中人群之间存在着比较明显的信息贫富分化层级。当跳出"信息"的桎梏，从人和社会的角度来看待这些差异化分布的人群时，一个以"群体间认知不均衡"为特征的层级化社会结构跃然而出。如前文所述，图书馆职业要想避免被颠覆的命运，归根到底需要把自己的职业行为切实植根于社会需求之中。群体性认知差异现象的存在表明，社会认识的发展，需要有一套完整的制度保障体系与理论支撑。由于图书馆职业所拥有的，恰恰是促进认知发展所必需的记录资源，而记录资源体系所代表，正是反映人类认识成果的"客观的知识世界"，为此，图书馆职业对记录资源的整序与提供利用不仅与社会认知发展实践存在明显关联，更与世界3理论和认知结构理论紧密相关。从这个角度来看，将图书馆体系解读为一种促进社会认识高级化的制度安排，能够比较充分地回答图书馆职业适应了什么样社会需求的问题。

将图书馆职业定位为一种保障社会认识高级化的制度安排，有利于图书馆情报学理论的建设者在永续变化的信息社会中保持定力。理论工作者的坚守，或许将不仅是保障图书馆学科发展的最后一道屏障，也很可能会是图书馆职业所有从业者最后的精神归依。

本书的内容，大致可分为理论建构和实证研究两个部分。其中，前四章聚焦于建构一个社会认识层级性理论框架，后四章则围绕这一框架从不同侧面展开经验研究。由于写作本书的目的主要是融贯社会认识论与世界3、认知结构等理论，以期为图书馆情报学的理论建设提供一些有益的启示，因此，无论是理论建构还是实证研究，本书所涉猎的内容事实上都充满着探索性。为此，笔者留出了很大空间，期盼着能聆听到来自图书馆情报学领域内外专家、同行及各位读者的批评与建议。

周文杰
2020年4月2日

目　录

第一章　社会认识论的提出 …………………………………… (1)
　　第一节　社会认识论的缘起与假设 ……………………………… (1)
　　第二节　个体认知与群体认知的同构性 ………………………… (5)
　　第三节　图书馆情报学的理论基础 ……………………………… (11)

第二章　社会的认知结构 ……………………………………… (18)
　　第一节　客观知识与知识组织 …………………………………… (18)
　　第二节　认知理论与认识地图 …………………………………… (36)
　　第三节　客观知识世界的结构 …………………………………… (48)

第三章　社会认知发展的原理与基础 ………………………… (60)
　　第一节　客观知识的"藏"与"用" …………………………… (60)
　　第二节　知识的交流 ……………………………………………… (67)
　　第三节　认知发展的社会基础与制度安排 ……………………… (78)

第四章　社会认识的高级化 …………………………………… (96)
　　第一节　个体与社会认知发展过程与结果 ……………………… (96)
　　第二节　社会认识发展的制度基础与层级结构 ………………… (118)
　　第三节　图书馆情报学研究社区对社会认识层级性的呼应 …… (136)

第五章　群体间的认知不均衡与测度 ………………………… (157)
　　第一节　信息社会中的群体性认知差异 ………………………… (157)

第二节 群体性认知不均衡现象的理论解析 …………………（166）
第三节 群体性认知不均衡的测度 ……………………………（186）

第六章 群体性认知差异的实证调查 …………………………（204）
第一节 数据来源 ………………………………………………（204）
第二节 基于聚类的群体性认知差异现象分析 ………………（207）
第三节 不同认知水平人群个人信息世界的特征 ……………（219）

第七章 社会认识高级化的制度保障
——公共图书馆 ………………………………………（249）
第一节 文献回顾与研究假设 …………………………………（249）
第二节 研究设计 ………………………………………………（257）
第三节 研究结果 ………………………………………………（259）

第八章 社会认识高级化的制度保障
——高校图书馆 ………………………………………（271）
第一节 文献回顾与研究假设 …………………………………（271）
第二节 研究设计 ………………………………………………（274）
第三节 研究结果 ………………………………………………（277）

附录1 个人信息世界量表 ………………………………………（283）

附录2 《个人信息世界量表》赋分规则 ………………………（290）

参考文献 …………………………………………………………（298）

后 记 ……………………………………………………………（302）

图 目 录

图 1 – 1　图书馆情报学两个观察视角的整合……………………（17）
图 4 – 1　基于用户和记录分类的图书馆情报学元理论框架………（126）
图 4 – 2　记录、用户、场域与社会认识的需求层级………………（131）
图 4 – 3　四类研究议题的散点图……………………………………（143）
图 4 – 4　第一类研究议题中的子群…………………………………（145）
图 4 – 5　第二类研究议题中的子群…………………………………（146）
图 4 – 6　第三类研究议题中的子群…………………………………（147）
图 4 – 7　第四类研究议题中的子群…………………………………（148）
图 4 – 8　基于 LISTA 数据库获取的图书馆情报学的整体科学
　　　　　知识图谱…………………………………………………（150）
图 4 – 9　"体验"（experience）和"小说"（fiction）两个词的
　　　　　个体网络…………………………………………………（152）
图 4 – 10　"健康"（health）和"生活"（life）两个词的
　　　　　 个体网络…………………………………………………（153）
图 4 – 11　"检索"（retrieval）和"本体"（ontology）两个词的
　　　　　 个体网络…………………………………………………（154）
图 4 – 12　"创新"（innovation）和"知识"（knowledge）
　　　　　 两个词的个体网络………………………………………（155）
图 5 – 1　ITU 提出的向信息社会进化的三阶段模型………………（192）
图 5 – 2　PII 指标框架………………………………………………（196）
图 6 – 1　有效问卷受访者的人口统计学特征………………（207/208）
图 6 – 2　四类人群的性别比例………………………………………（212）

图 6-3 四类人群的民族比例 …………………………………（212）
图 6-4 四类人群的年龄分布 …………………………………（214）
图 6-5 四类人群的职业分布 …………………………………（215）
图 6-6 四类人群的收入分布 …………………………………（215）
图 6-7 四类人群的教育经历分布 ……………………………（216）

表目录

表4-1　八个阶段的对立品质……………………………………（97）

表4-2　与记录资源有关的30个词……………………………（141）

表4-3　记录资源的五个因子……………………………………（142）

表4-4　四类中的代表性研究议题………………………………（151）

表5-1　截至2007年全球部分重要数字鸿沟测度模型…………（188）

表5-2　IDI指标权重……………………………………………（193）

表5-3　PII的指标体系及权重…………………………………（196）

表5-4　南开大学学生与西青农民工各维度均值比较…………（202）

表5-5　南开大学生与西青农民工各维度的t检验……………（203）

表6-1　问卷发放地点与回收问卷的数量………………………（205）

表6-2　聚合为三类时的最终聚类中心…………………………（210）

表6-3　聚合为四类时的最终聚类中心…………………………（210）

表6-4　聚合为五类时的最终聚类中心…………………………（211）

表6-5　不同性别和民族人群在不同认知水平人群中人数分布的卡方检验结果…………………………………………（213）

表6-6　不同年龄、职业、收入和教育经历人群在群体性认知差异中人数分布的卡方检验结果…………………（216）

表6-7　受访者受教育年限的描述性统计………………………（218）

表6-8　高认知水平者的可及信息源……………………………（221）

表6-9　高认知水平者的可获信息源……………………………（221）

表6-10　高认知水平者的基础信息源…………………………（222）

表号	标题	页码
表6-11	高认知水平者的信息资产	(223)
表6-12	高认知水平者个人信息世界的时间边界	(224)
表6-13	高认知水平者个人信息世界的空间边界	(225)
表6-14	高认知水平者个人信息世界的知识边界	(226)
表6-15	高认知水平者个人信息世界的动力特征	(229)
表6-16	认知水平居中者的可及信息源	(231)
表6-17	认知水平居中者的可获信息源	(231)
表6-18	认知水平居中者的基础信息源	(232)
表6-19	认知水平居中者的信息资产	(233)
表6-20	认知水平居中者个人信息世界的时间边界	(234)
表6-21	认知水平居中者个人信息世界的空间边界	(235)
表6-22	认知水平居中者个人信息世界的知识边界	(236)
表6-23	认知水平居中者个人信息世界的动力特征	(237)
表6-24	低认知水平者的可及信息源	(239)
表6-25	低认知水平者的可获信息源	(240)
表6-26	低认知水平者的基础信息源	(241)
表6-27	低认知水平者的信息资产	(242)
表6-28	低认知水平者个人信息世界的时间边界	(243)
表6-29	低认知水平者个人信息世界的空间边界	(243)
表6-30	低认知水平者个人信息世界的知识边界	(244)
表6-31	低认知水平者信息获取的动力	(247)
表7-1	公共图书馆11项业务指标的描述性统计	(257)
表7-2	总得分及两个因子的描述性统计	(258)
表7-3	财政投入及居民教育状况的描述性统计	(259)
表7-4	经济与教育发展相关控制变量描述性统计	(259)
表7-5	两个阶段经济和教育变量之于公共图书馆业务指标影响的实证检验	(262)
表7-6	两个阶段经济和教育变量之于公共图书馆规模因子影响的实证检验	(264)

表7-7	两个阶段经济和教育变量之于公共图书馆密度因子影响的实证检验	(266)
表8-1	2011—2016年我国高校知识创新相关变量的均值	(275)
表8-2	自变量的描述性统计	(276)
表8-3	回归分析结果	(278)

第一章

社会认识论的提出

第一节 社会认识论的缘起与假设

认识论是哲学等领域历久弥新的重要研究议题之一。自柏拉图以来，围绕着"什么是知识，我们如何获取知识"这一主题，学术界从个体与社会两个层级展开了理论建构，其中，个体主义的认识论传统一直占据主流。① 在个体主义认识论不断得以发展完善的同时，很多学者对社会因素在认识活动中的作用给予了关注，从而引导着认识论的理论发展走向社会取向。在认识论的社会属性解析方面，卡尔·马克思在其意识形态论中引入了社会因素，使其成为社会认识论的历史组成部分，卡尔·曼海姆进一步拓展了马克思的意识形态理论，提出把社会群体的思想追溯到这一群体的社会情形。② 但是，"从对柏拉图到康德以来的认识论回顾中，没有人直接地用到'社会认识论'这一术语，即便是在认识论的社会转向的过程中，自马克思以来的知识社会学到科学社会学，乃至于科学知识社会学，也都没有直接用到'社会认识论'"③。

1950年7月24—29日，杰西·豪克·谢拉（Jesse Hauk Shera）与其同事玛格利特·伊丽莎白·伊根（Margaret Elizabeth Egan）在芝加哥大学主办了书目组织（bibliographic organization）会议并将一篇以《书目控制

---

① 丁五启：《图书馆与信息科学的认知基础——耶希·霍克·沙拉的社会认识论构想》，《自然辩证法研究》2006年第5期。
② 丁五启：《当代西方社会认识论研究》，博士学位论文，复旦大学，2007年，第4页。
③ 同上书，第5页。

前言》（Prolegomena to Bibliographic Control）① 为题的短文纳入了会议的议程。谢拉在会议上的讲话及这篇文章被认为已经孕育了社会认识论的"种子"②。1952年，谢拉和伊根对其理论进行了拓展，发表了《书目的理论基础》（Foundations of a Theory of Bibliography）③ 一文，社会认识论由此基本成型。1967年，受阮冈纳赞（Sarada Ranganathan）之邀，谢拉在印度发表了一系列演讲，并最终将演讲内容于1970年以《图书馆学的社会学基础》（Sociological Foundations of Librarianship）④ 为名出版。至此，社会认识论完成了最终的理论建构。概括而言，社会认识论所主张的理论观点主要包括：⑤

为避免衰退，社会必须持久地获取或同化新的信息或知识。

现代社会是一个由交流系统将二元的行为和思想"绑在一起"的社会。

关于知识的本质、知识结构与图书馆员的知识获取工具属性之间的关系几乎没有引起人们的注意，当然更没有得到深入探究。

相对于心理学对于个体认知的理论解读，关于社会化知识实体在认识论属性方面的理论发展相对薄弱。

社会认识论作为一门新的学科，应该提供对于社会知识发展进程本质等复杂问题的研究框架。

社会认识论应该聚焦于整个社会结构中交流思想的生产、流动、整合和消费。

社会认识论最重要的应用领域在于图书馆职业。

---

① Egan, M. E. and Shera, J. H., "Prolegomena to Bibliographic Control", *Journal of Cataloging and Classification*, Vol. 5, No. 2, 1949, pp. 17–19.

② Zandonade, T., "Social Epistemology from Jesse Shera to Steve Fuller", *Library Trends*, Vol. 52, No. 4, 2004, pp. 810–832.

③ Egan, M. E. and Shera, J. H., "Foundations of a Theory of Bibliography", *Library Quarterly*, Vol. 22, 1952, pp. 125–137.

④ Shera, J. H., *Sociological Foundations of Librarianship*, New York: Asia Publishing House, 1970.

⑤ Egan, M. E. and Shera, J. H., "Foundations of a Theory of Bibliography", *Library Quarterly*, Vol. 22, 1952, pp. 125–137.

图书馆职业以社会认识论为基础。

图书馆员是人与书写记录之间的有效中介。

书目和图书馆信息系统的结构化是为了尽最大可能顺应人对记录知识的使用。

图书馆员进行馆藏控制的工具和方法主要有分类方案、主题标引、索引和其他对书目单元进行的主题分析。

……

社会认识论着眼于"对与知识相关的社会关系、社会作用、社会利益和社会体制等诸多社会因素展开概念研究与规范研究"。[①] 社会认识论的创立,突破了自柏拉图以来个体主义的认识论传统,为解释群体性的认知活动提供了契机。在《书目理论的基础》一文中,谢拉等为社会认识论这一新的学科设立了四种"基本假设":[②]

首先,个体获得认识与其直接环境(或所接触的环境)部分相联系。

其次,人类的传播工具使个体具备进入超越其个人经验但能够为其所理解的总体环境中。

第三,作为诸多个体异质性知识的融合,社会认识从整体上超越了个体知识。

第四,社会性的理智行为超越个体行为。

这四种假设不仅确认了个体认知基于"传播工具"而形成社会认知的路径,而且提出社会性认知大于个体认知简单相加之和。基于这一系列假设而构建的社会认识论,为研究位于个体与群体认知之间的"传播工具"及其作用机理留下了广阔的空间,从而也使得研究者寻求图书馆

---

① Schmitt, Frederick F., *Socializing Epistemology: The Social Dimension of Knowledge*, Rowman & Littlefield Publisher, Inc., 1994, p. 1.

② Margaret E. Egan and Jesse H. Shera, "Foundation of a Theory of Bibliography", *The Library Quarterly*, Vol. 22, No. 2, 1952, p. 132.

情报学理论根基的步伐向前迈进了一大步。

1970年，谢拉再次明确提出，由于"所有形式的被传递思想经由完整的社会网络进行生产、流通、整合与消费"①，所以，在认识论的研究中，应该关注知识与社会活动之间产生一种新的交互作用的综合。1987年，美国《综合》杂志推出了以"社会认识论"为主题的一期专刊，发表了斯图尔特·科亨（Stewart Cohen）的《知识，情境与社会标准》、哈利·科恩布李斯（Hilary Kornblith）的《认知的社会特征》、弗里德利科·F. 施密特（Frederick F. Schmitt）的《辩护，社会与自治》、肯斯·赖诺尔（Keith Lehter）的《个人知识与社会知识》、艾文·高曼（Alvin Goldman）的《社会认识论的基础》、史蒂夫·富勒（Steve Fuller）的《论对所知的调控社会认识化的一种方式》和玛格瑞特·吉尔伯特（Margaret Gilbert）的《塑造集体信念》七篇文章，由此奠定了哲学视野中社会认识论的理论基础。②

社会认识论的主要理论创见在于，将原本与个体智力发展密切相关的"认识论"置于一个集体性概念——"社会"的视角之下，从而有效解析了社会依赖于知识传播而获得"社会认识"的机制。③ 社会认识论得以创立的基本理论启迪，不仅来自认识论悠长的个体主义趋向及认知心理学家发展的个体认知理论，也源自图书馆职业在长期的知识信息服务过程中的直接实践启示。具体而言，社会认识论参照个体认知发展的机理，解析了社会借由知识交流而完善社会"智力"的机制，"提供了一种有效的、合理的参考框架。在这个框架里我们能够观察和了解社会智力发展进程中的各种错综复杂的情况，也就能够了解就整体而言社会是如何认识全部智力和社会环境的"。④

谢拉提出社会认识论的初衷，是为"图书馆管理员的工作提供知性

---

① Shera, J. H., *Sociological Foundations of Librarianship*, Asian Publishing House, 1970, p. 86.
② 丁五启：《当代西方社会认识论研究》，博士学位论文，复旦大学，2007年，第7页。
③ 丁五启：《图书馆与信息科学的认知基础——耶希·霍克·沙拉的社会认识论构想》，《自然辩证法研究》2006年第5期。
④ Jesse H. Shera, *Introduction to Library Science*, Libraries Unlimited, Inc. Littleton, Colorado, 1976.

的基础"①。在谢拉看来,传播和提供信息是知识共享所必不可少的手段,而借由记录信息这种知识传播的主要形式,人们实现了与社会其他成员之间的传播和交流,从而获取了大部分知识。在这一过程中,图书馆作为记录信息得以存储的主要场所,通过对记录信息的收集、整理以及提供获取信息的路径,使人们能够更加方便地获取知识。② 为此,谢拉把图书馆等支撑社会认识活动的中介机构称为知识场所(knowledge—situation),并指出:"在一定程度上,图书馆作为一种信息系统说明知识场所不是一种偶然的类似物。这两者一般是相关的,因为前者是后者的显现,知识场所是一个包括主体、媒介物和客体的统一体。"③

第二节 个体认知与群体认知的同构性

由于认识论悠长的发展历史首先植根于个体认知发展的研究之中,要对社会认识论的理论框架做出全面解析,就有必要对个体认知发展的理论加以介绍。迄今为止,哲学、心理学及其他各相关领域围绕认识论发展了诸多理论,形成了多种学术流派并存发展、相互促进的繁荣局面。由于本书的主要目标并非对认识论本身进行哲学视角下的理论探讨,而是借由社会认识论的理论框架而实现对社会"智力"现象的解析,因此,本书更关注认识论在实践导向(而非理论探讨)层面所产生的学术成果。20 世纪以来,在个体认知发展心理学领域产生了诸多理论,其中由瑞士心理学家皮亚杰(Jean Piaget)所发展的发生认识论(genetic epistemology)堪称这一领域最有影响的理论之一。④ 发生认识论不仅对于丰富和完善个体认知发展过程的理论体系产生了奠基性作用,也对社会认识论的理论建构具有重要的参照意义。

---

① Jesse H. Shera, *Sociological Foundations of Librarianship*, Bombay: Asia Publishing House, 1970, p. 108.
② 丁五启:《当代西方社会认识论研究》,博士学位论文,复旦大学,2007 年,第 14—15 页。
③ Jesse H. Shera, "An Epistemological Foundation for Library Science", in E. B. Montgomery, *The Foundations of Access to Knowledge: A Symposium*, Syracuse: Syracuse University, 1968, p. 9.
④ 林崇德:《发展心理学》,浙江教育出版社 2002 年版,第 6 页。

发生认识论的主旨在于揭示人类认识活动（如认知、思维、智力等）的发展过程及其结构。这一理论框架依据生物学、逻辑学和心理学，循着时间的线索，通过追溯个体始自儿童（甚至胚胎）时期认识活动的形成、智力和思维的发生和发展及影响因素与内在结构，构建了一整套用以解释各种不同水平的智力、思维结构如何先后出现的理论构念。

发生认识论不仅重视个体认知发展的内部因素，更对外在因素之于个体认知发展的影响给予了关注。按照发生认识论的观点，人的认知等各种内部因素是按照一定的先天决定的发展顺序，与影响认知结构发生变化的各种环境因素共同起作用的。[①] 也就是说，当个体具备内在的认知条件和能力后，个体认知需要借助于外部环境因素的作用而发生。这从根本上肯定了社会结构性因素之于个体认知发展的关键作用，因此也为超越个体认知行为而认识群体性认识行为的本质和机理提供了启迪。

关于个体认知发展阶段的划分是发生认识论理论框架的核心。根据儿童心理或思维发展的特征，皮亚杰把个体认知发展的过程划分为四个阶段：感知运动阶段（0—2 岁）、前运算阶段（2—7 岁）、具体运算阶段（7—12 岁）和形式运算思维阶段（12—15 岁）。同化（assimilation）、顺应（accommodation）和平衡（equilibration）是发生认识论用以理论建构的核心概念。所谓同化，是指个体把外部环境因素纳入其已有的认知图示或结构之中，用以解释外部的刺激如何加之以同化的结构从而引起特定的反应。所谓顺应，则是指个体通过改变其特定行为以适应客观的变化。个体正是通过同化和顺应两种形式，不断实现自身与环境之间的平衡。由于诸多原因，机体与环境之间会失去平衡，这就需要个体进一步通过同化和顺应而实现再平衡。这种由平衡到不平衡再到平衡的循环往复的过程，就是适应的过程，也是发生认识论者借由揭示的心理发展的本质和原因。依照皮亚杰的解释，同化只是数量上的变化，是个体吸收新经验的历程[②]，并不能引起个体心理结构的根本性改变或创新；而顺应则是质量上的变化，表现为个体为适应环境需要，主动调整自己的心理

---

① 施良方：《学习论》，人民教育出版社 2001 年第二版，第 170 页。
② Piaget, J., *The Psychology of Intelligence*, London: Routledge & Kegan, 1968.

结构，进而达到目的。①

发生认识论的创立极大地丰富和深化了个体认知发展机理的认识，迄今已获得了大量理论和实证的研究成果，也为解析社会"智力"发展的过程与原理提供了重要参照。虽然发生认识论与社会认识论一个着眼于个体认知发展，一个着眼于社会认识机制，二者并非相互继承的关系，但作为"认识论"这棵大树上的两个最重要的枝蔓，二者相辅相成、互为参照。相比于社会认识论的研究，发生认识论的理论框架更加完善，因此，本书对于社会认识原理的解析，在很大程度上将借助于发生认识论所提供的理论工具。详细内容，将在本书后续章节中展开。

如上所述，个体主义倾向长期占据了认识论研究的主流。有学者经过文献回顾后发现，西方传统认识论的探讨从某种意义上仅限于个体的理智活动主体，对以知识为主要表象形式的人类认识的理智活动进行"理论性"的探究，构成了自柏拉图以来的西方认识论的基本传统。在这一语境下，只有个体的知觉、记忆和推理才能够成为基础性的知识来源，而除此之外的知识来源和知识发展途径被或多或少地排除在外了。②

进入 20 世纪以后，很多学者意识到，由于传统认识论对个体理性给予了过多关注，从而导致在一定程度上忽视了认知的社会组织以及认知工作的社会分配。因此，"如何优化科学共同体的组织与劳动，如何对科学活动进行合理乃至最优分配，成为当代重要的认识论任务"，由此也构成了"社会认识论的优势和关注重心"。③ 自 20 世纪中后期以来，信息化程度的加深急剧改变了社会的面貌，信息交流的开放性使得个体的知识获取途径越来越多元化，研究者对于人类认识的探究手段日趋多样、丰富。基于这种宏观的社会背景，使认识论研究者转向对人类群体性认知的实践探究，社会认识论由此应运而生。④

对于群体性认知行为进行理论阐释的典范，是科学哲学家托马斯·库恩（Thomas S. Kuhn）。在库恩的"范式"（paradigm）理论中，旨趣相

---

① 张春兴：《教育心理学》，上海人民出版社 1998 年版。
② 丁五启：《当代西方社会认识论研究》，博士学位论文，复旦大学，2007 年，第 130 页。
③ 殷杰、尤洋：《社会认识论的理论定位、研究路径和主要问题》，《哲学研究》2009 年第 4 期。
④ 丁五启：《当代西方社会认识论研究》，博士学位论文，复旦大学，2007 年，第 130 页。

同的科学工作者（即科学共同体）协力推动认知发展的行为，是一种比较典型的"认知的社会组织以及认知工作的社会分配"，而"范式"作为一个与"科学共同体"紧密相关的一个词语，则指"为共同体所接受的科学实践（包括定律、理论、应用、实验和仪器）的例子，提供给他们以模型，以创造一种一贯的传统，并被当作由此构成科学共同体第一要素的承诺"。[①] 科学共同体事实上是共享科学活动模式的群体，范式"使他们脱离了科学活动的其他竞争模式"[②]。由此可见，导致科学家个体最终组成一个旨趣相同的"共同体"的力量，源自进入同一共同体的科学家都遵循着同一范式。科学家个体认知结构因为共享了同一"科学实践的例子"，从而形成了群体的认知结构——"范式"。因而，"范式"得以建立的前提，是承认了个体认知与群体认知结构（或认知结果）的相似性（或同构性）。总之，范式可被视为一个将个体认知结构综合为群体认知结构的直观表达。也就是说，处于同一共同体内部的科学家，其个体认知结构与共同体群体的认知结构至少在范式所及的范围内具有明显同构性。同时，范式并非一个静态的概念。库恩认为科学活动的进程成型于科学家共同体的"范式"选择。[③] 无论在"常规科学"时期范式指导下的"解谜"活动，还是科学革命时期的"范式转换"，事实上也总是伴随着特定范式的遵从者认知结构的完善或转换。这一过程与发生认识论者所述的个体通过"同化""顺应"而促进认知发展的机理非常相似。

除库恩外，很多关注认知发展的哲学家也秉持着个体与社会具有认知同构性的理论观点。如马克斯·舍勒（Max F. Scheler）把认知过程中社会化的主体或生活共同体称为"超个体机制"。即，社会认识是个体认知的社会化或共同化的过程。艾文·高曼（Alvin Goldman）不仅把认识论分为个体认识论和社会认识论两类，而且认为作为传统认识论的个体主义逻辑依据在于对人的心脑系统结构进行分析的认知科学，个体主义认识论主要指个体的认知发展，因此"个体认识论应还原为心理学"。而

---

① ［美］托马斯·库恩：《科学革命的结构》，金吾伦、胡新和译，北京大学出版社 2003 年版，第 16 页。
② 同上书，第 15 页。
③ 丁五启：《当代西方社会认识论研究》，博士学位论文，复旦大学，2007 年，第 71 页。

在个体认识论的基础上,高曼秉持自然主义的取向,试图把真理作为社会认识论的理论基点,通过辨析知识及其辩护(justify)的社会路径,以期追寻一种知识获得的因果可靠性路径,从而为社会认识论构筑了理论基点。① 英国学者赫伯特·斯宾赛(Herbert Spencer)指出,"聚焦体特性是由各组单位的特性所决定的"②,因此社会有机体与生物有机体或单个人一样,是完全按照相似的体系组织起来的,它们都具有各个部分之间的结构稳定性和固定性,专门化的社会结构类似于一个活生生的身体的各个器官。③ 此外,卡尔·曼海姆(Karl Mannheim)所提出的"认知根本上是集体的认知",代表了相当一部分社会人类学家及知识社会学家的意见,即集体知识和认知优于个体知识和认知。

既然科学哲学家已经从不同角度基于个人认识与群体认识同构性的假设而展开了理论建构,则沿着个体主义认识论的传统,实现认识论的社会化转向就具备了可能性和必要性。最近数年来,认识论的社会化转向不仅体现在关注科学活动当中作为研究团队的认知主体如何在沟通、协商的基础上获取统一的意见形成共识实践,而且将研究的范围扩大至日常生活的知识获取或信息确证上,通过诸如陈词(Testimony)、求真(Veritistic)等一系列概念的构建和解读,④ 将认识信赖的基础进一步扩展至多种多样的社会性信息源上。事实上,上文所述的《综合》杂志以"社会认识论"为题而出版的专刊中,数名学者讨论了由个体组成的群体的认识属性或特征。例如,赖诺尔对个体知识与社会知识提供了一种一致主义的说明。高曼则试图把个体认识论的真相论应用于社会认识论,并试图以此作为对个体认识论的一种完善。显然,随着认识论研究者视域的扩大,知识来源的理论解析突破个体认知的边界而走向群体性、社会化就成为了必然。

---

① 丁五启:《当代西方社会认识论研究》,博士学位论文,复旦大学,2007年,第34页。
② [英]赫伯特·斯宾赛:《社会学研究》,张宏辉、胡江波译,华夏出版社2001年版,第40页。
③ 蒋谦:《人类科学的认知结构:科学主体性解释的"类脑模型"》,北京师范大学出版社2017年版,第25页。
④ 殷杰、尤洋:《社会认识论的理论定位、研究路径和主要问题》,《哲学研究》2009年第4期。

作为一名图书馆情报学家，谢拉创立"社会认识论"的初衷，并非要在哲学上提出一个与传统认识论相竞争的替代学说，而是为了为融贯一致的图书馆情报学提供理论基础。从历史渊源和学科属性出发，社会认识论能够作为图书馆情报学理论基础的主要依据，在于个体认知与群体认知之间具有同构性，由此可以将图书馆职业所面对的个体用户的信息实践活动"升华"为群体性行为，从而更加接近地揭示出图书馆情报职业活动的本质。换言之，只有当个体认知与社会认知之间存在同构性时，谢拉关于社会认识行为与个体认识活动相类比的假设才能成立。从这个意义上说，承认个体与群体认知的同构性，不仅要求图书馆情报学在基础理论的建设中兼顾个体与群体两个层面的认知特征，而且在实际的职业活动中，也需要既关注个体用户的特征，又做好群体性的信息服务和认知发展工作。

我国图书馆情报学领域的学者也曾对个体与社会认识的同构性进行了论述。例如，王子舟在其《图书馆学基础教程》中曾指出，"提及人的知识记忆，从心理学角度看，它是通过识记、保持、再现（再认或回忆）等方式在人的大脑中积累与保存知识的心理过程；从信息加工的角度看，它是人的大脑对从外界输入的客观知识进行编码、存储和提取的过程"。[①]记忆包括"记"与"忆"两个方面，"记"体现在识记和保持上，"忆"体现在再认和回忆上。记忆的基本原理是通过空间的想象，把一些毫不相关的论题（topic）串在一起，构成一个首尾一贯的、可以提取的知识库。[②]既然人们知识记忆功能通过图书实现了物化、外化，那么人类客观知识在人脑之外也存在着如何实现"记忆"的问题。图书是客观知识的载体，图书馆收集图书、整理图书实际上就是客观知识的识记；图书馆把群书组织成一个有序的系统并长久地给予保存，这就是客观知识的保持；而人们通过检索途径在图书馆获取到有用的图书资料，这就是知识的再现。图书馆对客观知识具有识记、保持、再现功能，而历经千百年图书馆实践活动逐步演化出来的图书馆学，正是一门不断努力提高客观知识

[①] 王子舟：《图书馆学基础教程》，武汉大学出版社2004年版，第18页。
[②] 赵旭东：《人类学的时间与他者建构》，《读书》2001年第7期。

社会记忆能力的实用性社会科学。①

综上所述,图书馆情报学领域内外的学者都已比较充分地论证了个体与社会认知过程与结果之间的相似。既然个体认知与社会认知可以类比,那么,从认知的静态结果看,个体的认知结构与社会的"认知结构"也会具有一定程度的相似性。事实上,关注个体认知发展的研究者已经尝试将个体与社会的认知发展相关联。例如,皮亚杰、英海尔德(B. Inhelder)等重要的认知发生论的倡导者不仅在科学体系的连续性和心理成长过程的连续性之间建立对应,而且证明科学从一个历史时期到另一个历史时期的转型与个体从一个心理阶段向下一个心理阶段转型非常相似。皮亚杰甚至直接指出,"发生认识论的根本假设是:知识的逻辑性、理性的组织和相应的心理形成过程之间有一种平行状态"。心理学家哥尼克高度评价了皮亚杰将关于科学理论的认知建构过程与发生认识论相联系的历时研究,并认为"强调认知发展与科学理论发展之间的平等关系,不仅能够帮助我们更进一步地理解认知发展,也能够帮助我们更地理解科学本身"。此外,G. 波斯纳(G. Posner)认为,有必要将皮亚杰的同化—顺应概念与库恩的"常规科学"与"科学革命"联系起来。由此可见,认知发生论之于社会认识论最重要的启迪在于,皮亚杰将人类"个体认知"与"种系认知"相类比。这一理论假设,不断启迪后续实证研究的跟进(如 Stella Vosniadou 关于儿童对地球认识历程的实验),得到了大量的经验证据,从而为社会认识论的科学化奠定了基础。

第三节　图书馆情报学的理论基础

本书是一本以社会认识论为理论工具,旨在为融贯一致的图书馆情报学寻求理论基础的著作。因此,站在以图书馆职业为代表的社会认识保障机构的立场,沿着个体用户到群体用户知识信息需求得以满足的路径,构建一个能够解释社会认识发生机理的理论框架并对其进行实证检验,是本书最主要的写作目标。图书馆职业所从事的知识信息服务活动是图书馆情报学理论建构的实践基础,而在实践中,图书馆职业首先面

---

① 王子舟:《图书馆学基础教程》,武汉大学出版社 2004 年版,第 8—9 页。

对的虽然是千千万万的个体用户，但要实现的却是一种制度安排意义上的社会认识高级化的保障职能。① 因此，构建融贯一致的图书馆情报学基础理论，需要充分解析个体与群体认知之间的关联及其逻辑。这不仅是谢拉构建社会认识论的初衷，也是本书的理论建构与实证研究得以展开的逻辑起点。具体而言，本书拟构建的社会认识层次论理论框架之所以能够作为图书馆情报学的理论基础，主要基于如下缘由。

首先，个体与社会认识的同构性为图书馆情报学理论建构提供了工具。由于图书馆职业是一个通过影响个体知识信息的获取活动而促进社会认知发展的制度安排，因此，要对这一职业的理论特质加以全面解析，就需要基于个体认知与群体认知之间的关联而展开。如前文所述从认知发展的角度看，个体认知发展的过程与社会性认知发展历程具有一定的相似性。与皮亚杰所描述的个体由感知运动到形式运算的认知发展过程相类似，社会"智力"也经历了由低级到高级、由具体到抽象的认知累积过程。例如，哲学家维柯指出，"世界在婴儿期所涉及的就是人类心智的第一级活动，因为当时世界要有各种发明创造来应付生活的需要和便利"②。列宁在对认识历史的阐释中，也肯定了儿童智力发展与人类整个认识历史发展的平行性。③

对于图书馆情报学而言，基于个体和社会认知的同构性而对社会认知结构与个体认知结构之间进行类比分析极具理论意义。由于图书馆职业以海量与知识信息有关的记录资源的收集、整序和提供利用为职业使命，而解析这些知识资源的结构问题就构成了图书馆达成其职业使命的关键。显然，对特定历史截面上已经积累的人类知识的总体如何为社会大众所获取、使用并实现其社会功用等问题进行解析，不仅有助于理解图书馆职业活动的实质，而且也是融贯一致的图书馆情报学理论基本立足点之所在。本书后续部分的理论建构，正是沿着这一路径而得以展开。

其次，图书馆职业的实践导向属性是展开图书馆情报学理论建构的

---

① 关于社会认识高级化的界定及图书馆体系在保障社会认识高级化方面社会职能的阐释将在本书第四章展开。
② ［意］维柯：《新科学》上册，朱光潜译，商务印书馆1989年版，第389页。
③ 《列宁全集》，人民出版社1959年版，第399页。

初始出发点。本书旨在沿着谢拉等社会认识论创立者的思路，建构一个系统性的社会认识层次性理论框架并对其展开实证检验，以期解析以图书馆职业为代表的社会性文化制度安排背后的理论质素，从而为融会贯通的图书馆情报学提供理论基础。因此，本书是一本以实践为导向，着眼于分析和检验实际社会文化现象制度逻辑的著作。从实践出发，尽量赋予"社会认识"以比较宽松的概念边界，主动避开对知识的本质等哲学问题展开讨论，以便对具体社会现象展开有效的理论解读与实证检验，是本书所秉持的基本立足点。

本书之所以尝试着尽量远离关于知识的本质等认识论哲学属性的讨论，主要是由于认识论本身虽然是一个哲学范畴，但谢拉等社会认识论的初创者事实上却仅仅是借用了"认识论"这个哲学概念，其主旨也并不在于从哲学层面对社会认识现象展开思辨。很多学者都发现，在早期社会认识论者的理论阐释中，不仅有着明显的行为主义痕迹，[①] 而且在对知识的性质等认识论核心概念的表述中，也与哲学层面的认识论之间存有差别。[②] 对于社会认识论的创立者谢拉来说，终其一生，他似乎无意也无法回答"社会认识论到底是否是认识论"的质疑。笔者认为，谢拉无意对社会认识论中与哲学层面的认识论不尽一致的理论表述做出辩解表明，社会认识论的创立者一开始就没有着眼于发展一门哲学层面上的关于认识论的学问，而是出于对图书馆职业的观察而提出一种旨在解析群体性认知现象的理论洞见。为此，本书所涵盖的理论建构与实证研究都遵循了社会认识论的这一立足点。也就是说，本书并不是一本对认识论进行发展的哲学著述，而是旨在为实践导向的、对社会认识的发展机理与制度安排进行解读的一本著作。基于这个立足点，本书将对知识的性质、来源等哲学层面的认识论相关问题基本不予讨论，而将关注的焦点集中在社会认知过程及其结果方面。从这个意义上说，本书所涉的研究归属于社会与文化研究领域（而非哲学领域），旨在为图书馆情报学（而

---

① 周文杰：《社会认识的层次性与图书馆的本质论析》，《中国图书馆学报》2018 年第 1 期。

② Zandonade, T., "Social Epistemology from Jesse Shera to Steve Fuller", *Library Trends*, Vol. 52, No. 4, 2004, pp. 810 – 832.

非认识论本身）提供理论基础。站在这个立场上，本书将不对认识论（epistemology）与认知理论（cognitive theory）做严格区分。也就是说，本书出于对实践问题加以解析的需要，对社会认识现象的解析将更侧重于认知的角度。主要理由是，这种理解更贴近于社会认识论创立初期的理论观点。如前文所述，本书所采取的立场从一定程度上呼应了社会认识论初创者的理论表述。例如，晚年的谢拉曾指出，他更愿意用"社会认知"（而不是社会认识或其他概念）这个词来对其理论进行说明。① 无独有偶，在较早的研究中，国内学者也曾尝试赋予"社会认识"比较宽松的边界。例如，陈嘉明在20世纪90年代初社会认识论刚刚传入我国时，在《知识与确证当代知识论引论》一书中提出把"social epistemology"一词翻译为"社会知识论"。②

综上所述，本书中的理论建构与实证研究都无意对"什么是知识，或知识的本质是什么，以及我们如何获得知识"等古典认识论的基本问题做出回答，而是站在社会认知需求得以满足的过程及其结果的立场上，对群体性认知不平衡现象背后的理论质素及与其关联的制度逻辑展开解析。也就是说，本书秉承了谢拉的一贯立场，将社会认识论语境下的"知识"等同于图书馆情报学领域的文献（document）知识，亦即谢拉所称的"书写记录"（graphic record），并把可记录性和可传播性视为知识的两个基本特性，以便为以图书馆职业为代表的社会认知"器官"的本质进行解析，并对其提供理论解析和实证检验。

另外，从学科特征来看，哲学术语中的"认识"在本质上具有思辨性，但心理学术语中的"认知"则主要侧重于建构性。前者突出对思维本源的探讨，后者则更强调知识获得的机理。对于"认知"理论质素的解析，认知心理学与社会认识论之间的差异在于，前者重视的是个体知识建构的过程，后者则强调社会认识需求得以满足的机理。在哲学层面的"认识"与心理学层面的"认知"之间，本书的立场更接近于后者；而借用认知心理学理论但跨越认知心理学所关注的个体认知现象，对群

---

① Shera, J. H., "An Epistemological Foundation for Library Science", in Montgomery, E. B., *The Foundations of Access to Knowledge Syracuse*, N. Y.: Syracuse University, 1965, pp. 7–25.

② 陈嘉明：《知识与确证——当代知识论引论》，上海人民出版社2003年版。

体层面认知现象的结构与后果进行论述，则是本书的主旨所在。

最后，作为社会性制度安排的图书馆职业需要宏观视角下的理论解读。基于图书馆职业的视角展开社会认识层次论的理论建构，是本书的主要特色。这一特色的形成，是基于图书馆职业在其长期发展的过程中，不断丰富的理论体系而做出的。基于大量经过整序的记录资源，对个体用户提供以信息服务为主的各类服务，不失为图书馆职业得以自立的基石。面对图书馆职业丰富多彩的实践活动，如果站在不同角度，常常能够对其做出不同的理论解释。概括起来，宏观视角和微观视角是观察图书馆职业实践活动，从而展开图书馆情报学理论构建的两个主要视角。

所谓宏观视角，是以图书馆职业活动的社会作用和功能为认识起点，旨在回答"图书馆需要为社会解决什么问题"。社会机构（特别是财政支撑的公共机构）之所以存在，往往是因为其承担着解决某方面社会问题的公共职能。例如，学校为社会解决借由教育而实现人类知识经验的传承问题，而医院则借由医疗技术和手段为社会解决整体健康权力的保障问题。与此相类似，图书馆职业借由大量经过整序的记录资源以保障社会认识高级化为使命。[①] 从社会角度看，包括学校、医院、图书馆在内的各种机构都是为达成特定的社会目标而做出的制度安排。沿着宏观视角，迄今为止图书馆情报学领域的研究者大致已走过了一条历经三个阶段的理论建构之路。这三个阶段的划分主要依据来自图书馆情报学理论建构的对象、对职业活动的定位和所采用的核心概念。

就图书馆情报学理论建构的对象而言，图书馆情报学理论发展经历了以"图书馆内部职业活动"为对象到以"图书馆相关职业活动"为对象再到以"作为制度安排的图书馆职业活动"为对象的三个阶段。以"图书馆内部职业活动"为理论建构对象时，图书借阅、整理等实际管理活动被作为图书馆情报学理论建构的主旨，由此而诞生了以"实体资源论"为特色的图书馆情报学理论体系。在这一阶段，图书馆职业的活动被定位于"资源（主要是图书）整序"，"图书（或文献）"是这一时期

---

① 周文杰：《二维向度中的图书馆情报学理论视域与边界：一个基于职业实践的元理论分析框架》，《图书馆》2017 年第 12 期。

的核心概念,对各种图书馆内职业活动现象进行描述是这一阶段的主要特征。20世纪中叶以后,多种形式的"交流论"逐渐兴起,图书馆情报学的理论建构遂进入了以"图书馆相关职业活动"为对象的第二阶段。在第二阶段,图书馆职业活动被定位于"知识、文献信息"等交流系统之路,处于一个将"知识"从"文献"中抽象出来的阶段。这一阶段的主要理论成就之一,是20世纪70年代,美国学者谢拉提出了"社会认识论"。社会认识论的最新发展趋向之一,是当前图书馆情报学领域的研究者试图从"社会认识层次论"的角度,将图书馆界定为一种"保障社会认识高级化的制度安排",① 从而把图书馆职业活动定位于保障和促进"社会认识高级化",并把"社会认知结构"作为核心概念,力图构建一个完整而自洽的图书馆情报学理论体系。本书还是这一研究方向的具体成果之一。迄今为止,关于社会认识层次论的理论建构正在进行,其解释力还需要接受图书馆实践的进一步检验。

如上所述,沿着宏观视角,图书馆情报学的理论建构已有了极大的推进。大致而言,先后对图书馆情报学产生影响的"要素说""规律说""矛盾说""知识交流说""社会认识论"等都可归为宏观视角。然而,图书馆职业实践表明,宏观视角并非图书馆情报学理论建构的唯一视角。与宏观视角相并行的,是图书馆职业实践活动观察的微观视角。

所谓微观视角,是以图书馆职业在微观个体层面所产生的潜在或实质影响为认识起点,旨在回答"图书馆能够满足个体用户什么样的需求"。与学校满足个体认知发展的需求,医院满足个人免受疾病困扰的需求相类似,如果图书馆这一机构是社会所必需的,则意味着其必须也为人们某种需求的满足做出贡献。于良芝教授在其所著的《图书馆情报学概论》一书中提出,图书馆所满足的,便是个体信息查询与获取的需求,因此,个体信息查询和获取构成了图书馆情报学的基本问题,② 图书馆职业是一种"满足信息查询与获取需要的社会分工"③。由此可见,《图书馆情报学概论》秉持了一个微观视角的立场。由于宏观视角和微观视角

---

① 周文杰:《社会认识层级性与图书馆的本质论析》,《中国图书馆学报》2019年第1期。
② 于良芝:《图书馆情报学概论》,国家图书馆出版社2016年版,第3页。
③ 同上书,第5页。

都以解释图书馆职业活动背后的理论质素为目标，因此二者具有很强的统一性。基于这种统一性，可将宏观视角和微观视角整合为图 1-1。

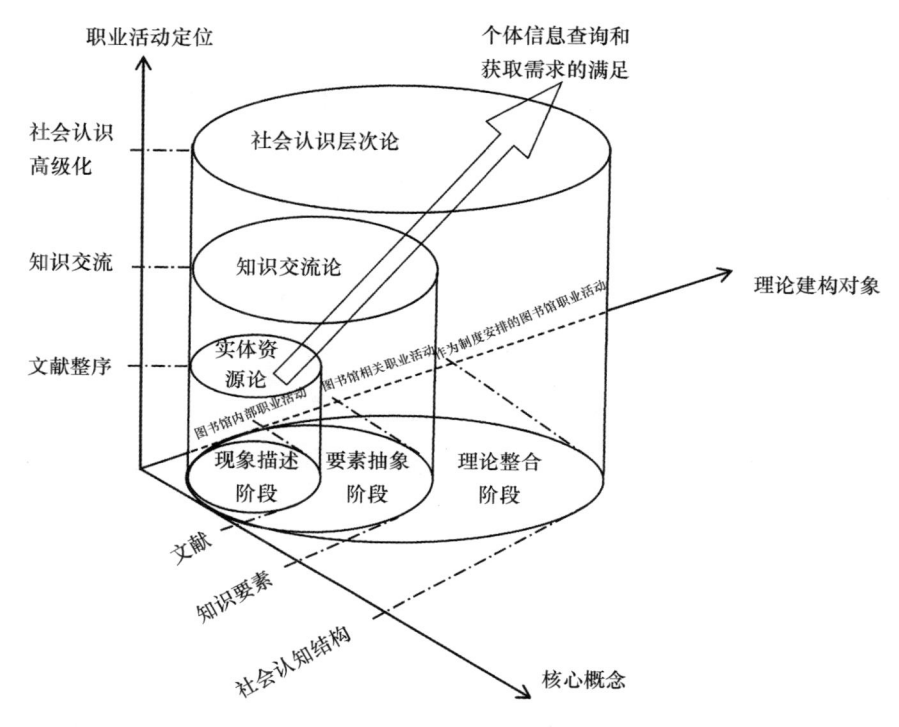

图 1-1 图书馆情报学两个观察视角的整合

本书采取了宏观的社会视角，立足于"社会在其认知发展的进程中，图书馆等社会性的制度设计如何借由系统化的记录资源体系而产生促进作用"这一理论命题，旨在通过系统分析社会认识的层级结构，并将图书馆职业活动与其相对应，从而为图书馆情报学的理论发展提供基础。

第二章

社会的认知结构

第一节 客观知识与知识组织

科学哲学家波普尔以提出"世界3"理论而著称。① 在波普尔的理论中,"客观知识"是一个非常重要的基础性概念。本节将针对客观知识及图书馆职业对客观知识的承载者——记录资源展开的组织、整序等专业活动展开论述。

一 客观知识

(一)客观知识的概念

社会认识不断深化的前提,是存在一个外化于知识生产者个体且不断生长的系统性思想、知识体系。这一思想、知识体系虽然是个体主观意识的产物,但一旦通过社会"检验"(如同行评审),被物化到论文、著作等载体上并经过整理、序化,则具有了不依赖于个体主观性的特征,从而具有了客观性,这样就形成了"客观知识"的世界。在图书馆情报学领域,客观知识是指以语言、文字、图像等符号表达的、记录在实物载体(如书本、磁盘)上的知识。②

"客观知识"思想源自科学哲学家卡尔·波普尔的"世界3"理论。波普尔认为,"我们知识的增长是一个十分类似于达尔文叫做'自然选

---

① [英]卡尔·波普尔:《客观知识——一个进化论的研究》,舒炜光等译,上海译文出版社1987年版,第114页。

② 于良芝:《图书馆学导论》,科学出版社2003年版,第5页。

择'过程的结果,即自然选择假说"①。"如果不过分认真地考虑'世界'或'宇宙'一词,我们就可区分下列三个世界或宇宙:第一,物理客体或物理状态的世界;第二,意识状态或精神状态的世界,或关于活动的行为意向的世界;第三,思想的客观内容的世界,尤其是科学思想、诗的思想以及艺术作品的世界。"② 这里"客观"是指通过书籍等载体加以"物化"的,由说出、写出、印出的各种陈述组成的问题、猜测、假说、理论、论据以及问题境况等。这些知识一旦形成,就不仅具有了客观性,而且还具有了"自主性"③。有研究者指出,作为世界3的科学知识"如同桌子、椅子是实在的一样",也是客观的实在。它是"没有认识主体的知识",是独立于世界1和世界2的。④

"世界3"理论并非一种孤立的学说。在哲学领域,关于思想世界的客观性,诸多学者都进行过讨论。其中,柏拉图、黑格尔以及恩格斯、列宁等对自然科学的认知过程进行阐释时,都曾对逻辑、概念与自然科学的发展做出过论断,从而为波普尔学说的产生提供了思想渊源(例如,黑格尔的"客观精神"相当于波普尔的"世界3"或"客观知识",主体经验或人类的精神史则大体相当于"第二世界")⑤。

概括而言,波普尔所述的"世界3",是指一个由科学思想、诗的思想以及艺术作品的客观内容所构成的世界。为了理论建构的便利,同时也为了贴近图书馆职业实践,本书后续部分沿袭图书馆情报学领域的传统,把"世界3"等同于"客观知识"的世界,具体指由记录资源所承载的人类知识、思想的总和。这种定义方式,较早可见于英国情报学家布鲁克斯的定义。布鲁克斯曾指出,客观的知识世界是由语言、艺术、科学、技术等所有被人类储存起来或传播到地球各地的人工产物所记录

---

① [英]卡尔·波普尔:《客观知识——一个进化论的研究》,舒炜光等译,上海译文出版社1987年版,第273页。
② 同上书,第114页。
③ 蒋谦:《人类科学的认知结构:科学主体性解释的"类脑模型"》,北京师范大学出版社2017年版,第340页。
④ 刘迅:《论图书馆学情报学理论的共同基础》,《情报科学》1983年第1期。
⑤ 蒋谦:《人类科学的认知结构:科学主体性解释的"类脑模型"》,北京师范大学出版社2017年版,第340—341页。

下来的人类精神产物,① 它体现在文献以及音乐、艺术、科学技术等人工产物中。

既然记录资源是客观知识世界承载者,那么对记录资源的收集、整序与组织就可被视为对客观知识世界体系本身的梳理。也就是说,经由对人工记录资源的整序而实现体系化的客观知识世界,既是社会认识获得发展的基本途径,也是社会认识的具体成果。换言之,借助于知识资源的不断积累和认识能力的不断提升,人类社会从蒙昧走向文明。在人类认知结构不断得以完善的历史进程中,以图书为代表的知识载体所承载的科学文化知识始终处于基础性地位。因此,图书馆职业在知识组织方面做出的努力,大致可被归结为对客观知识世界进行序化、整理的一种努力。而一个经过整理的、相对稳定的客观知识体系的存在,使人类的生产经验和认知成果得以实现代际传承,并不断丰富、补充、完善,最终使社会认识水平逐步提升。在此过程中,人类的认知成果通过特定的社会审核机制(例如,出版、同行评审等),不断被纳入到了客观知识的体系之中。因此,客观知识体系是人类整体认知成果的最终体现。

对于知识借由记录而实现由主观向客观的转化,我国学者刘迅做过论述。刘迅指出,"知识乃是人的主观精神世界对于客观物质世界的印象、抽象和概括。它先是发生于人的头脑中,然后以一种表达方式为某种载体——文献或者空气流(声音)表达出来,记录在载体主要指文献上,成为公开的知识。这种载体形式的知识的积累,使其成为依属于人的主观世界的一种资源,但它不同于主观世界,又不同于客观世界,因而给其命名为'知识世界'"②。

对客观知识世界的理解可以从多个角度展开。有学者指出,从文化进化的视角来看,如果设想存在某种不依赖于个体或群体的概念和知识体系,则其外化形式就是所谓"客观知识"③形态。另外有学者④认为,

---

① [英]布鲁克斯:《情报学的基础(一)》,王崇德、邓亚桥、刘继刚等译,《情报科学》1983年第4期。

② 刘迅:《论图书馆学情报学理论的共同基础》,《情报科学》1983年第1期。

③ 蒋谦:《人类科学的认知结构:科学主体性解释的"类脑模型"》,北京师范大学出版社2017年版,第339页。

④ 丁五启:《当代西方社会认识论研究》,博士学位论文,复旦大学,2007年,第15页。

哲学领域对于"理性"的讨论，已经蕴含着客观知识世界的思想。例如，康德的《纯粹理性批判》中所阐述的知识论认为，虽然我们的一切知识都是从经验开始，但这并不意味着它们都是从经验中发源的。因为"我们有可能通过印象所接受的东西和我们固有的知识能力从自己本身中拿出一个复合物的东西"。这类知识被定义为"一种独立于经验、甚至独立于一切感官印象的知识"，即纯粹知识。显然，由于纯粹知识独立于经验、感官印象，所以这种知识就具有客观性。

综上所述，客观知识源于个体的主观认识，但经过了社会的"审核"并"附着"于记录资源，从而具有了相对独立性。这种独立性，使人类有可能通过对记录资源的整序，实现客观知识世界的有序化和体系化，并通过系统性的社会化制度安排，保障社会认知结构的完善。

（二）主观知识的客观化

从个体层面来看，知识源自人们对世界的主观理解、体验和认识，个体头脑中知识的存在在很大程度上依赖于人们的主观意识。也就是说，个体知识"天然"地具有主观色彩。布鲁克斯发现，在社会生活中，人们的主观性往往会导致不同个体之间各持己见，为了建立正常的社会生活秩序，就必须减少因意见分歧而产生的危险性。为此，有必要建立一系列为社会所公认的处理各种社会事件的标准、规则和法制等。对任何问题的主观意见，都必须参照这种标准、规则和法制等进行比较和修正，直到取得为社会所公认的意见为止。对于这种不懈的社会努力，称为主观认识的"客观化"。① 例如，法律体系的形成过程就比较典型地代表了人们为了管理社会，对主观的社会规则进行客观化的努力。布鲁克斯参照法律体系客观化的过程提出，科学数据和理论也是一种主观知识客观化的结果，而且这种知识的客观化是一个持续不断的过程，永远不会完结。②

我国学者蒋永福曾指出，"客观知识对人类的认识发展具有极其重要的意义。人类可以通过掌握客观知识，间接认识客观世界，拓宽认识视

---

① ［英］布鲁克斯：《情报学的基础（二）第二篇·定量的侧面：类与个体的反映》，王崇德、邓亚桥、刘维刚等译，《情报科学》1983第5期。

② 同上。

野，摆脱'事必躬亲'式的实践方式的束缚，从而能够加速人类认识客观世界的进程。不过，客观知识必须经过主观化过程转化为主观知识（这一过程即为客观知识的主观化），才能成为人们进一步认识和实践的现实推动力。然而，客观知识作为脱离人脑而存在的客观性存在，虽不受个体的直接控制，但要使个体获取客观知识，并实现客观知识的主观化，必须借助一定的工具和手段。这就需要对客观知识加以组织，使其保持个体能够控制和使用的状态。因此可以说，知识组织是个体实现客观知识主观化的必要社会条件"①。

知识客观化的第一步，是对通过社会审核的知识加以记录。为此，首先必须创制能对有关实体加以客观命名的语言。② 语言（特别是文字）的产生，使人类知识被记录下来成为可能。经过记录的客观知识具有个体化主观知识所不具有的巨大优势。这是因为，人类的知识一旦被记录下来，就可在一定程度上使个人的主观知识获得本来不具备的永久性、客观性和无限可传递性。布鲁克斯指出，一个天才人物可能具有渊博的学识、深邃的智慧和敏锐的洞察力。但是，除了已经记录在某种人工产物上者以外，所有这一切都会随着他死去而消失。③ 从这个角度看，唯有承载于记录资料的客观知识，才能从整体上实现知识的社会化传承和发展。因此，借助于语言、书籍等记录工具与资源，迄今为止，人类已有的整体知识基本以客观知识（即显知识）的形态存在着。

客观知识的累积虽然依靠个体知识的增长来推动，但从总体来看，人类客观知识的增长是无限的，而个体的知识增长却是有限的。④ 因此，客观知识世界处于一个永续发展的动态、不断增长过程之中，从而导致知识的客观化也是一个动态过程。完成客观化进程之后的人类知识将具备如下有别于主观知识的新特征：⑤（1）从载体上看，主观知识储存在大

---

① 蒋永福：《论知识组织》，《图书情报工作》2000年第6期。
② [英] 布鲁克斯：《情报学的基础（二）第二篇·定量的侧面：类与个体的反映》，王崇德、邓亚桥、刘维刚等译，《情报科学》1983年第5期。
③ [英] 布鲁克斯：《情报学的基础（一）》，王崇德、邓亚桥、刘继刚等译，《情报科学》1983年第4期。
④ 王子舟：《图书馆学基础教程》，武汉大学出版社2004年版，第2页。
⑤ 同上书，第64页。

脑之中，而客观知识储存在客观物质（竹帛、纸张、磁盘）之上；（2）从存储方式上看，主观知识通过记忆，而客观知识通过记录；（3）从寿命上看，主观知识随人体生命结束而消亡，而客观知识可因物质载体的耐久性而长期保存；（4）从传播时空上看，主观知识因口耳相传有时空局限性，而客观知识可以跨越更广的时空，基本上不受限制；（5）从形式外观上看，主观知识是流动的、易变的，而客观知识是稳定的、不变的；（6）从陈述结构上看，主观知识往往欠缺系统性，而客观知识更注重系统性、逻辑性；（7）从享有权上看，主观知识是自我的、私人的，而客观知识是社会的、公共的；（8）从检验上看，主观知识评价、检验较为困难，而客观知识评价、检验相对容易。

　　知识客观化的主要成果，是系统化的文献资料体系的出现。包括谢拉、宓浩、于良芝等在内的很多中外学者对"文献"一词进行过定义，比较一致的看法是：文献一般是指为了表达思想、学习、参考、储存、交流的需要，通过一定的记录方式将知识或信息记录在某种实物载体上形成的产品。[1][2][3][4][5] 我国图书馆学家王子舟指出，文献信息与客观知识的概念在内涵与外延上大致等同，文献信息一般是人们有目的创作、整理出的信息，它将动态的主观知识转变为相对静止的客观知识，它已不是简单的信息而是客观知识，是知识的一个子集。[6] 然而，由于文献一词在绝大多数语境下被等同于"图书"，因此，如果从不同学科的视角看，将文献信息等同于客观知识可能会导致不必要的争议。为此，本书中，将客观知识的承载者确定为"记录资源"。也就是说，如果从图书馆情报学的角度来看，本书中的"记录资源"可等同于"文献"；而从其他学科的角度来看，本书中的"记录资源"等同于符合上述客观知识定义的各种载体。

---

[1] 于良芝：《图书馆学导论》，科学出版社 2003 年版，第 7 页。

[2] 南开大学图书馆学系：《理论图书馆学教程》，南开大学出版社 1987 年版。

[3] 宓浩主编：《图书馆学原理》，华东师范大学出版社 1988 年版。

[4] Shera, J. H., *The Foundations of Education for Librarianship*, Wiley-Becker and Hayes, 1972.

[5] Buchland, M., "What is a 'document'?", *Journal of the American Society for Information Science*, Vol. 48, No. 9, 1977, pp. 804–809.

[6] 王子舟：《图书馆学基础教程》，武汉大学出版社 2004 年版，第 68—69 页。

知识客观化最为现实的意义,是实现人类知识在纵向(跨越时间)和横向(跨越空间)两个维度上的传播。包括图书馆情报学、教育学、传播学等学科都致力于促进知识的传播。从传播过程看,知识在传播时须先有传播内容,其次要选择适合的符号系统,然后再将符号按一定规划组织起来(即编码),最后才形成传播媒介(电视、书籍等)。可见,可编码性与可解码性是实现知识传播的前提之一。"编码过程是符号使用者们之间的一种约定"①,约定越多,越明确,符号的编码就越周密。客观知识就是一种经过编码的知识,可编码性是客观知识最重要的特征之一。客观知识的编码同时具备多种形态,其中数字化是客观知识编码最初始也是最重要的形态。客观知识的数字化,是以0和1作为"符号"进行的特殊形式的编码,这是基于计算机语言而实现的客观知识编码。计算机语言又可转换成人类自然语言或多媒体信息形式,这就使客观知识的表达变得更加丰富与多样。②

客观知识的可编码性,一定程度上与人们对客观知识的组织、整序紧密关联。然而,由于多种原因,知识组织领域的大量研究者将注意力集中到了知识的分类及主题的提取等方面,只有数量不多的研究从编码的角度对客观知识的组织与管理展开研究。客观知识世界的编码问题,作为知识客观化完成的标志,在图书馆情报学领域的理论与实践中,尚存在着极大的不完善性。

(三)客观知识的存在形态

记录资源是客观知识的基本载体,这与"世界3"理论的相关表述保持了一致。波普尔曾开宗明义地指出,主观知识是个人头脑中的知识,客观知识则是写、印于载体之上的由陈述构成的知识。③ 他进而认为,储存在我们的图书馆而不是我们的头脑中的正是客观知识。④ 由此可见,通过书籍等记录资源得以储存,是客观知识赖以存在的主要物质形态。而

---

① [法]皮埃尔·吉罗:《符号学概论》,怀宇译,四川人民出版社1988年版,第27—28页。
② 王子舟:《图书馆学基础教程》,武汉大学出版社2004年版,第115页。
③ [英]卡尔波·普尔:《通过知识获得解放》,范景中等译,中国美术学院出版社1996年版,第419页。
④ 同上。

由于图书馆、档案馆等机构作为一种系统性的公共文化制度安排，旨在通过对图书、档案等记录资源的系统化整序，以备提供于最广泛用户加以使用，因此，图书馆以收集和整序图书这种记录资源为己任，但当其将系统化的记录资源提供于用户群体以促进社会认知发展的时候，这种资源体系连同图书馆这个（实体或虚拟的）空间一起，就共同代表着一种结构性和个体性文化资本①互动交融的平台。也就是说，从整体社会认知发展的角度看，记录资源是客观知识的主要物质存在形态，而图书馆等机构作为记录资源的集散地，是社会借由系统化的客观知识而实现群体性认知结构完善化，并最终实现社会认识高级化进程的制度基础和主要平台。

然而，认知活动的发生，并不能仅仅从物质形态的知识记录层面加以理解。例如，个体虽然可能占有大量的图书，但不意味着其总是能够真正获取这些资源中的"知识养分"。对于图书馆等从事记录资源管理的职业来说，收集大量记录资源仅仅是为用户从这些资源中获得认知成分提供了可能。当认知活动在这个制度化的场所中真正发生了，图书馆职业的目标才能得以达成。可见，从认知发生的理想状态来看，图书馆所代表的记录资源存储场所的实质是用户认知发展的一种"场域"。

场域是由法国社会学家皮埃尔·布迪厄（Pierre Bourdieu）提出的一个用以跨越结构和主观能动性，从整体性理论解析社会现象的概念。本书后续部分，将借助"场"和"场域"的概念对社会认识的理论结构和图书馆的本质进行解析。"场域"的概念与格式塔心理学及至哲学及物理学领域的诸多理论具有非常紧密的关联。关于"场"的概念，在物理学中早已有之。爱因斯坦（Einstein）指出，"场是相互依存事实的整体"②。在心理学领域，勒温（Lewin）提出了著名的"场论"。本书无意对所有这些"场"的论述之间理论关联进行深入解析，但试图汲取这些理论中的一些基本思想，即："场"所具有的整体性、结构性和动力性。上述三

---

① 文化资本是法国学者布迪厄所提出的一个概念，关于这一概念，本书将在后续部分对其展开进一步详述。

② James A. Schellenberg, *Masters of Social Psychology: Freud, Mead, Lewin, and Skinner*, Oxford University Press, 1978.

者，恰恰被认为是包括勒温在内的"场"论启示下所产生的系统论的三个原则。①

与本书理论立场最为接近的"场"论，是布迪厄所提出的"场域"。布迪厄指出："我将一个场域定义为位置间客观关系的一个网络或一个形构，这些位置是经过客观限定的。"② 布迪厄的场域概念，不能理解为被一定边界包围的领地，也不等同于一般的领域，而是在某种内在力量（如文化）约束下形成的有活力的社会存在。布迪厄研究了许多场域，如美学场域、法律场域、宗教场域、政治场域、文化场域、教育场域，每个场域都以一个市场为纽带，将场域中象征性商品的生产者和消费者联结起来。布迪厄指出，一个场域越是自主的，这个场域的生产者只为本场域其他生产者生产而不为社会场域的消费者生产的程度越大。这样来看，自主性最强的场域是科学场域，其次是高层次的艺术场域，相比之下，法律场域较少自主性，而自主性程度最低的是政治场域。在图书馆职业实践中，由于用户认知结构和认知需求的不同，因此对记录资源的使用类型和方式也有所不同。然而，无论是何种认知水平的用户在使用何种类型的记录资源，当认知行为真的发生时，图书馆将不再是一个单独的记录资源储存场所，而是一个认知活动得以发生的"场域"。在这个场域中，记录资源就是"象征性商品"，而用户的认知活动就是一种"消费"行为，图书馆（无论是实体还是虚拟的）便是联结了象征性商品生产者与消费者的场域。

布迪厄指出，"场域概念的一个优点是，既可以给出理解以场的形式出现的社会世界的一些普遍原理，又可以使得人们对每一种具体情况下那些普遍原理中的特殊性进行把握"。③ 无疑，场域的这一优点对于理解发生于图书馆职业隐性层面的社会认知现象具有极大的启示意义。首先，把图书馆职业的活动置于抽象的"场域"之中，有助于理解记录资源与

---

① ［美］拉兹洛：《用系统论的观点看世界》，闵家胤译，中国社会科学出版社1985年版，第3页。

② 田耕：《社会学知识中的社会意象——Doxa概念与布迪厄的社会学知识论》，《社会学研究》2005年第1期。

③ ［法］皮埃尔·布迪厄：《科学之科学与反观性》，陈圣生译，广西师范大学出版社2006年版，第59—60页。

社会认知发展在隐性层面上所产生的关联，从而揭示出记录资源的制度化安排如何促进社会认识高级化的一般原理。其次，图书馆职业面对着处于不同认知水平的用户群体，这些群体认知活动所具有的特殊性最终将通过其与记录资源之间不同形式的关联而表现出来。场域之于普遍原理下特殊性的把握，为图书馆情报学解析不同类型用户之于不同认知水平的记录资源的使用行为提供了理论空间。

从布迪厄的另外一些论述中，也可以比较清晰地看出客观知识本身与文化资本以及场域之间的内在关联。例如，布迪厄曾举例说，某学科所积累的来自集体资源（尤其是理论形式的资源）的资本具有举足轻重的地位，作为一种"认识工具"，它构成一种"凝固的形式"。[①] 显然，客观知识的存在，正是社会认识结果"凝固形式"的存在，而图书馆体系正是以对这种凝固形式存在的集体资源进行整序和提供利用为职业目标。这种凝固形态的资本一方面说明了客观知识的存在形态，另一方面也说明了社会认知得以持续发展的物质基础。关于文化资本、场域及不同类型用户之间的具体关联，将在本书后续关于社会认识层级性理论框架的建构过程上进一步详述，在此不赘。

综上所述，尽管记录资源是客观知识的基本存在形态，但如果超越"存储"客观知识这一初始目标，要使客观知识真正对个体或社会的认知发生实质性作用，其关键在于记录资源中的"知识"内核而非物质形态。从这个意义上说，记录资源是客观知识的外在形态，系统化的人类知识从整体上所呈现的内在逻辑结构是客观知识内在形态。从这个角度看，图书馆职业作为一种对记录资源进行整序并提供利用，从而促进社会认知发展的制度化安排，其主要目标，是为个体与群体认知发展提供互动的接口；而对处于不同社会认识层级上的用户而言，这种制度化安排所代表的，也恰恰是个体与群体认知的互动融合的场域。

（四）客观知识：社会认识与世界 3 之间的"最大公约数"

很多研究者从不同角度阐释了将"世界 3"理论作为图书馆情报学理论基础的必要性。最典型的，是英国情报学家布鲁克斯。布鲁克斯曾指

---

① ［法］皮埃尔·布迪厄：《科学之科学与反观性》，陈圣生译，广西师范大学出版社 2006 年版，第 59—60 页。

出，波普尔的"世界3"不能不引起图书馆学者、情报学者的注意，这是因为它是第一次从纯粹实用的观点以外的角度，为图书馆学与情报学的专业活动提供了理论根据。① 世界3之所以堪为图书馆情报学的理论基础，重要的前提在于作为"第三个世界"所指向的客观知识的世界，不仅极为妥帖地描述了图书馆职业活动的实践对象，也非常准确地概括了图书馆资源体系背后的理论质素——知识。据此，我国学者王子舟指出，"图书馆学的研究客体是客观知识、知识集合、知识受众及其相互之间的关系"。②

如前文所述，谢拉等创立"社会认识论"的基本目标，就是为图书馆情报学提供理论基础。谢拉指出，社会认识论作为一门新的学科，应该提供对于社会知识发展进程本质等复杂问题的研究框架。他倡导，社会认识论应该聚焦于整个社会结构中交流思想的生产、流动、整合和消费。谢拉同时指出，书目和图书馆信息系统的结构化是为了尽最大可能顺应人对记录知识的使用。③ 为此，谢拉明确指出，社会认识论为"图书馆管理员的工作提供知性的基础"④。谢拉把图书馆等信息中介机构称为知识场所（knowledge-situation），并指出："在一定程度上，图书馆作为一种信息系统说明知识场所不是一种偶然的类似物。这两者一般是相关的，因为前者是后者的显现，知识场所是一个包括主体，媒介物和客体的统一体。"⑤

既然"世界3"理论和"社会认识论"都从学理上可被作为图书馆情报学的理论基础，那么二者之间势必存在着某些共通之处。虽然迄今为止几乎没有学者明确地阐释过两个理论体系之间的关联，但如果对社会认识论和世界3理论进行对照分析可以清晰地看出，二者存在着一个

---

① ［英］布鲁克斯：《情报学的基础（一）》，王崇德、邓亚桥、刘继刚等译，《情报科学》1983年第4期。

② 王子舟：《图书馆学基础教程》，武汉大学出版社2004年版，第1页。

③ Egan, M. E. and Shera, J. H., "Foundations of a Theory of Bibliography", *Library Quarterly*, Vol. 22, 1952, pp. 125 – 137.

④ Jesse H. Shera, *Sociological Foundations of Librarianship*, Bombay: Asia Publishing House, 1970, p. 108.

⑤ Jesse H. Shera, "An Epistemological Foundation for Library Science", in E. B. Montgomery, *The Foundations of Access to Knowledge: A Symposium*, Syracuse: Syracuse University, 1968, p. 9.

"最大公约数"——记录资源及其承载的客观知识。这是因为，记录资源既是"科学思想、诗的思想以及艺术作品的世界"的物化形态，又是社会认识活动得以开展的物质基础。具体而言，只有当客观化的知识、思想世界存在时，社会认知才有了发展的前提，而只有社会认知获得了发展，客观化知识、思想世界才会不断生长。在客观化的知识世界促进社会认知发展的过程中，记录资源作为客观知识的承载者，具有显而易见的重要作用。而图书馆情报学作为图书馆职业活动理论凝练，无疑需要同时从社会认识论和"世界3"两种理论体系中汲取理论养分。具体而言，图书馆职业活动的目的，是对客观知识的记录进行有效组织，以备于社会认知结构的完善和发展。从这个意义上说，社会认识论与"世界3"理论之间融会贯通的理论立场共同为图书馆情报学提供了理论基础。

着眼于客观知识在促进社会认识活动中的作用，布鲁克斯富有远见地提出，情报工作者不应当只是搜集和分类文献，而应当致力于知识组织。他创造性地将情报工作者的工作任务定位到通过客观知识的结构（语言结构），确定概念间的逻辑关系，并将这些逻辑关系以直观的方法予以标示，以形成"认知地图"（cognitive maps）[①]。布鲁克斯的上述主张，切中了图书馆情报学发展的要害——知识组织的本质，并富有远见地预见了图书馆等信息服务职业对于社会认识不断走向深化的潜在贡献。如果从布鲁克斯所主张的"认知地图"角度展开进一步思考，社会的"认知发展"将不但代表客观知识的发展过程，也代表着社会认识如何由低向高进化的过程。但遗憾的是，因为诸多原因，虽然图书馆情报学领域不乏将"世界3"作为理论基础的支持者，但真正从客观知识特别是认知发展的角度对知识组织展开的理论研究和实践探索都相当薄弱。尤其需要注意的是，图书馆情报学无论在理论或实践方面，都几乎没有针对"知识地图"在社会认知结构完善化过程中的作用做出实质性的研究和应用，从而使客观知识与社会认识论共同作为图书馆情报学理论基础在一

---

① 认知地图（也可称为认识地图或概念地图）是认知心理学中的一个重要概念，也是布鲁克斯借以展开理论阐释的基础性概念。这一概念的起源与含义，将在本章后续部分进一步展开。

定程度上沦为了空谈。这种状况的扭转，需要从知识组织的理论建设与职业实践入手。

二　知识组织

（一）从文献分类到知识组织

文献分类与书目控制的理论与实践源远流长。在中国古代，远至春秋时期孔子及弟子对《书》《诗》《礼》《易》《乐》《春秋》六经的分类整理，再至汉代刘向、刘歆父子编成"最早的分类目录"①——《七略》，又至清朝乾隆五十四年（1789）修成的《四库全书》，都体现了图书馆情报学领域的研究者和实践者通过书目"浓缩知识系统"②的努力。近现代以来，《中国图书馆分类法》《美国国会图书馆分类法》及《杜威十进制分类法》都是广为采用的文献分类体系。

在信息社会的背景下，文献分类、书目控制以及知识组织之所以成为一种紧迫的社会需求，在于客观知识本身是海量且无序的。这种无序性，源自知识生产、分布和流通的无序。③互联网等新型信息传播工具的兴起，使知识存在的无序性与知识受众对知识需求的有序性之间形成了尖锐的矛盾。知识组织的理论与方法，就是在平衡、克服两者之间矛盾中生成的。④然而，如何对海量的知识进行有效组织以最大程度地满足社会的需要殊非易事。事实上，在悠长的文献信息组织的实践中，人类首先着力于从文献的形式特征（如责任者、出版者等）出发进行著录、分类，形成书目等认识工具，以期"浓缩人类发明的记录通讯的那部分知识并将这些知识传递给社会的不同需要者"⑤。

有学者指出，图书馆收藏的是文献，而文献的本质是知识。文献的整理、组织也就是知识的整理与组织。文献组织过程中所使用的分类法，

---

① 彭斐章主编：《目录学》，武汉大学出版社2005年第2版，第57页。
② 同上。
③ 王子舟：《图书馆学基础教程》，武汉大学出版社2004年版，第130页。
④ 蒋永福、付小红：《知识组织论：图书情报学的理论基础》，《图书馆建设》2006年第4期。
⑤ 彭斐章主编：《目录学》，武汉大学出版社2005年版，第52页。

实际上也是一种知识分类法。① 但也有学者指出，知识组织不仅是对文献的组织，也包括对文献中"知识"的组织，即将客观知识世界中的最小知识单元、知识因子组织成一个有序的体系。知识组织的任务不仅包括应付大量的知识，还包括控制知识的增长。② 另有学者提出，图书馆是对客观知识进行专门组织和控制的社会组织，我们应从知识组织的角度理解图书馆学。③

文献分类与知识组织之间也存在一些比较明显的区别。例如，从组织方法上看，文献单元的组织方法较为单一，而知识单元的组织方法则复杂多样。当人们将客观知识组织成一个有序的集合时，如果以文献单元为集合的基本组分，那么组织方法则主要是依文献单元的内容属性（类别、主题）或形式属性（题名、责任者）来进行的；如果以知识单元为基本组分，情况就有所不同。知识单元的属性特征多种多样，远较文献单元丰富，故其组织方法也更为复杂多变。④

文献分类与知识组织之间的区别，事实上源于文献单元和知识单元之间的不同。一般来说，文献单元指"专门记录和传递有知识的人工载体单元"⑤。对于知识单元的认识，我国学者经历了一个较长时间的讨论过程。早在1980年，我国学者赵红洲就曾提出：知识单元是已经获得科学共同体认同的、堪称"粒子"形态的科学概念，它是科学的细胞，科学大厦的砖块。大量的知识单元经过重组，按一定思路可凝聚成知识纤维，知识纤维又可在更高层次上组成复杂的知识系统。⑥ 另有研究指出，"所谓知识单元，系指知识系列的一些基本'概念'。不同的知识系列之间，可能有相同的知识单元。但是一个知识系列的形成与规范化，主要体现在它具有一批与其他系列不同的知识单元"。"知识单元组成一个个的知识系列，一个个的知识系列又组成整个知识体系。"⑦ 还有研究者认

---

① 王子舟：《图书馆学基础教程》，武汉大学出版社2004年版，第63页。
② 王知津：《知识组织的研究范围及发展策略》，《中国图书馆学报》1998年第4期。
③ 蒋永福：《图书馆与知识组织：从知识组织角度理解图书馆学》，《中国图书馆学报》1999年第5期。
④ 王子舟：《图书馆学基础教程》，武汉大学出版社2004年版，第126页。
⑤ 同上书，第121页。
⑥ 赵红洲：《初论"潜科学"》，《潜科学》1980年第1期。
⑦ 王通讯：《论知识结构》，北京出版社1986年版，第22—23页。

为，知识单元是寓藏于出版单元（某一文献）之中的，一个出版单元可能储含一个以上的知识单元。"科学知识单元是科学劳动的产品，是在对事物、实物、现象、过程等零散信息基础上，经过系统归纳、分析、整理，能够反映其本质规律的概念、定理或定律。"① 我国学者马费成则认为，数据单元也可称知识单元，它是由各种事实、概念和数值等组成的。② 王子舟教授把知识单元定义为，客观知识系统中有实际意义的基本单位，并指出所谓"有实际意义"，指知识单元是一个明确的语词概念、科学定理等，而每一个知识单元都可以归入某个知识系统，并成为该知识系统的基本单位。③

虽然文献分类与知识组织之间存在诸多区别，但二者的最终目标都是实现对"世界3"（即"科学思想、诗的思想以及艺术作品的世界"④）进行分类、整理。正因为如此，自20世纪80年代以来，图书馆情报学领域的研究者逐步形成共识，认为文献组织的实质就是一种知识组织。⑤ 研究者已针对知识组织若干问题展开了深入系统的讨论。例如，刘迅早在1985年就提出，图书馆学应向"知识工程"转变，把知识组织作为图书馆学的一个重要领域。⑥ 王知津指出，将知识组织等同于文献的分类、标引、编目、文摘、索引等一系列整序活动，这是狭义的知识组织；而将知识因子（知识结点）有序化和知识关联（节点间的联系）网络化，这是广义的知识组织。广义的知识组织包含了狭义的知识组织，因为个体文献也可视为是知识因子。⑦ 蒋永福则指出，"知识组织是指为促进或实现主观知识客观化和客观知识主观化而对知识客体所进行的诸如整理、

---

① 张德芳：《激发和活化凝固在文献中的知识：论图书馆改革》，《四川图书馆学报》1988年第6期。

② 马费成：《知识组织系统的演进与评价》，《知识工程》1989年第2期。

③ 王子舟：《图书馆学基础教程》，武汉大学出版社2004年版，第123页。

④ ［英］卡尔·波普尔：《客观知识——一个进化论的研究》，舒炜光等译，上海译文出版社1987年版，第114页。

⑤ 王子舟：《图书馆学基础教程》，武汉大学出版社2004年版，第129页。

⑥ 刘迅：《知识工程——未来图书馆学情报学教育内容变化的学科归宿》，《情报科学》1985年第5期。

⑦ 王知津、王乐：《文献演化及其级别划分：从知识组织的角度进行探讨》，《图书情报工作》1998年第1期。

加工、引导、揭示、控制等一系列组织化过程及其方法"。① 王子舟指出，随着知识社会的来临，"知识组织"已渐成知识社会学、知识管理、人工智能、教育学等多种学科共同使用的科学概念。②

如上所述，图书馆情报学领域内外的研究者对文献分类与知识组织的内涵及二者之间的关系展开了一定讨论。综合而言，这些观点大致可以概括为两个方面：首先，文献分类与知识组织既紧密联系又存在区别；其次，知识组织高于文献分类，是图书馆职业未来发展的方向。本书的基本立场是，文献分类与知识组织在本质上是对记录资源的整序，但文献分类是一种基于形式特征而展开的记录资源整序，而知识组织则是一种基于科学知识的内容要素而展开的整序。二者共同以"世界3"的序化为目标，但却在具体的记录资源体系中分别针对着不同的层次。从文献分类到知识组织，恰恰体现了"世界3"的物化形态——记录资源体系——有着明晰的层级结构，因而需要运用文献分类或知识组织等不同方法加以整序。这种现象，构成了本书在后续部分将展开建构的"社会认识层次论"的重要基础。

（二）知识组织的概念与实质

对于图书馆职业而言，文献分类的理论与实践已相当完备，但知识组织的理论分析和具体实践却存在明显的薄弱点。有鉴于此，关于文献分类及与之相关联的分类、标引、描述等内容，读者可参阅相应的著述，本书将不予涉及。而着眼于图书馆对于知识组织的认识远未达成一致的现实，本部分将针对知识组织的实质、工具等相关理论与实践问题进行重点讨论。

知识组织为理解客观知识之于社会认识的促进作用提供了基本的分析视角。"知识组织"一词的使用，至少可以追溯到20世纪初期。1929年，英国图书馆学家布利斯（H. E. Bliss）出版了《知识的组织和科学的系统》一书，已经开始正式使用"知识组织"这个概念。王子舟站在图书馆职业的立场上提出，"知识组织应该是基于显知识中的文献单元、知

---

① 蒋永福：《图书馆与知识组织：从知识组织的角度理解图书馆》，《中国图书馆学报》1999年第5期。
② 王子舟：《图书馆学基础教程》，武汉大学出版社2004年版，第129页。

识单元而言的,其概念可表述为:知识组织是对客观知识组分进行整序的活动与过程。……,整序、控制、提供是知识组织的核心点"①。如果对"知识组织"一词的提出背景进行进一步还原,则会发现,知识组织深刻地植根于文献分类的图书馆职业活动之中。到目前为止,知识组织整理方法已成为"图书馆学最富有生命力和动态性的领域之一"。②

图书馆情报学领域的诸多学者都对知识组织的本质进行过阐释。布鲁克斯认为,知识组织的本质,是要研究情报对认识主体的知识结构作用的机制。③ 社会认识论的创立者谢拉认为,社会是由那些为了共同目标和满足共同需要而在一起工作的人们组成的,图书馆及其书目系统是一个社会机关,记载的是人类的知识信息,书目的职能就是浓缩人类发明的记录通讯的那部分知识,并将这些知识传递给社会的不同需要者。④ 然而,承载着客观知识的文献本身,兼具实体和内容两个要素。这意味着,知识的组织不仅需要关注作为物理实体的文献,也须关注作为智力结晶的作品(intellectual work)。作品这一概念提出于 20 世纪中叶,被用来指一个作者的特定智力成果。基于作品这一概念,于良芝教授提出,"图书馆文献加工处理的实质是对文献中包含的知识与信息(recorded knowledge or information)的组织整理。图书馆对文献的分类事实上是对作为智力成果的作品的分类;图书馆对文献的揭示报道事实上是对其智力成果的报道。图书馆职业活动的对象首先是作品,其次才是文献实体"⑤。

王子舟教授曾指出:"就本质而言,知识组织的内在机制是对人脑记忆机制的一种模拟。人脑的记忆有识记、保持、再现三个环节(即信息的编码、存储、提取),知识组织也如是。记忆的第一环节是'识记',包括视觉识记、听觉识记、视听识记,知识组织也有这些方式。记忆的中间环节'保持'包括空间保持、系列保持、联想保持、网络保持、更替保持等方式,知识组织也在使用这些方式;记忆的保持会有'遗忘',知识组织则会有'遗漏'。记忆的第三环节是'再现',体现为再认与回

---

① 王子舟:《图书馆学基础教程》,武汉大学出版社 2004 年版,第 130 页。
② 于良芝:《图书馆学导论》,科学出版社 2003 年版,第 32 页。
③ 彭斐章主编:《目录学》,武汉大学出版社 2005 年版,第 26 页。
④ 同上书,第 52 页。
⑤ 于良芝:《图书馆学导论》,科学出版社 2003 年版,第 10 页。

忆，知识组织的'再现'体现在检索与输出。当然，在人工智能领域里，知识组织已经发展出专家系统这样高级的形式，但这种形式本质上仍是对人脑机制的一种模仿。未来的知识组织形式，在飞速发展的信息技术的支持下，将呈现对人脑记忆机制、思维机制交互模仿的趋向。"[1] 蒋永福教授则认为，"知识组织的实质是以满足人类的客观知识主观化需要为目的、针对客观知识的无序化状态所实施的一系列有序化组织活动"[2]。

正如本书第一章中所阐释的，社会认识论的立论基础在于，社会的认知发展过程与个体认知发展过程具有可类比性。如果把经过整序后的世界3视为社会的"认知结构"的话，则科学思想代表着社会最高水平的认知成果。社会认知结构得以完善的重要体现，就是人类对科学知识本身不断进行序化、组织，从而使社会认识向着更高级的方向发展。为此，既需要从科学知识资源载体本身的物质属性入手进行记录资源的组织，更需要从作品中的"智力成分"等更加本质的因素入手，以便对"科学思想的世界"的内在结构做出更加接近于其本质的表征。之于前者，"科学思想的世界"与"诗的思想以及艺术作品的世界"在物质特性的分类、整序方面并无本质的区别，因此属于传统意义上文献分类的范畴；之于后者，则恰恰是对记录资源中"知识成份"的揭示，是知识组织的本质所在。为此，在本书的后续部分，"知识组织"一词将直接对应于"科学思想世界"的整序，其直接的含义是，图书馆职业通过对记录资源的整序而实现对于"作品"中的智力结晶进行序化，以备为社会所认识的过程。

从知识组织的角度来看，无论在图书馆职业领域内外，如何对记录资源知识成分的进行有效整序组织还在探索的路上。这种探索，既包括了图书馆职业采用分类语言、主题描述以及基于文献内容特征的编码等方式开展的努力，也包括了计算机等领域开展的知识图谱、语义网络及知识发现等方面的研究和实践。种种迹象表明，由于诸多因素的局限，真正从"知识成分"角度开展记录资源的组织与表征还停

---

[1] 王子舟：《图书馆学基础教程》，武汉大学出版社2004年版，第131页。
[2] 蒋永福：《论知识组织》，《图书情报工作》2000年第6期。

留着一个充满不确定性的初始阶段，但着眼于挖掘记录资源在社会认知中的更大作用，这种知识组织方式将具有巨大的理论潜力和应用价值。

第二节 认知理论与认识地图

客观的知识世界为社会认识走向高级化提供了基础。然而，宏大而抽象的客观知识世界并不能自动地实现社会认知的发展。正因为客观知识世界与社会认识发展之间存在着断裂，因此需要社会专门设计一整套的制度保障体系来支撑社会认识由低向高地不断发展。如本书第一章所述，社会认识论的重要理论创见在于将个体与社会的认知发展相类比，从而不仅为解析社会认知发展的机理提供了洞见，而且为图书馆职业所从事的知识信息收集、整序及提供利用等活动提供了理论解析。本节将继续沿着客观知识世界的序化、表征这一线索，对社会认识的获得机理及相关理论问题展开解读。

一 认知理论

客观知识不仅是人类认知的共同成果，也是社会认识不断趋向完善的基础。着眼于解释个体的认知发展过程，哲学和心理学领域已发展了一系列理论。在本书中，将这些与个体认知活动相关的理论统称为"认知理论"。我国学者施良方从学习理论的视角，对皮亚杰（J. Piaget）、布鲁纳（Jerome Seymour Bruner）、奥苏贝尔（D. P. Ausubel）等学者关于个体认知发展的相关理论进行了系统性述评。从认知理论的发展进程来看，各个学者之间在理论陈述上差别很大，但"认知结构"及与其相关的一系列概念是不同学者共同采用的理论建构工具。因此，对认知活动的理论解读，首先需要从解析认知结构开始。

认知结构是一个来自认知心理学领域的术语，由发生认识论的创造人皮亚杰提出。这一术语大致类同于认知心理学语境下的"心理结构"或"智慧"。在认知心理学者看来，所谓心理结构，就是指学习者知觉和概括自然社会和人类社会的方式。认知结构是以符号表征的形式存在的。

当新的经验改变了学习者现有的心理结构时，学习就发生了。① 皮亚杰认为，智慧本质上是一系列不同层次的认知结构的发展和功造，个体认知结构的完善主要通过同化和顺应而实现，"主体的一切认识都离不开认知结构的同化与顺化功能，它们是'外物同化于认知结构'（同化于己）与'认知结构顺化于外物'（顺化外物）这两个对立统一过程的产物"②。认知结构既不是事先就在头脑中的，也不是外部世界所赋予的，个体的智慧和认知是通过与环境相互作用而得到生长和发展的。

现代认知理论与格式塔心理学之间存在深厚的渊源。"格式塔"可被翻译为形式（form）、型式（pattern）、形态（configuration），意思是能动的整体（dynamic wholes）。在整体系统中，仅根据各分离的部分，无法推断出这个整体。③ 在认知心理学看来，学习与知识、认知是同义词。认知结构理论认为，学习意味着要觉察特定情境中的关键性要素，了解这些要素是如何联系的，识别其中内在的结构。认知是要使一种完形改变成另一种完形。这种完形的改变可以因新的经验而发生，也可以通过思维而产生。格式塔心理学所关注的，正是发生这种知觉重组的方式。④

格式塔心理学对于当代认知科学最重要的启示，是心理学家勒温（K. Lewin）所提出的场论（Field Theory）。在"场论"中，最核心的两个概念是心理紧张系统和生活空间。⑤ 紧张系统这一概念代表个体的心理需求，⑥ 而生活空间则指人的行为发生的心理场。按照场论，人与环境是一个共同的动力整体，把动力观和整体观众结合起来，是勒温场论

---

① 施良方：《学习论》，人民教育出版社2001年版，第15页。
② 张屹、祝智庭：《建构主义理论指导下的信息化教育》，《电化教育研究》2002年第1期。
③ 施良方：《学习论》，人民教育出版社2001年版，第140页。
④ 同上书，第143页。
⑤ K. Lewin, "Field Theory in Social Psychology", in G. Lindzey (ed.), *The Handbook of Social Psycology*, New York: Brother Publishers, 1968, pp. 51–150.
⑥ 在图书馆职业实践的情境下，紧张系统是指社会认知需求的迫切程度和群体间认知的失衡程度。本体是原子论的，而社会认知是系统论的。这将是本书所构建的社会认知层次论中关于"场域"的重要基础。

的基本形式。① "任何一种行为都产生于各种相互依存事实的整体,以及这些相互依存的事实具有一种动力场的特征,这就是场论的基本主张。"②

生活空间包括个体以及他的心理环境,生活空间是"决定个体在某一时间里的行为的全部事件的总和"③。心理环境不只是指物质世界,也不是指他人的世界,而指影响某个个体行为的世界。因此,这个个体没有觉察到的、对他行为没有影响的客体,不在他的心理环境之内,尽管从物质上讲,这些客体可能离他很近。④ 这个理论很成功地解释了图书馆作为一种信息源,在很多情况下,就在用户触手可及的范围内,但对用户来说事实上却不可获。

"勒温对行为进行心理学的解释假定所有的行为都具有方向性,因而这种研究就集中于行为背后的目的以及引导行为的目标,不过分追究行为的生理机制或生理过程本身。"作为社会认识主体的"社会",是个体的集合,保留了个体的认知特征,但却舍弃了个体的生理机制或生理过程本身。

以勒温等为代表的格式塔心理学从一定程度上对系统论的诞生产生了影响。勒温之后,认知心理学等领域关于认知结构的学术讨论得以进一步展开。⑤ 根据认知学派的观点,知识可分为程序性知识(即"如何做"的知识)和陈述性知识(即"是什么"的知识)。图书馆职业所提供的,主要是陈述性知识。认知学派的代表人物布鲁纳(Jerome Seymour Bruner)用编码系统对人们对陈述性知识的学习过程进行了解释。他指出,编码系统是一组相互联系的、非具体的类别,编码系统是人们对环境信息加以分组和组合的方式,它是不断地变化和重组的。编码系统的

---

① 申荷永:《勒温心理学的方法论》,《心理科学通讯》1990年第2期。
② 申荷永:《动力与整合——勒温心理学研究》,博士学位论文,南京师范大学,第32—37页。
③ K. Lewin, "Field theory in social psychology", in G. Lindzey (Ed), The Handbook of Social Psycology, New York: Brother Publishers, 1968, pp. 51 – 150.
④ 施良方:《学习论》,人民教育出版社2001年版,第158页。
⑤ 以下部分关于认知学派之于认知结构相关方面的理论陈述,详见周文杰《走向用户中心:公共图书馆体系对个体发展影响的理论解读》,《国家图书馆学刊》2017年第1期。

重要特征是，对相关的类别做出有层次的结构安排。① 由于图书馆职业的基本业务活动是将"客观知识"进行序化，而序化的结果恰恰是形成一个相对完整的客观知识编码系统。因此，图书馆职业所从事的信息资源整序活动事实上对应着学习者思维编码的过程。从这个意义上说，衡量信息资源组织合理性的一个基本准则是：越是组织合理的信息资源编码系统，越应当符合用户的思维编码系统。布鲁纳（Bruner）进而指出，任何学科都可以以适当的结构教给任何年龄阶段的学习者。② 布鲁纳所强调的学科结构与信息资源的整序在本质上是相通的。对于图书馆职业来说，以适当的形式组织信息资源，并以适当的形式提供给用户，正是一个促进学习者发现知识的过程，也是图书馆服务由"藏"到"用"的关键环节。布鲁纳认为，人类记忆的首要问题不是储存，而是提取。学习者提取信息的关键在于如何组织信息，知道信息贮存在哪里和怎样才能提取信息。③ 可见，图书馆职业的生命力在于，将知识组织活动与学习者微观信息组织系统相适应，从而不仅促进学习行为的发生，更帮助学习者保持其学习的成果。

认知学派的另一位重要研究者奥苏贝尔（D. P. Ausubel）从知识迁移与同化的角度对学习行为进行了解释。所谓知识的迁移，指过去的经验通过对认知结构发生作用而影响到新的有意义学习。同化（即旧知识吸纳新知识的过程）是一种重要的知识迁移现象。奥苏贝尔认为，知识同化的一般条件是：首先，学习者原有的认知结构中必须具有同化新知识的相应知识基础；其次，学习材料本身应具有内在的逻辑意义，并能够反映人类的认识成果；最后，学习者还应具有理解所学材料的动机。④ 在这三个条件中，学习材料本身的内在逻辑意义是促使学习发生的关键条件。图书馆职业所提供的信息资源体系恰恰是按照学科的内在逻辑而整序的，因此，图书馆为学习的发生提供了基本条件。出于对学习材料内

---

① Brunner, J., "Comment on Beyond Competence", *Cognitive Development*, No. 12, 1997, pp. 341–343.
② Brunner, J., "The Course of Cognitive Growth", *American Psychologist*, No. 19, 1964, p. 15.
③ 施良方：《学习论》，人民教育出版社1994年版，第227页。
④ Ausubel, D. P., Novak, J. D. & Hanesian, K., *Educational Psychology: A Cognitive View* (2nd ed.), New York: Holt, Rinehart and Winston, 1978.

在逻辑性的考虑，奥苏贝尔特别强调了发现学习的重要性，即，学习的主要内容不是现成地给予学习者的，而是在学习者内化之前，由他们自己去发现这些内容。① 这样一来，学习的主要任务变成了学习者在海量的信息资源中发现内容。学习者之于学习内容的发现，本质上正是信息检索的过程，而学习者发现知识的效率恰恰取决于其检索得到的资源是否符合其认知特征的内在逻辑性。此外，奥苏贝尔的理论还非常强调认知结构与个体经验的结合，并提出了一系列理论命题，其中表征学习（representational learning）、概念学习（concept learning）和命题学习（proposition learning）等理念都与信息组织紧密关联。特别是在命题学习中，学习者通过对上位关系、下位关系和组合关系的运用而达成学习目标，这些理念显然都与图书馆职业之于知识组织的理论与实践不谋而合。

最近几十年来，很多研究者从建构主义视角对学习行为进行了分析。建构主义者认为，现有的知识是一种关于各种现象的较为可靠的假设，学习过程是学习者在理解的基础上对假设做出自己的检验和调整的过程。② 皮亚杰（Jean Piager）作为建构主义学习理论的代表人物之一，系统地论述了认知发展过程中同化（assimilation）、顺化（accommodation）与平衡（equilibration）的关系。皮亚杰指出，知识既不是主观的东西（经验论），也不是客观的东西（活力论），而是个体在与环境交互作用的过程中逐渐建构的结果，③ 因此，一切认识都离不开认知图式的同化和顺化，一个人的整体知识始终在被分化成各个部分，然后又把各个部分整合成一个新的整体知识。

认知理论对于图书馆情报学理论建设的基本启示之一是，图书馆职业对记录资源整序的目标，就是为社会认识的高级化创建一个整体环境。换言之，图书馆职业对客观知识进行整序与组织的目标，恰恰是为建立一个关于客观知识世界的整体性知识地图。这一知识地图之于用户的意义在于，它为用户提供了通过同化与顺化而将客观知识纳入自己认知图

---

① Ausubel, D. P., "The Facilitation of Meaningful Verbal Learning in the Classroom", *Educational Psychologist*, No. 12, 1977, pp. 162 – 178.
② 张大均：《教育心理学》，人民教育出版社1999年版，第60页。
③ 施良方：《学习论》，人民教育出版社2001年版，第168页。

式的基本条件。从这个意义上说，记录资源作为客观知识的物化形态，基于记录资源整序而展开的知识组织活动的最终目标是丰富和完善"社会认识地图"。

二 认识地图

（一）认识地图及其与知识组织的关联

"认知地图"这一术语最早是由心理学家托尔曼（Edward Chase Tolman）提出来的。托尔曼通过动物实验认为，动物具有在迷津中"走出困境的计划"，这种计划如同一张地图一样，给动物指明行动的方向和目标，这张地图就称为认知地图。① 借此，情报学家布鲁克斯（B. C. Brookes）在大量借鉴认知理论的基础上，提出了用"认识地图"原理展开知识组织的"天才设想"。② 实际上，认知地图就是知识在认知状态中的内部结构，这种结构代表着人类的知识框架和思维格局。早在 20 世纪 80 年代，我国学者就认为，这种"对客观知识进行分析和组织，并最终绘制知识的'认知地图'的思想，正是布鲁克斯情报学思想的核心"③。考虑到布鲁克斯思想的心理学渊源及其在图书馆情报学领域的完善和发展，本书中将"认知地图""知识地图"及"认识地图"作为同一概念。同时，为了更贴近于社会认识论的理论语境并顺应图书馆情报学领域的研究实际，本书后续章节将直接使用"认识地图"一词。

对于认识地图，布鲁克斯的愿望是，按知识的逻辑结构找出人们思维相互影响的连接点，把它们像地图一样标示出来，展示知识的有机结构。也就是说，认识地图的思想试图借用"地图"这一工具，以期直观展示结构化的知识本身。地图是一种对地形加以客观反映的工具。布鲁克斯曾指出，地图对于地形的显示通常是不完全的，充其量只能是真正现实的抽象，因为它只是把相对重要的特征加以选择记录而已。④ 据此可

---

① 章益：《新行为主义学习论》，山东教育出版社 1983 年版，第 17 页。
② 李萌涛：《布鲁克斯的认识地图初探》，《情报学报》1988 年第 4 期。
③ 同上。
④ ［英］布鲁克斯：《情报学的基础（二）第二篇·定量的侧面：类与个体的反映》，王崇德、邓亚桥、刘维刚等译，《情报科学》1983 年第 5 期。

见,"认识地图"得以构建的初衷,也是对"知识结构"进行抽象和反映,其目的同样是为了把知识结构相对重要的特征加以选择记录。如前文所述,从布鲁克斯、王子舟、于良芝等学者的相关理论表述来看,知识组织的目标与认知地图之间存在明显的关联。蒋永福曾指出,知识组织的基本原理,就是用一定的方法把知识客体中的知识因子和知识关联揭示出来,以便于人们认识、理解和接受。① 综上所述,认识地图正是一种对知识因子和知识关联加以外在显现代的表达方式。

认识地图的形成,是知识组织理论和实践发展的必然结果。回顾图书馆职业在文献知识整序方面的历史进程可以看出,知识组织的第一步,是对承载着客观知识的记录资源进行描述、著录和标引。随着记录资源数量的激增,不断有新的标识、著录方法产生,元数据就是网络环境下普遍采用的一种描述方法。然而,无论是传统的人工著录与标引,还是元数据等针对数字资源的格式化描述,所针对的主要是记录资源形式特征的描述,对于知识资源内容特别是意义层面的描述非常不足。近年来,随着大数据和自然语言处理技术的成熟,语义网络组织法逐渐兴起。王子舟教授曾前瞻性地指出,"有了语义网络组织法,文献单元、知识单元就可以组织成超文本、超媒体数据库;知识单元就能按布鲁克斯所说的'知识地图'联结在一起,供人们'按图索骥'"②。

综上所述,如果将认识地图作为知识组织的最终成果,则如何以特定的方式对地图的组成要素加以表示,以期最终把认识地图"绘制"出来,就成为知识组织理论研究和实践工作中无法忽视的重要内容。回顾知识组织相关理论建设的历史进程发现,很多研究者以"知识表示"的名义对其展开了研究。

(二)图书馆职业对认识地图的揭示

为了实现对记录资源中的"知识成分"进行合理揭示的目标,图书馆职业领域业已展开了大量实践探索。这种探索,至少可以追溯到人类对于书目及文摘编制的职业活动中。我国著名目录学家彭斐章先生在其著作《目录学》一书中,对美国图书馆情报学家谢拉、俄罗斯

---

① 蒋永福:《论知识组织》,《图书情报工作》2000年第6期。
② 王子舟:《图书馆学基础教程》,武汉大学出版社2004年版,第136页。

目录学家祖博夫的学说做出过评述。彭斐章先生指出：按照谢拉的学说，"书目是一个社会机关，记载的是人类的知识信息，书目的职能就是浓缩人类发明的记录通讯的那部分知识并将这些知识传递给社会的不同需要者"；而祖博夫"通过考察书目结构的历史发展和科学知识与书目之间的关系得出了'书目——一种浓缩的知识体系'的结论"。① 彭斐章先生进而把"著录""提要""文摘""索引""书评""注释""综述"总结为文献揭示的基本方法，并认为"著录是以提供文献外形特征的信息为主，而其他方式是从不同层次上揭示文献的内容特征"。② 这些针对文献内容特征的整序，无疑是一种着眼于对文献中"知识成分"进行组织、整理与揭示的积极倾向。

从文献形式特征的著录到其内容质素的揭示，图书馆职业对记录资源的整序越来越趋近于"知识"本身。一般来说，对记录资源中的知识成分进行揭示和组织通常是从"知识表示"开始的。蒋永福认为，知识表示是把知识客体中的知识因子和知识关联表示出来，以便人们识别和理解知识，知识表示是知识组织的基础与前提。③ 然而，在图书馆情报学的研究社区，尽管知识表示的概念曾频繁地被本领域的研究者所提及，但实质性地展开的关于知识表示理论建设和实践工作却相当薄弱。究其根本，往往是因为图书馆情报学领域对于如何对"知识"进行表征远未形成统一一致的理性认识，导致图书馆职业领域很多新近发生的诸多具有创新性的知识表示现象由于无法得到本领域理论的前瞻性指导，从而渐渐游离于知识组织的"主流"之外，陷于既不得不继承又竭尽全力想抛弃传统的知识组织理论与实践的尴尬境地。

鉴于"知识表示"在理论建设与实践推进两方面的薄弱性，同时考虑到图书馆情报学理论建构需要针对客观知识体系本身结构进行可视化的实际需求，本书后续部分将舍弃"知识表示"这一概念，而以"认识地图表征"的名义，对客观知识世界结构分析及其可视化展开论证。如

---

① 参见彭斐章主编《目录学》，武汉大学出版社 2003 年版，第 41 页。
② 同上书，第 192 页。
③ 蒋永福、李景正：《论知识组织方法》，《中国图书馆学报》2001 年第 1 期。

前所述,"认识地图表征"这一术语中的"认识地图"一词源自认识心理学领域,并与认知结构、知识地图、认知地图等概念之间内在地存在理论一致性。同时,这一术语中的表征(representation)(或称为表征系统)一词也源自认知心理学领域,主要指人们知觉和认识世界的一套规则。布鲁纳认为,在人类知识生长期,有三种表征系统在起作用,这就是"动作表征、肖像表征和符号表征——通过动作或行动、肖像或映像,以及各种符号来认识事物。这三种表征系统的相互作用,是认知生长或智慧生长的核心"。① 布鲁纳认为,这三种表征系统,实质上是三种信息加工系统,人类正是凭借这三个系统来认识世界的。按照认知理论,符号表征是最高级的表征形式,符号表征是与语言、学说和对事物的种种解释以及现代的计算机系统所代表的人类推理能力(rationative capacities)相并行的。② 为此,布鲁纳在考虑智慧发展的性质时,把语言(即符号)放在了中心地位。③

综上所述,无论是从认知理论的角度还是从图书馆职业实践的角度看,将语言文字作为认知表征的基本工具已经凝聚了广泛共识。我国学者王子舟指出,文字的发明使得人类的知识传递方式发生了改变。文字产生以后,个体主观知识通过文字记载可以转化成社会客观知识,社会客观知识经过阅读接受又能够重新变成个体主观知识,用公式表达可为:"隐知识→显知识→隐知识"。与文字产生前人类的口耳相传的知识传承传统相比,文字产生后的知识传承多了"显知识"这个中间环节,这就从过去的线性方式变成了散射方式,打破了人类知识传递上的时空局限。同时,人类的知识积累也在大脑记忆这种单一形式之外出现了脑外储存

---

① Bruner, J. S., "Going Beyond the Information Given", in J. S. Bruner, E, Brunswik, L. Festinger, F. Heider, K. F. Muenzinger, C. E. Osgood, & D. Rapaport, (eds.), *Contemporary Approaches to Cognition*, Cambridge, M. A.: Harvard University Press, pp. 41 – 69. [Reprinted in Bruner, J. S. (1973), *Beyond the Information Given*, New York: Norton.], 1957, pp. 218 – 222.

② 施良方:《学习论》,人民教育出版社2001年版,第210页。

③ Bruner, J. S., "Going Beyond the Information Given", in J. S. Bruner, E, Brunswik, L. Festinger, F. Heider, K. F. Muenzinger, C. E. Osgood, & D. Rapaport, (eds.), *Contemporary Approaches to Cognition*, Cambridge, M. A.: Harvard University Press, pp. 41 – 69. [Reprinted in Bruner, J. S. (1973), *Beyond the Information Given*, New York: Norton.], 1957, pp. 218 – 222.

的重要形式——图书记录。① 事实上，早在 20 世纪早期，美国图书馆学家巴特勒就曾指出，"所谓图书，是保存人类记忆的一种社会装置（Social mechanism）"②。可以说，图书资料的产生扩大与延伸了人脑的记忆功能，使人类的知识积累出现加速度，不仅促成了图书馆的产生与发展，也为图书馆职业深度参与社会化的客观知识体系的整序组织和社会认知水平的提升提供了无限的可能。

在图书馆情报学领域，相关学者也曾对"知识表示"的具体方案提出过一些设想。例如，蒋永福曾指出，知识表示是指"把知识客体中的知识因子和知识关联表示出来，以便人们识别和理解"。其中，知识因子的表示是指"把知识客体中独立成义的知识单元（因子）用一定的标示方法表示出来。在文献知识组织中，知识因子的表示主要采用分类标引和主题标引两种方法。前者用类目名称表示知识因子，后者则用主题词表示知识因子"。而知识关联的表示是指"把相关知识因子之间的关系用一定的方式显示出来，以使相关因子间形成意义系统。知识因子之间的关系类型主要有并列关系、从属关系、相容关系、交叉关系、交替关系等。在文献知识组织中，知识关联的表示分为分类法和主题法两种。前者用类目等级体系和相关注释来显示知识因子（类目）之间的关系，而后者则用参照系统和有关注释来显示知识因子（主题词）之间的关系"。③

此外，我国学者马费成和郝金星从"概念地图"的角度，对知识表示及知识地图表征的相关问题展开过一系列探讨。④⑤⑥ 概念地图思想最早是在 20 世纪 70 年代初由美国康奈尔大学诺瓦克（J. D. Nvoak）提出的

---

① 王子舟：《图书馆学基础教程》，武汉大学出版社 2004 年版，第 9 页。
② 袁咏秋、李家乔主编：《外国图书馆学名著选读》，北京大学出版社 1988 年版，第 348 页。
③ 蒋永福：《论知识组织》，《图书情报工作》2000 年第 6 期。
④ 马费成、郝金星：《概念地图在知识表示和知识评价中的应用（Ⅰ）——概念地图的基本内涵》，《中国图书馆学报》2006 年第 3 期。
⑤ 马费成、郝金星：《概念地图在知识表示与知识评价中的应用（Ⅱ）——概念地图作为知识评价的工具及其研究框架》，《中国图书馆学报》2006 年第 4 期。
⑥ 马费成、郝金星：《概念地图及其结构分析在知识评价中的应用（Ⅲ）：实证研究》，《中国图书馆学报》2006 第 5 期。

一种教学工具。① 概念地图是利用概念以及概念之间的关系表示关于某个主题的结构化知识的一种图示方法。② 马费成等发现，概念地图经常和知识地图、认知地图、思维导图、语义地图等概念混用，但表达相近内容，可以在一定条件下通用。③ 陈锐也认为，布鲁克斯认为知识地图描述文献中概念之间的联系，其和概念地图定义的差别也很细微。④ 马费成等指出，"概念地图可以作为知识组织工具，将文献已有的比较成熟的著录、分类、主题词标引、文摘、索引等传统整序方式经过改进后综合起来利用，运用单元知识及其链接关系构筑认知地图，也就是通过单元知识整序后，将全部文献知识构筑成非线性的、网络结构的、开放性的、逐渐积累完善的活化大文献（超文本、超媒体文献），从而形成促发知识创新的新的文献类型，而绝非现有的连续生产的无序化单元文献"⑤。总之，"概念地图归根到底是一种表现构图者认知结构的工具；它的结构反映了构图者认知结构中概念如何安排、连接和摆放"⑥。

由于概念地图深刻地植根于认知理论，因此概念地图的理论基础多源自认知心理学。具体表现在：认知心理学家奥苏贝尔的有意义学习理论认为，概念地图可以支持学习者有意义的学习过程；⑦ 罗姆汗（Rumlhar）的图示理论和魁连（Quillian）的语义记忆理论强调知识在人脑中的组织方式；⑧ 杰纳森（Jonassen）等的结构化知识理论认为，结构化知识帮助学习者整合陈述性知识和过程性知识，结论化知识也常常被称

---

① Novak, J, D. and D. N., *Govin, Learning How to Learn*, Cambridge, U. K.: Cambridge University Press, 1984.

② Novak, J., D. and D. N., *Govin, Learning How to Learn*, Cambridge, U. K.: Cambridge University Press, 1984.

③ 马费成、郝金星：《概念地图在知识表示和知识评价中的应用（I）——概念地图的基本内涵》，《中国图书馆学报》2006年第3期。

④ 陈锐：《知识·知识经济·知识管理》，《图书情报工作》1999年第3期。

⑤ 马费成、郝金星：《概念地图在知识表示和知识评价中的应用（I）——概念地图的基本内涵》，《中国图书馆学报》2006年第3期。

⑥ Novak, J. D., *Learning, Creating, and Using KNowledge: Concept Maps TM as Facilitative Tools in Schools and Corporation*, Mahwah, NJ: Lawrence Erlbaum, 1998.

⑦ Ausubel, D. P., Novak, J. D. & Hanesian, K., *Educational Psychology: A Cognitive View* (2nd Ed.), New York: Holt, Rinehart and Winston, 1978.

⑧ Quillian, M. R., *Semantic Memory, in Readings in Cognitive Science: A Perspective from Psychology and Artificial Intelligence*, Morgan Kaufman Publishers: San Matro, CA, 1988, pp. 80–101.

为认知结构、语义网络等。① 马费成等指出，认知地图研究和概念地图研究基本同步，但是认知地图仅仅强调提取和表示人脑中各个概念之间的关系，特别是因果关系，用于组织学习和组织决策。所以，狭义的知识地图一般认为和概念地图类似。根据美国 CRESST（Center for Research on Evaluation, Standards, and Student Testing）的研究，从知识表示的角度，它们的差别只不过是概念和连接语采用系统既定的词语而已。②

由文献著录到概念地图，无疑是图书馆职业在走向对客观知识世界的结构加以系统化揭示所迈出的重要一步。这种变革，意味着图书馆职业活动不必囿于实体的图书文献，可以走向更加抽象、更为深刻的文献主题揭示。然而，由于概念地图的构建相较于实体文献的著录明显更加抽象、更加难以把握，因此，图书馆职业在此方面的进展甚为缓慢。比较令人印象深刻的，是美国情报学家兰卡斯特在 20 世纪 80 年代关于"建立一个自然语言叙词表"的主张。兰卡斯特曾指出，"匹兹堡系统使用的就是这种方法"，它"可以容纳同义词、近义词、句法规则上的变体词、等级上相关的词，以及其它语义上相关的词"。③ 王子舟教授也曾指出，语言是知识组织的最基本的工具，如果从最根本的意义上进行考察，知识组织只有一种最基本工具——自然语言。他进而提出，各种知识体系、知识集合基本上是用语言材料组织起来的。即使众多知识集合使用了大量人工语言，人工语言也只不过是自然语言的代替物。④ 虽然自然语言在知识组织特别是认知地图构建中具有显而易见的巨大潜力，但遗憾的是，兰卡斯特之后的三十年，计算机领域关于"知识图谱"等相关研究风起云涌，搜索引擎席卷全球，但由于缺乏直接的商业价值，如何将自然语言应用于知识地图的表征却不仅没有得到计算机等领域的重视，

---

① Jonassen, D. H., K. Beissner, and M. Yacci, *Structural Knowledge*: *Techniques for Representing, Conveying, and Acquiring Structural KNowledge*, Hilladale: NJ: Lawrence Erlbaum Associates Publishers, 1993.

② Bahr, S. and D. Dansereau, "Bilingual Knowledge Maps in Second Language Vocabulary Learning", *Journal of Experimental Education*, Vol. 70, No. 1, 2001, pp. 5–24.

③ ［美］F. W. 兰卡斯特：《情报检索系统——特性、试验与评价》，陈光祚等译，书目文献出版社1984年版，第304页。

④ 王子舟：《图书馆学基础教程》，武汉大学出版社2004年版，第132页。

甚至在图书馆情报学内部也被有意无意地"遗忘"了。然而，着眼于记录资源数字化及大数据兴起的时代背景，面向文本内容的自然语言处理必将认识地图的表征方面显示出蓬勃的生命力。

综上所述，图书馆情报学领域以知识表示的名义所展开的研究清晰地揭示了图书馆职业在认识地图表征方面所做的努力。这些努力，起始于图书馆职业关于文献的分类与著录，经历了文摘、书评等多种旨在揭示内容、凝练主题的探索，最终趋向于面向大数据及文本本身的自然语言处理。

第三节 客观知识世界的结构

知识地图学说为描述客观知识世界的结构提供了基础，而图书馆职业领域开展的知识组织、表征等活动则为准确揭示客观知识世界的结构提供了实践依归。本节将针对客观知识世界内部结构的描述展开进一步讨论。

一 "世界3"的内部结构

（一）"公共大脑"及其"知识结构"

由于图书馆体系所储存的知识记录资源典型地代表着人类迄今已建成的客观知识体系，因此，一些学者形象地将图书馆称为"公共大脑"。① 进而，由于知识组织的目标是对知识资源本身进行序化、整理，因此，知识组织的过程与结果可被形象地理解为"公共大脑"中认知结构形成的过程和结果。而认识地图的表征，则可以被视为对"公共大脑"中认知结构的显现。我国学者王崇德在对布鲁克斯的《情报学的基础》进行译介的过程中发现，布鲁克斯主张"要把静态的知识结构活化"，以期建立"体外知识仓库——体外大脑"。②

---

① 我国学者刘国钧称之为"公共脑子"，其他学者称之为"体外大脑"，例如，布鲁克斯在《情报学的基础（四）：情报学：变化中的范式》一文中，主张要把静态的知识结构活化，并且富有想象力地描绘了体外知识仓库——体外大脑。

② 王崇德：《评布鲁克斯的〈情报学的基础〉》，《情报科学》1985年第4期。

第二章 社会的认知结构

本书前述相关部分已经对认识地图的表征进行了论述。由前文提及的布鲁克斯、马费成等中外学者的研究来看,从"概念地图"入手解析客观知识世界的结构,不失为图书馆情报学领域兼具可行性和前瞻性的重要尝试之一。例如,布鲁克斯利用杰·法拉得(J. Farradne)和亨利·斯摩尔(Henry Small)关于学科认识结构的研究成果,在预先调查世界3的结构的基础上,发现有可能"将各概念联结成网络图",认为世界3的知识结构可以绘制成以各个知识单元概念为结点的学科认识地图。本书后续章节将把布鲁克斯由概念入手编制认识地图的具体过程以案例形式加以呈现。

布鲁克斯基于学科概念而编制概念网络图,是揭示客观知识世界结构的基本形式。然而,所编制的概念网络能否具有客观性,这是同样需要回答的一个问题。为回答这一问题,布鲁克斯曾列举大量基于词语、概念或数字而完成社会知识客观化的事例。例如,美索不达米亚所形成的"一览表"(类似于今天的"词表"),古代印度和中国对日常生活中的众多因素的客观化(如,关于天文的测量、埃及天文历书的制定),希腊数字体系及其在顺序关系描述上的应用,阿拉伯数字在资源的分类与组织中的应用(如阮冈纳赞的分面组配)。直至现代计算机的出现,也是社会客观化的具体体现。布鲁克斯指出,利用计算解决问题的优点之一,是可以将全部分析客观化,也就是说,可以把解决问题所用的数据和全部分析方法展示在他人面前。[①] 如前文所述,诸多证据表明,对于知识内容的揭示,图书馆职业正在经历由充满主观的文摘编制向基于计算的自然语言的发展。显然,后者因基于计算而更具客观性,从而在知识组织和认识地图编制领域更具生命力。

布鲁克斯的贡献,不仅在于从科学概念入手尝试编制了学科认识地图,从而为有效揭示客观知识世界的静态认知结构提供了一个切实可行的解决方案;更加富有启示性的是,布鲁克斯也曾尝试从"情报"的角度,揭示客观知识世界的结构不断走向完善化的过程。例如,布鲁克斯曾指出,"每一片段情报都是位于这一网络的经脉之上。这种结构将成为

---

① [英]布鲁克斯:《情报学的基础(二)第二篇·定量的侧面:类与个体的反映》,王崇德、邓亚桥、刘维刚等译,《情报科学》1983年第5期。

推动科学发展的主观认识结构的副本或近似副本的东西"。① 关于客观知识世界的结构动态完善的过程,将在本章后续部分进一步展开。

(二) 科学概念在认知地图表征中的作用

科学概念是研究者探索世界的思维工具,也是人们用来理解科学的认识工具。在对客观知识世界进行组织、整序与揭示的过程中,科学概念同样具有举足轻重的作用。每一门科学都包含着大量的概念,即众多事实、思想和专业词语。这些概念构成了科学知识的基本单元,它们是人们一定阶段认识的总结,它们的有机组合使之成为一个相互联系的体系。② 科学概念所具有的这种思维工具属性,使得科学体系与人们的思维过程之间存在着高度的可类比性:从动态的过程看,科学概念之间不断产生关联,从而逐渐实现科学知识丰富化的过程,与人们通过学习而不断丰富自己的知识结构,获得认知发展的过程非常相似;从静态的结果看,基于科学概念而形成的科学知识网络本身,与人的知识结构本身非常相似。唯一不同的是,个体的认知结构存在于其头脑之中,反映了其主观认识形成的过程与结果,基于科学概念而表征的科学体系则存在于记录资源体系之中,反映了一种社会化的、客观的知识结构形成的过程与结果。显然,后者正是社会认识论旨在揭示的重心,也是社会认识论视角下图书馆情报学基本理论得以建构的起点。具体而言,由于个体与社会在认知结构形成的过程与结果之间的相似性,以记录资源的序化为主要任务的图书馆职业可被类比为一个旨在促进社会认知结构完善化的制度安排,而科学概念对记录资源所承载的客观知识网络本身的表征在极大程度上就可以对应于个体认知结构本身。

通过文献调查可以看出,将科学概念作为科学网络的"节点",并基于其关联而解读知识组织的理论倾向,在图书馆情报学研究领域久已有之。例如,布鲁克斯曾指出,图书馆中的文献分类是文献组织而非知识组织,知识组织是对文献中所包含的知识内容进行分析,找到相互影响及联系的节点,像地图一样把它们标出来,展示知识的有机结构及内在

---

① 杨谱春:《认识地图的完善——自然词叙词表描述客观知识结构的功能》,《图书与情报》1999 年第 4 期。

② 王子舟:《图书馆学基础教程》,武汉大学出版社 2004 年版,第 54 页。

联系，为人们直接提供所需的知识服务。知识组织可通过建立"认知地图"得以实现。印度情报学家塞恩（S. S. Sen）根据英国学者道金斯（R. Dowkins）"思想基因"的观点，提出知识组织可依"思想基因进化图谱"进行，即从文献中找出"思想基因串"编制出新的概念索引供人利用。① 美国情报学家德本斯（A. Debons）则指出："知识组织将是下一世纪人们面临着的主要挑战。我们这里所谈及的知识组织概念不是传统意义上的分类技术，而是指更高水平上的知识组织。"② 如果从科学概念的角度看，德本斯所说的"更高水平的知识组织"大致可被理解为基于科学概念而表征的科学知识体系。

通过科学概念，以语词的形式对知识体系进行表征的过程，正是布鲁克斯所表述的"社会认识客观化"的过程。基于图书馆情报学的视角，这种客观化既可被视为世界 3 的形式化，也可被看作社会"认知结构"的显性化。从这种意义上说，布鲁克斯以"社会认识客观化"的名义，联结了社会认识论与世界 3 理论。

二 布鲁克斯的认知结构完善化思想与实践

（一）布鲁克斯关于认识结构完善化的理论陈述

前述部分对布鲁克斯借由科学概念而绘制学科知识地图，从而揭示客观世界静态结构的尝试进行了介绍。然而，布鲁克斯在客观知识世界的结构方面更重要的理论陈述，集中在对客观知识世界结构的动态发展和完善方面。

从知识组织的角度看，布鲁克斯最重要的主张之一，是提出认知结构得以改进的"基本方程式"：

$$K(S) + \triangle I = K[S + \triangle S] \quad \cdots\cdots (1)$$

其中 K（S）表示知识结构，$\triangle I$ 表示新获得的情报，$\triangle S$ 表示改进的效果，K［S + $\triangle S$］则表示改进了的知识结构。

对于这一公式，布鲁克斯进行了诸多讨论。他指出，这一公式意味

---

① 马费成：《知识组织系统的演进与评价》，《知识工程》1989 年第 2 期。
② ［美］A. 德本斯：《情报学的主要发展趋势：在 96ISIRSD 上所作的学术报告》，《图书情报知识》1996 年第 4 期。

着式中各实体（各项）如有可能测定的话，则必须使用同一单位来进行测度。这个基本方程式还意味着，知识的增长并非单纯的叠加。情报之被吸收于知识结构内，不仅是叠加上去而且还可能引起知识结构的某种调整，如在几个原有的概念关系上出现变化。在科学各领域中情报的增加，还可能引起知识结构的突变。他进而推想，"这一基本方程式不仅对主观知识结构，而且对客观的知识结构也是适合的"。① 在与波普尔进行讨论后，布鲁克斯指出，"波普尔相信，把方程式（1）放在客观知识的背景上，比方程式（1）放在传统的主观知识背景上来进行研究，可以更好地了解主观学习的过程，我赞成这一观点。并且我认为，这样的研究才是情报学的主要目的"。②

对于知识结构本身，如果从个体角度看是主观的，但从社会角度看却是客观的。这正是认知心理学与图书馆情报学之间在知识组织方面的区别。对于图书馆情报学而言，做好客观知识的组织，首先需要对知识的形式进行描述和测度。布鲁克斯认为，"有必要考虑用什么方法来测度'世界2'和'世界3'空间中我们认为有必要测定的一切"。③ 他进一步指出，图书馆职业"所需做的工作就只有研究'世界3'中所记述的'世界2'和'世界3'的相互作用了。被保存于图书馆中的文献，给我们提供了所有必要的证据，亦即可以公开观察到的客观证据。我们所要做的只是观察各个领域内所记述的知识是如何逐年地增长和变化的。并且尽可能地保存它在各门学科中事物的初始单一状态"。④ 布鲁克斯的上述论断有助于将知识组织与个体和社会的知识结构关联起来，从而为图书馆情报学的研究开启新的方向。

（二）来自布鲁克斯的一个案例

1980年，布鲁克斯以"情报学的基础"为题，连续发表了四篇文章，系统地介绍了认识地图的理论设想和实践尝试。前文已对布氏理论的要旨进行了概要介绍，下面的案例中，布鲁克斯对认识地图的具体绘制过

---

① [英]布鲁克斯：《情报学的基础（一）》，王崇德、邓亚桥、刘继刚等译，《情报科学》1983年第4期。

② 同上。

③ 同上。

④ 同上。

程进行了介绍:①

我最近在安大略访问时,遇到了杰·法拉得因(J. Farradue)。他曾做过这样的工作:将化学文摘(CA)的某一部分索引,从原来的术语索引变换成关联索引。其时他的数据库已达到相当规模。我在和他商谈之后,运用该数据库来检索有关液晶方面的科学论文,应用杰·法拉得因的关联索引检出约30篇论文。

我把这些论文按年代排列,将各引文逐篇相加成累积图表。首先,一些不断重复出现的概念开始形成某些联结节点,然后慢慢地形成一个松散的网络。但是很明显,这种网络很可能没有中心,这是因为在索引分析中,有关液晶研究的基础理论的论文都未包括在内,所有综述最新理论发展的评论文章,只是作为"述评"论文来标引,而理论本身未予明确标引出来。我不得不自己动手较详细地编制理论论文的索引。

但是,在我刚开始这一工作之时,我听了美国情报科学研究所(ISI)的亨利·斯摩尔(Henry Small)的发言。他指出:在生物化学领域内,有一群科学家紧密地、积极地相互作用,这是通过彼此间一连串地、迅速地引用论文来体现出来的。继之,他研究了被引用的论文,以求明确各篇论文中的哪些思想,使得它们被他人引用,并指出这些被引用的学术思想可以用简单的陈述来表达。由于这些思想共同运用有限数量的概念,所以就有可能用网络图表来表现这些思想是如何导致重大发现的。这比我前面叙述过的认识结构相比,是一种更为直接的构思。它只需要用前边提到的关联索引,而在论题要求表现更细致的关系时予以放大即可。亨利·斯摩尔方法的吸引力在于他使索引工作量减至最小,不像我的方法那样冗长烦琐。

这种分析(在同一论文宣读会上,还列举了其他事例)可以看成对认识空间,对世界3结构的预先调查。如果我们发现了最好的方法,就有可能就所选定的紧密相连的若干学科领域中的固有联系,

---

① [英]布鲁克斯:《情报学的基础(二)第二篇·定量的侧面:类与个体的反映》,王崇德、邓亚桥、刘维刚等译,《情报科学》1983年第5期。

将各概念联结成网络图。每个这样的网络都是表示科学认识结构的一张地图。而每一片段情报都位于这一网络的经脉之上。这种结构将成为推动科学发展的主观认识结构的副本或近似副本的东西。但这些"地图"是直观可见的,即它也就是世界3的最初的客观化。

在任一正在发展中的学科认识地图中,可以预见将会有一个较为稳定的中心,围绕这一中心的周边代表着最新的研究水平,其中还有含糊不清和不确切的问题有待于解决。所有这些有疑义的领域,都有必要表示在地图上。因此这幅地图对于面对各个学科有能力取得成就的人来说,具有战略上的意义。

为了编制认识地图,有必要超出杰·法拉得因最近发表在本刊(Journal of Information Science)上、为替代传统的关键词索引而设计的9个紧密关系的范围和同时编制的关联索引。关联索引的编制应根据所选定的任一领域的要求来从实用出发,不应先验地制定并硬套到各个领域上。

在着手编制认识地图时,没有必要回溯到主题的起源。如果某一篇论文之后,继之又有论文的话,那么地图不论从哪里开始都行。这样的做法就可避免那些对该主题做过工作的人,"想当然"地编制冗长不堪的索引,直到后一篇论文对前一篇论文提出疑问为止。

随着地图的完善,它将达到一个可以作为数据库来使用的阶段。此时,就可能用得上复制了。为了复制,从原件所在的机器要向其次的机器传递一定数量的信息,其传递线路就成为可以就逐个信息来进行观察传递过程的香农离散性通道。至于完成复制工作所需要的信号,当然不是独立的,但可用测定其情报量。这样,我们就掌握了一种测定数据库中任一新论文的标引内容的效果,就可以作为参考文献的增加而加以测定。这些情报测度方法在这里只适用于客观知识结构。[1]

在上述案例中,布鲁克斯利用杰·法拉得和亨利·斯摩尔关于学科

---

[1] [英]布鲁克斯:《情报学的基础(四):情报学:变化中的范式》,王崇德、邓亚桥、刘继刚译,《情报科学》1984年第1期。

认知结构的研究成果，尝试在世界3基础上建立"概念联结网络"。布鲁克斯关于"认识地图"的思想对图书馆情报学所产生的最重要的启示是，可以将不同的知识层面和不同认知活动结构之间看成一种"映射"关系。由于人类知识总量的增加，概念（或范畴）作为认识的"纽带"，相互之间的联结范围越来越大，抽象化程度越来越高，基于概念间关系网络而出现的语言结构模型、概念结构模型便成为人们认知活动得以展开的主要工具。"这种概念的和语言的抽象变成一种用表示事实及其关系的代用物或符号进行操作的手段，而不是用这些事实本身进行操作；它用符合操作代替对于事物和事件的操作，用反思推理代表事实世界中的直接行动和干预。事实上，这样一种表示法是一种映射地图。"①

（三）布鲁克斯"认识地图"思想评析

布鲁克斯在情报学界第一个提出了运用认识地图原理对知识网络加以组织和揭示的设想。布鲁克斯在《情报学的基础（四）：情报学：变化中的范式》一文中，主张要把静态的知识结构活化，并且富有想象力地描绘了体外知识仓库——体外大脑。② 更难能可贵的是，在计算机尚未得到大规模普及的时代，布鲁克斯前瞻性地提出了基于计算，客观地对知识世界的结构进行表征的问题。这一思想，在今天计算能力和知识总量都呈几何级数增长的时代，也具有强的适应性。例如，面对海量数字化的知识资源，对其展开基于自然语言的组织，从而简化地解决知识组织问题，显然更加契合布鲁克斯的初衷。

在布鲁克斯看来，尽管图书馆的藏书分类和对数据库的管理操作加速并简化了文献检索过程，可是其中的储存对象仍然是庞杂而无序的，而且其数量正以指数律不断增长。布鲁克斯认为情报只是片段的知识，而知识是由情报构成的首尾一贯的结构，情报学的远景就是要把片段的情报结成首尾一贯的知识，形成体外的大脑。布鲁克斯的愿望是，按知识的逻辑结构找出人们思维相互影响的链接点，把它们像地图一样标示

---

① ［美］M. W. 瓦托夫斯基：《科学思想的概念基础——科学哲学导论》，范岱年译，求实出版社1982年版，第168页。

② 陈思彤：《布鲁克斯情报学思想研究》，硕士学位论文，东北师范大学，2009年，第16页。

出来，展示知识的有机结构。他认为，知识组织是对文献的逻辑内容进行分析，找到互相关联并能够引起创造和思考的知识点，将它们联系在一起形成一种多维立体结构，通过每个链接点都能找到所需知识和相关知识。

布鲁克斯所追求的知识结构，是在对"世界 3"充分调查的基础上，选定那些紧密相连的若干科学领域中的固有联系，将各概念联结成网络图，每个这样的网络都是表示科学认识结构的一张地图。每个片断情报都位于这一网络的经脉之上。随着地图的完善，它将达到一个可以作为数据库来使用的阶段。客观知识结构将达到一个精干的情报库程度。这样，我们就可以不必耐心地等待我们的头脑，逐渐缓慢而又前途未卜地进化发展成具有很大记忆容量的大脑。布鲁克斯对此持乐观的态度，并且称这是情报学变化中的"范式"。布鲁克斯认为这是赋予情报学前途无量的远景。①

布鲁克斯的认识地图思想，可以说是知识组织的理想状态。他曾试图利用法拉登（J. Farradane）的关系索引理论来绘制知识地图，但未获成功。原因是当时的理论和手段还不能达到所需要求。由于 20 世纪末的数字技术和网络技术催生，以及知识时代的到来，人们再次对布鲁克斯的"知识地图"投入了关注和研究。

我国在 2000 年以后产生了大量对认识地图进行研究的论文，它们认为认识地图理想的实现必须具备相应的技术条件。认识地图的绘制应该具备如下四个条件：（1）整理出一部较完备的知识概念词典，并且它有可修改和扩充的特性；（2）对大量的表征情报元进行模糊分割和模糊标引的自动处理系统；（3）可供建立"认识地图"和表示系统的软件工程环境；（4）可供使用的智能计算机和海量信息存储部件。②

布鲁克斯情报学理论的基本点是：情报学的任务是探索和组织波普尔提出的客观知识——"世界 3"；情报学在实施定量化时，从自然科学中移用的定量分析方法都必须加以改造，以适应子认识空间，人类个性

---

① 陈思彤：《布鲁克斯情报学思想研究》，硕士学位论文，东北师范大学，2009 年，第 16 页。

② 王崇德：《评布鲁克斯的〈情报学的基础〉》，《情报科学》1985 年第 4 期。

也应予以考虑,以便使取自社会科学的经验数据得到更好的利用,情报和知识不是物理实体,而是存在于认识(精神或情报)空间的、超物理的实体,应当组成知识结构—编制"认识地图"——朝着体外大脑前进。①

事实上,布鲁克斯的思想深刻地植根于图书馆情报学领域关于知识组织等问题的探索。我国学者程焕文在翻译的布鲁克斯的文献中就曾指出,早在 1895 年,两个比利时人,保尔·奥特勒(Paul Otel)和亨利·拉·方丹(Henir La Fontaine)就在布鲁塞尔建立了"国际目录学学会"(International Institute of Bibliography)。然而,"目录"(bibliography)这个术语在英美文义中被误解了,后来被改成了"文献"(documentation),不久人们进一步提出了一新的术语——信息(information),这一术语曾被图书馆员看作一个包罗万象的神秘存在。因为奥特勒和拉·方丹都是律师和比利时政府的议员,所以,他们对专业图书馆员很少注意到的各种文献,如各种公务档案、统计数据、法律案卷和很多诸如美术明信片之类的被图书馆员看作短命的或价值不大的文献都感兴趣。② 此外,科学计量学的开拓者 D. 普赖斯(Derek John de Solla Price)曾指出,"由于历史学家和考古学家的研究成果,今天我们已经有了一个经得起学术分析的高级文明发展的完整序列,对这些文明的了解我们正处于比前人深入得多的起点"。普赖斯正是从文明体的角度来考察科学发展的。从文明体出发能够为我们描述科学发展提供一种大的视野:那些纷繁的科学历史现象和浩瀚的科学历史资料,不再成为科学史家机械地搜集起来的"碎片"或"流水账",而是一个层次分明、含义丰富的有机系统。③

事实上,布鲁克斯的思想不仅基于"世界 3"所面向的客观知识世界,且直接渊源于文献学、情报学的传统研究之中,而且与社会认识论有着紧密的关联。如本书第一章所述,社会认识论的目的在于解决图书馆学与信息科学中存在的理论缺失的困境,并最终为该领域提供一种认

---

① 王崇德:《评布鲁克斯的〈情报学的基础〉》,《情报科学》1985 年第 4 期。
② 程焕文:《论文献计量学、科学计量学和信息计量的起源及其相互关系(1)》,《情报科学》1993 年第 3 期。
③ 参见蒋谦《人类科学的认知结构:科学主体性解释的"类脑模型"》,北京师范大学出版社 2017 年版,第 44 页。

识论的规范性框架的支持。在这样一种理论框架下，社会认识论得以为"书写记录"式的知识提信息分类的规范性扩展与信息仲裁服务，并对信息专家的意见提供一种批判性的完善。① 在社会认识论中，谢拉所强调的知识主要是指一般的图书馆科学家称为文献的知识，谢拉把这种知识称为"书写记录"（graphic record）。谢拉所强调的知识是可记录性和可传播性的知识。当然，谢拉也认识到，存在于个体记忆中的知识经由该个体也可以得以传播。但这不是他所研究的范围。为了进一步强调图书馆情报学中的知识特性，根据知识载体的不同，谢拉把知识又分为两个类型，一是内在知识（Intrinsic knowledge），个体所具有的知识；二是外在知识（extrinsic knowledge），即社会中所具有的知识，这种类型的知识又包括三个子类：公共知识（社会中许多成员所共享的知识）、记录知识（文献内容的知识）、客观知识（类似于波普尔的客观世界3的知识）。之所以对知识做出这种分类的另一个原因是，谢拉认为个体所具有的内在知识具有一种对知识的情感上的经历，从而有能力在某种方式中领悟社会中所具有的外在知识。② 谢拉所强调的，是一种外在于个体的社会性"客观的"知识——"外在知识"。立足于"客观知识"的视角，概念世界的结构自然地会呈现出一种网络化的组织系统。

事实上，概念系统的"网络说"在秉持客观精神或客观知识的思想家之中已达成一定程度的共识。例如，黑格尔和列宁有"范畴之网"的说法，波普尔有客观知识的"蜘蛛网"之说，维特要斯坦、迪昂、奎因等也持有概念（特别是科学概念）的网络说。③ 凡此种种，都显示出刻画客观知识世界内在概念网络结构的可能性和必要性。如果将概念视作网络的节点，科学传播就可以被理解为基于分布式网络格局的概念资源的配置与变化的过程。科学传播就是语义知识或概念知识的联结。由于概念的传播必须依托于主体或载体，因而在实际的科学传播网络中，作为"节点"的东西，既可以是独立的科学家，也可以是科学共同体，还可以

---

① 丁五启：《当代西方社会认识论研究》，博士学位论文，复旦大学，2007年，第10页。
② Shera, J. H., *Sociological Foundations of Librarianship*, Asian Publishing House, 1970, p. 83.
③ 蒋谦：《人类科学的认知结构：科学主体性解释的"类脑模型"》，北京师范大学出版社2017年版，第345页。

是客观化了的知识元（knowledge element）以及大量知识单元和知识处理机构组成的知识库；既可以是猜测（假说）、问题境况、理论、定律和公式等，也可以是不同类型的相对独立的学科群。所有这些外在形式的表征，其基础仍然是概念；任何复杂的传播网络都可以还原为概念网络。①由此可见，布鲁克斯"认识概念网络"之说存在着深厚的学术渊源。

---

① 蒋谦：《人类科学的认知结构：科学主体性解释的"类脑模型"》，北京师范大学出版社2017年版，第352页。

第三章

社会认知发展的原理与基础

第一节 客观知识的"藏"与"用"

记录资源作为客观知识的载体,将其进行系统的收集,并经由知识组织①而实现对其知识成分的序化,这是以图书馆为代表的记录管理相关职业关于"藏"的逻辑;通过将经过整序的记录资源提供给用户加以使用,使之对个体和社会的知识增长和认知发展做出贡献,这是记录管理相关职业关于"用"的逻辑。从"藏"的角度看,记录管理相关职业的目标在于将当前社会的整体认知结构和认知水平加以揭示和反映;而从"用"的角度看,记录管理相关职业的目标则是促使个体用户通过社会认知结果(即现有知识体系)而获得认知发展,并将其中一部分新的个体认知发展成果纳入社会的认知结构之中。显然,"藏"的目的是"用",而"用"的目的则是实现更可持续的"藏"。

如上所述,虽然"藏"与"用"之间确实存在相辅相成的紧密联系,但这种联系却并不天然地能够实现二者之间的转化。具体来说,以知识组织为主要代表的记录资源整序(也就是"藏")的结果对于个体的认知发展来说,只是一个必要的前提,却不是必然的结果。换言之,"藏"虽然是"用"的前提,但"藏"却不一定必然导致"用"的发生。事实上,"藏"与"用"之间的矛盾恰恰是以图书馆为代表的记录管理职业达

---

① 在本书中,知识组织是一类比较宽泛的概念、术语的统称。这一概念不仅包含着与传统的图书馆情报学所述的"信息组织"类似的含义,同时也与"知识表示"乃至"知识标引""概念地图""认知地图""语义地图"等术语相类似。

成其职业使命的最大障碍。以图书馆职业为例，长期以来，这一职业对于以图书为代表的记录资源的组织与建设已积累了相当丰富的职业经验，但在如何促进用户来使用这些资源方面，却存在着诸多不足。正是这种现象的存在，导致了图书馆职业活动的价值和前景备受争议。我国台湾学者何光国指出，在实践中，图书馆学五定律常变成：书是为收集，不是为利用；有些读者不得其书；有些书在书架上收集尘埃；浪费读者和图书馆员的时间；图书馆为一成长的旧书仓库。[①]

站在社会认识论的立场上，"藏"体现了社会认知结构获得的过程，而"用"体现了个体借由现有知识资源体系而获得个体认知发展，并通过其个体知识的客观化而促进社会认知发展的过程。更具体地说，"藏"的结果体现了社会认知结构的完善程度，而"用"的结果则决定着社会认知结构的完善程度和发展水平。从这个角度看，社会认识论所提及的社会认知发展现象最终得以实现的关键，在于促进"藏"与"用"的统一，而社会认识论能够被作为图书馆情报学的理论基础，也恰恰在于这一学说有助于为"藏"与"用"的统一提供理论解释。然而，遗憾的是，社会认识论的创立在哲学等领域引起了比较大的反响，并得到了比较充分的继承和发展，但在图书馆情报学领域，社会认识论却显得"曲高和寡"从而"应者寥寥"。相对而言，由我国学者宓浩等发展的"知识交流论"着眼于从"交流"的角度对图书馆职业的"原理"展开解析，对于理解"藏"与"用"的统一具有极大的启示意义。关于"知识交流论"的介绍，将在本章第二节详述。但在对"知识交流论"做出评析前，有必要首先对"藏"与"用"之间的互动交流得以发生的理论进行一些简要介绍。

在本书前序章节中，对社会认识论的基本理论设想进行了介绍，并对知识组织等记录管理机构在"藏"的方面所做出的职业努力进行了评析。追根溯源，社会认识论的基本立足点在于社会认知发展与个体认知发展之间具有可类比性。从这个意义上说，理解社会如何借助于经过整序的记录资源而实现其认知发展，同样有必要与个体如何借助于外界资源而丰富其认知结构的相关理论之间进行类比、分析。整体而言，个体

---

① 何光国：《图书馆学理论基础》，台北：三民书局股份有限公司2001年版，第177页。

社会认识层次论

获得认知发展的行为可被概括为"学习行为",而与学习行为相关的理论可被概括为"学习理论"。我国学者施良方从学习理论的角度,对心理学、教育学等领域的相关理论进行了系统梳理,并大致将其归结为刺激—反应学习理论、认知学习理论、折中学习理论和人本主义学习理论四个流派。① 其中,前两个学派发展比较充分,理论体系也相对完备。下文将基于这两个理论流派,对学习理论何以可能促进"藏"与"用"之间的统一性进行分析。②

一 刺激—反映学习理论视角下"藏"与"用"的统一

以巴甫洛夫、斯金纳等为代表的研究者基于"刺激—反应"理论而提出的学习理论,开创了行为主义学习理论的先河。早期行为主义者认为,如果一个人已从一组刺激中习得某种反应,在出现另一组类似的刺激时,他会做出同样的反应,这就是泛化。③ 格恩里和霍顿(Guthrie and Horton)提出,泛化本身是学习的重要部分。④ 就图书馆职业而言,知识的序化与组织恰恰是一种促进泛化发生的机制。通过分类法而实现的信息资源整序,由于实现了知识信息的条理化,从而为用户将通过对"点"的检索与阅读而获取的知识信息泛化到对"面"的理解与掌握提供了基础。在实体的馆藏中,相似的信息资源被排列在邻近的位置,从而使用户在信息搜寻的过程中获得知识泛化的契机,促使更多学习行为的发生。另外,埃斯蒂斯(William K. Estes)提出了刺激抽样理论,假定由于学习者"知觉系统能量有限",因此具体的学习行为是一种对刺激要素抽样的过程——只有被用户抽中的要素,才能被纳入其知觉系统之中。⑤ 由于图书馆所呈现的是一个系统化的知识体系,因此,这一体系客观上为学习者提供了全面而灵活的"刺激要素样本库"。用户对于信息资源内容的选

---

① 施良方:《学习论》,人民教育出版社2001年版,第14页。
② 周文杰:《走向用户中心:公共图书馆体系对个体发展影响的理论解读》,《国家图书馆学刊》2017年第1期。
③ Estes, W. K., "Cognitive Architectures from the Standpoint of an Experimental Psychologist", Annual Review of Psychology, No. 42, 1991, pp. 1–28.
④ Guthrie, E. R. and Horton, G. P., Cats in a Puzzle Box, New York: Harper, 1946.
⑤ Estes, W. K., "Cognitive Architectures from the Standpoint of an Experimental Psychologist", Annual Review of Psychology, No. 42, 1991, pp. 1–28.

择,事实上是通过刺激抽样而将特定学习内容纳入其知觉系统的过程。由于这种抽样过程是由用户主导的,因此,与传统的课堂教学相比,由这种刺激抽样而引发的学习行为更高效。

早期行为主义者所提出的"诱因动机"等概念也对解释发生在图书馆的学习行为具有重要启示。霍尔(Clark L. Hull)指出,诱因动机是从刺激到行为的重要中介变量,两个刺激越是相类似,其中任何一个刺激就越有可能代替另一个刺激引起条件反应。① 无论是知识组织还是馆藏排列,由于具有相似性的知识资源总被整理在相似的位置,因此图书馆职业所营造的知识序化环境为学习行为的发生提供了一条基本通道,相互邻近的知识载体则潜在地成为学习发生的诱因动机。

二 认知学习理论视角下"藏"与"用"的统一

认知学派是在对行为主义理论进行批判的基础上兴起的一个重要学习理论流派。认知学派认为,学习是通过认知、获得意义和意向形成的过程,学习是认知结构的组织和再组织。有内在逻辑的信息资源体系与学生原有的认知结构关联起来,新旧知识发生相互作用,新材料在学习者头脑中获得了新的意义,这些就是学习变化的实质。② 认知心理学在学习理论方面的研究大致可归结为三个方面:(1)知识的表征和组织;(2)自我调节,元知识或称为二级认知;(3)学习的社会性和情景性。③ 显然,图书馆对知识信息的整序和组织与用户对知识的表征和组织的一致程度越高,则学习发生的可能性越大,信息资源利用的效率越高。另外,图书馆作为社会设计的信息空间,完全具备促使学习活动发生的各种社会性和情景性条件。

根据认知学派的观点,知识可分为程序性知识(即"如何做"的知识)和陈述性知识(即"是什么"的知识)。图书馆所提供的,主要是陈述性知识。认知学派的代表人物布鲁纳用编码系统对人们对陈述性知识的学习过程进行了解释。他指出,编码系统是一组相互联系的、非具

---

① Hull, Clark L., *A Behavior System*, New Haven, C. T.: Yale University Press, 1952.
② 张大均:《教育心理学》,人民教育出版社1999年版,第60页。
③ Guthrie, E. R. & Powers, F. F., *Educational Psychology*, New York: Ronald Press, 1950.

体的类别，编码系统是人们对环境信息加以分组和组合的方式，它是不断地变化和重组的。编码系统的重要特征是，对相关的类别做出有层次的结构安排。① 由于图书馆的基本业务活动是将"客观知识"进行序化，而序化的结果恰恰是形成一个相对完整的客观知识编码系统。因此，图书馆职业所从事的信息资源整序活动事实上对应着学习者思维编码的过程。从这个意义上说，衡量信息资源组织合理性的一个基本准则是：越是组织合理的信息资源编码系统，应当越符合用户的思维编码系统。布鲁纳进而指出，任何学科都可以以适当的结构教给任何年龄阶段的学习者。② 布鲁纳所强调的学科结构与信息资源的整序在本质上是相通的。对于图书馆职业来说，以适当的形式组织信息资源，并以适当的形式提供给用户，正是一个促进学习者发现知识的过程，也是图书馆服务由"藏"到"用"的关键环节。布鲁纳认为，人类记忆的首要问题不是储存，而是提取。学习者提取信息的关键在于如何组织信息，知道信息储存在哪里和怎样才能提取信息。③ 可见，图书馆职业的生命力在于，将对客观知识世界的组织活动与学习者微观信息组织系统相适应，从而不仅促进学习行为的发生，更帮助学习者保持其学习的成果。

认知学派的另一位重要研究者奥苏贝尔（D. P. Ausubel）从知识迁移与同化的角度对学习行为进行了解释。所谓知识的迁移，指过去的经验通过对认知结构发生作用而影响到新的有意义学习。同化（即旧知识吸纳新知识的过程）是一种重要的知识迁移现象。奥苏贝尔认为，知识同化的一般条件是：首先，学习者原有的认知结构中必须具有同化新知识的相应知识基础；其次，学习材料本身应具有内在的逻辑意义，并能够反映人类的认识成果；再次，学习者还应具有理解所学材料的动机。④ 在这三个条件中，学习材料本身的内在逻辑意义是促使学习发生的关键条件。图书馆所提供的信息资源体系恰恰是按照学科的内在逻辑而整序的，

---

① Brunner, J., "Comment on Beyond Competence", *Cognitive Development*, No. 12, 1997, pp. 341–343.

② Brunner, J., "The Course of Cognitive Growth", *American Psychologist*, No. 19, 1964, p. 16.

③ 施良方：《学习论》，人民教育出版社 1994 年版，第 227 页。

④ Ausubel, D. P., Novak, J. D. & Hanesian, K., *Educational Psychology: A Cognitive View*, (2nd ed.) New York: Holt, Rinehart and Winston, 1978.

因此,图书馆为学习的发生提供了基本条件。出于对学习材料内在逻辑性的考虑,奥苏贝尔特别强调了发现学习的重要性,即,学习的主要内容不是现成地给予学习者的,而是在学习者内化之前,由他们自己去发现这些内容。① 这样一来,学习的主要任务变成了学习者在海量的信息资源中发现内容,而不是提供现成的内容。学习者之于学习内容的发现,本质上正是信息检索的过程;而学习者发现知识的效率恰恰取决于其检索得到的资源是否符合其认知特征的内在逻辑性。此外,奥苏贝尔的理论还非常强调认知结构与个体经验的结合,并提出了一系列理论命题,其中表征学习(representational learning)、概念学习(concept learning)和命题学习(proposition learning)等理念都与知识组织紧密关联。特别是在命题学习中,学习者通过对上位关系、下位关系和组合关系的运用而达成学习目标,这些理念显然都与图书馆职业之于知识组织的理论与实践不谋而合。

最近几十年来,很多研究者从建构主义视角对学习行为进行了分析。建构主义者认为,现有的知识是一种关于各种现象的较为可靠的假设,学习过程是学习者在理解的基础上对假设做出自己的检验和调整的过程。皮亚杰(Jean Piaget)作为建构主义学习理论的代表人物之一,系统地论述了认知发展过程中同化(assimilation)、顺化(accommodation)与平衡(equilibration)的关系。皮亚杰指出,一切认识都离不开认知图式的同化和顺化,一个人的整体知识始终在被分化成各个部分,然后又把各个部分整合成一个新的整体知识。② 图书馆职业对客观知识进行整序与组织的目标,恰恰是为建立一个关于客观知识世界的整体性知识地图。这一知识地图之于用户的意义在于,它为用户提供了通过同化与顺化而将客观知识纳入自己认知图式的基本条件。

传播学等领域的研究者也对建构主义理论进行了发展,最具有代表性的,是美国学者德尔文(Brenda Dervin)及其同事发展的意义建构(Sense-Making)理论。在意义建构理论看来,信息交流过程并不是从发

---

① Ausubel, D. P., "The Facilitation of Meaningful Verbal Learning in the Classroom", *Educational Psychologist*, No. 12, 1977, pp. 162 – 178.

② Piaget, J., *The Graph of Consciousness*, Cambridge, M. A.: Harvard University Press, 1976.

送者传输到接受者，信息的利用也并不是接受者从别人提供的信息中选取一部分，而是信息用户的主观建构活动，信息交流的过程是一连串互动的、解决问题的过程。① 意义建构理论为观察用户信息需求和获取的动机、过程，以及从中获取的信息效用和价值提供了建构主义的视角。② 对于图书馆职业而言，只有及时发现用户的信息需求，才可能有针对性地向用户提供信息资源，以便促进并帮助其完成学习活动。

数十年来，不少学者试图对行为主义与认知学派进行整合，加涅（Robert M. Gagne）是其中最有成就的代表人物。加涅不仅强调个体内在的学习状态，也特别强调学习的外部条件，即学习的环境及学习内容的呈现形式。此外，学习的过程是逐级累积起来的。③ 不难看出，无论是概念学习还是规则学习，都与信息组织有着密切的联系。另外，20世纪50年代以来，随着计算机科学的发展，学习理论领域的信息加工理论兴起。信息加工理论吸收了行为主义和传统认知理论的有益成果，④ 认为在学习理论领域，至少存在三种形式的语义网络：一是安德森（Anderson）提出的命题网络（propositional network）；二是纽曼和鲁梅尔哈特（Norman and Rumelhart）提出的活跃的结构网络（active structural network）；⑤ 三是纽厄尔和西蒙（Newell and Simon）提出的产品系统（production system）。⑥ 由于这三种语义网络都是针对陈述性知识的，因此，与图书馆职业对知识信息进行序化组织的目标和思路都相当接近。

综上所述，学习理论的发展为理解"藏"与"用"的统一提供了比较坚实的理论基础。遗憾的是，这些学说几乎没有引起包括图书馆情报

---

① Dervin, B., "Comparative Theory Reconceptualized: From Entities and States to Processes and Dynamics", *Communication Theory*, Vol. 1, No. 1, 1991, pp. 59 – 69.

② 刘亚：《将青少年纳入信息贫困研究视野：来自青少年信息行为研究的证据》，《中国图书馆学报》2012年第4期。

③ Gagne, R. M., Medsker, K. L., *The Conditions of Learning: Training Applications*, Fort Worth, TX: Harcourt Brace, 1996, p. 8.

④ 施良方：《学习论》，人民教育出版社1994年版，第227页。

⑤ Anderson, J. P., *Learning and Memory: An Integrated Approach*, New York: John Wiley, 1995, pp. 3 – 12.

⑥ Newell, A., Simon, H. A., *Human Problem Solving*, Englewood Cliffs, NJ: Prentice-Hall, 1972, pp. 6 – 12.

学在内的旨在为记录管理提供理论解析的学科研究者的重视，更没有对记录管理的实践产生实质性的影响。相对而言，图书馆情报学领域自20世纪七八十年代以来所发展的各种形式的"交流说"虽然未从学习理论的角度展开，但却对理解"藏"与"用"的统一具有更为直接的理论意义。在诸多"交流说"中，由我国学者宓浩等所创立的"知识交流论"堪称代表。

第二节 知识的交流[①]

一 知识交流论的理论源头回溯

谢拉指出，由于交流不仅对人的个性发展十分重要，而且对社会结构、社会组织及其活动也非常重要，所以它成了图书馆学研究的中心内容。谢拉进而指出，"交流"一词的含义就是共享。显然，在个体的认知行为和社会的认知发展之间，知识的交流是促进二者互动共生的"黏合剂"。因此，要理解社会认知发展的动态过程，就需要对个体认知与社会认知之间的互动展开解析。"知识交流论"虽然并不直接以社会认识论为基础，但其理论要旨与社会认知发展是一脉相承的。

由宓浩先生主编，宓浩、刘迅、黄纯元编著，出版于1988年的《图书馆学原理》是对"知识交流论"思想进行系统阐释的代表之作。宓浩等循着历史线索，回顾了自巴特勒、谢拉以来，将"知识"与"社会"相联系的各种学术思想，[②] 并结合图书馆职业的实践特征，试图以"知识交流论"的名义为图书馆情报学构建融贯一致的理论基础。

作为芝加哥学派最重要的代表人物之一，巴特勒（P. Butler）早在20世纪初关于图书馆学若干问题的论述中就隐含着"知识交流"的思想。例如，巴特勒在其代表作《图书馆学引论》中指出，"图书馆学研究的客观现象就是图书和阅读现象，就是对待通过图书这种媒体把社会积累的

[①] 本部分内容已作为一篇独立的学术论文发表，详见周文杰《知识交流与图书馆情报学的理论基础——"知识交流论"创立三十年回顾、评析与启示》，《国家图书馆学刊》2019年第6期。

[②] 宓浩主编：《图书馆学原理》，华东师范大学出版社1988年版。

经验传递给社会的每个人的现象的这种理论"。① 图书馆学的"基本要素就是社会的知识积累，并由它连续不断地传递给生活着的一代，到现在为止，这些过程是借助于图书记录来实现的"。② 由此可见，巴特勒试图将"知识"这一要素从"图书"这一物质载体中抽象出来，并将其作为图书馆学的基本要素。巴特勒的这种努力，显然能够为知识交流论的创立提供一定的理论启示。但是，巴特勒的思想也存在泛化图书馆职业边界的倾向。例如，在现代社会中，"将社会的知识积累""连续不断地传递给生活着的一代"这一宏大职能，至少对应着教育事业和图书馆事业两种制度设计，而这两种制度各自秉承着不同的理念与使命。如果不加区分地将知识传递的使命交给图书馆职业，则非但无助于提升图书馆职业的社会地位，还很可能会使图书馆学的研究走错方向。

巴特勒关于图书馆学应该研究"知识借助于图书而在社会中实现传递"的思想得到了谢拉（J. H. Shera）的回应和发展。作为巴特勒之后的另一位重要图书馆情报学基础理论的建构者，谢拉以提出"社会认识论"而著称。社会认识论参照个体获得认知的机理，将图书馆职业解释为一种通过社会知识交流而完善社会"智力"的装置。社会认识论之于图书馆学理论建设的主要意义在于，它"提供了一种有效的、合理的参考框架。在这个框架里我们能够观察和了解社会智力发展进程中的各种错综复杂的情况，也就是能够了解就整体而言社会是如何认识全部智力和社会环境的"。谢拉认为，"图书馆是一种社会工具，一个社会或文化怎样获取、吸收和传播知识，必须在图书馆员专业理论中找到依据"。③ "'社会认识论'这门研究知识发展过程及知识与社会关系的新学科，可以成为图书馆学的理论基础。"④ 将知识置于"社会认识"的过程之中，不仅有助于澄清图书馆职业所依赖的知识资源与社会之间的关系，而且相对清晰地界定了图书馆职业的主要社会功能，从而为促进图书馆情报

---

① 袁咏秋、李家乔主编：《外国图书馆学名著选读》，北京大学出版社1988年版，第347页。

② 宓浩主编：《图书馆学原理》，华东师范大学出版社1988年版，第233页。

③ Jesse H. Shera, *Introduction to Library Science*, Libraries Unlimited, Inc. Littleton, Colorado, 1976.

④ 宓浩主编：《图书馆学原理》，华东师范大学出版社1988年版，第233页。

学科学化提供了可能。因此，将图书馆职业的功能定位于"社会认识丰富化",[①]从而将其与承担"个体认识丰富化"功能的教育事业区分开来，是谢拉为图书馆情报学留下的宝贵精神财富。然而，由于未能结合图书馆职业所面对的用户与资源的实际，社会认识论对很多理论命题的阐释沦于空泛，在图书馆情报学领域没能及时转化为进一步的实证研究，由此而使社会认识论在哲学及其他相关学术领域遍地开花，却在图书馆学研究领域面临着被抛弃的尴尬境地。

从宓浩、黄纯元等先生在《图书馆学原理》《知识交流与交流的科学》[②]《追问图书馆的本质》[③]等著述中的阐释来看，知识交流论的创立者并不认为他们是在直接发展巴特勒或谢拉的学术思想，但不可否认的是，无论是巴特勒关于图书馆情报学要研究"知识要素"的思想，还是社会认识论中"基于交流而实现图书馆职业满足社会需求"的观点，都对知识交流论的创立提供了丰富的理论养分。简言之，巴特勒为知识交流论提供了将"知识"从图书中抽象出来的启示，而社会认识论则为知识交流论提供了通过"交流"实现图书馆职业社会价值的启示。二者的共同影响，使知识交流论者得以立足于图书馆学研究的前沿，沿着探索图书馆职业的社会功能的角度，从知识交流的层面开始对图书馆情报学理论基础进行重新思考。

对于图书的"知识要素"及其社会功能进行理论界说，不惟巴特勒、谢拉。德国学者卡尔施泰特（P. Karstadt）也曾指出，"图书是客观精神的容器，图书馆是客观精神的现有形态，是把客观精神传递给每个人的场所"，"图书馆是使文化的创造和继承成为可能的社会机构"。[④]此外，我国学者李景新[⑤]、周文骏[⑥]等都曾将"知识""情报交流"与图书馆学的理论基础之间进行关联分析。另外，英国科学哲学家波普尔

---

① 周文杰：《社会认识层次性与图书馆的本质论析》，《中国图书馆学报》2019 年第 1 期。
② 黄纯元：《知识交流与交流和交流的科学》，北京图书馆出版社 2007 年版。
③ 黄纯元：《追问图书馆的本质》，《图书馆杂志 1998 理论学术年刊》。
④ 南开大学图书馆学系：《理论图书馆学教程》，南开大学出版社 1986 年版。
⑤ 李景新：《图书馆学能成一独立的科学吗？》，《文华图书馆学专科学校季刊》1935 年第 2 期。
⑥ 周文骏：《我国图书馆学的对象和内容管见》，《学术月刊》1957 年第 9 期。

（K. Popper）所阐释的"思想的客观内容的世界"①虽不产生于图书馆情报学研究领域，却对这一领域基础理论研究产生了深刻启示。英国学者布鲁克斯（B. C. Brooks）认为，图书馆情报学理论研究的任务为：研究世界2和世界3之间的相互作用，描述和解释它们，以有助于对知识（而不是对文献）进行组织，从而更有效地加以利用。②可见，"知识交流论"并非一座理论孤峰。这一学说植根于图书馆情报学源远流长的学术土壤中，从前人及同时代研究者的思想中汲取了丰富的理论养分。

二 知识交流论的逻辑与原理

把"知识"从图书中抽象出来，是知识交流论的理论起点。知识包括了"个人知识"和"社会知识"两种存在形态，知识交流论者试图将图书馆学理论基础建立于社会知识之上。"社会知识指客观存在形态的知识。即体现于书本和作品之中的科学技术知识、文学艺术思想和一切社会思潮等。"③借助于"客观知识"的启示，知识交流论认为，社会知识与图书馆职业的关联，主要体现于作为知识记录的图书资源上，因为"社会知识的存贮依赖于人类的记录"。④宓浩指出，"社会知识是个人认识经验藉由文字而实现的物化贮存"，⑤"社会的文献系统就是社会知识系统的化身"，⑥"文献乃是知识交流赖以进行的主要形式"。⑦对于图书馆职业来说，知识、记录及交流之间的本质联系在于："由个人知识向社会知识转化的机制是'记录'，个人知识经过记录，负载于某一物质载体上，实现了知识外化，于是进入社会传播渠道，构成为社会知识组成中的一个单元。"⑧记录社会化的过程，须得经过"某种'社会栅栏'的

---

① ［英］卡尔·波普尔：《客观知识——一个进化论的研究》，舒炜光等译，上海译文出版社1987年版，第114页。
② ［英］布鲁克斯：《情报学的基础（四）：情报学：变化中的范式》，王崇德、邓亚桥、刘继刚译，《情报科学》1984年第1期。
③ 宓浩主编：《图书馆学原理》，华东师范大学出版社1988年版，第9页。
④ 同上书，第10页。
⑤ 同上。
⑥ 同上书，第16页。
⑦ 同上书，第17页。
⑧ 同上书，第11页。

'认可'"①，而"认可"的原理，大致可以被理解为图书馆对文献资源的整序。宓浩、黄纯元曾指出，"对文献的整序本身就是图书馆有机体内在工作机制，依靠这种工作机制，人类社会在各个不同时期不同国家所创造的知识成果才能相互联系起来，构成一个整体，满足知识交流的需要"②。个人知识经由"社会栅栏"得到"认可"从而形成社会知识的复杂行为与机制，是知识交流论者用来对图书馆情报学与图书馆职业做出理论解释的第一条逻辑线索。

与个人知识社会化相对应，知识交流论用来对图书馆学和图书馆职业做出理论解释的第二条逻辑线索是，社会知识向个人知识的转化。"由社会知识向个人知识的转化过程，是通过每个认识主体的阅读、吸收、同化而实现的，这实质上反映个体的一个学习过程。"③宓浩、黄纯元等进而指出，"人们依借着知识的交流促进个体认识的发育，弥补个体知识的差异，提高认识世界和改造世界的实践能力"，"人们通过对图书馆文献的吸收利用，实现了个体的知识交流，这可以看作是图书馆知识交流的微观机制。微观机制是图书馆实现社会知识交流的保证。研究微观机制，在于更有效地满足个人知识交流的需要"。④

个人知识、社会知识各自及相互之间的"交流"，是知识交流论用以"黏合"上述两条逻辑链条的主要工具。在知识交流论者看来，由于知识交流的广泛存在，图书馆职业就有了理论建构和实践发展的空间。宓浩等指出，"人际间的知识交流是人类社会各种信息交流中的核心。图书馆是实现社会知识交流的一个社会实体，也是人类社会信息交流系统中的一个子系统"。因此，图书馆情报学属于知识交流大学科群的一部分，"研究社会知识交流的基本原理，揭示知识、知识载体、知识交流三者之间关系，是图书馆学基础理论研究的一个重要部分"。⑤

---

① 宓浩主编：《图书馆学原理》，华东师范大学出版社1988年版，第11页。
② 宓浩、黄纯元：《知识交流与交流的科学（下）》，《图书馆研究与工作》1985年第3期。
③ 宓浩主编：《图书馆学原理》，华东师范大学出版社1988年版，第11页。
④ 宓浩、黄纯元：《知识交流与交流的科学（上）》，《图书馆研究与工作》1985年第2期。
⑤ 宓浩主编：《图书馆学原理》，华东师范大学出版社1988年版，第3页。

对于图书馆职业来说，个人知识社会化事实上体现了"藏"的逻辑，而社会知识个体化的过程事实上体现了"用"的逻辑。由于"藏"与"用"是图书馆职业固有的内在矛盾，因此，图书馆情报学的理论根据最终势必追溯到这对矛盾之上。知识交流论者虽然没有直接针对"藏"与"用"的矛盾关系而展开理论建构，但其用来形成知识交流理论体系的两条逻辑链条却事实上紧紧地"锁定"了这对矛盾。由此可见，知识交流论从抽象程度上远远高于同时代的"要素说""矛盾说"等学说，并具备了比肩"社会认识论"的理论潜力。然而，由于知识交流论的创立者不仅没有明确地将"藏"与"用"的矛盾与个人知识和社会知识的相互转化相结合，而且也没有对"藏"和"用"的机理做出进一步揭示，从而使知识交流论不仅错失了更进一步走向理论自洽与发展完善的机会，也因个人知识、社会知识及其交流机制的抽象讨论过于泛化和超越了图书馆日常业务活动，从而受到了图书馆情报学界的批评和质疑，并客观上导致了黄纯元之后知识交流论再无明显发展的结果。

三　知识交流论的主要理论贡献

将"知识"从图书中抽象出来，并依据知识交流的社会功能来重新定义图书馆情报学的边界，堪称知识交流论的主要理论特色。知识交流论认为，"人们借助于共同的符号系统，围绕着知识所进行的一切交往活动，就是知识交流"，"知识交流过程具有四个基本元素：交流主体、交流受体、传递交流的内容、交流方式或手段"。[①] "社会为了有效地保障与促进知识交流，逐步形成了一系列的社会机构，从事交流的组织、协调和控制。图书馆就是其中的一个重要社会机构。"[②]

以抽象的"知识论"，而不是以具象的"图书"或"图书馆"作为理论建构的主要对象，从而为走出"机构图书馆学"[③] 而构建图书馆情报学而提供了条件，这是知识交流论最重要的理论贡献之一。宓浩指出，"传统的图书馆学是以图书馆这一社会实体的职业活动作为认识之源来建

---

① 宓浩主编：《图书馆学原理》，华东师范大学出版社1988年版，第20页。
② 同上书，第42页。
③ 王子舟：《图书馆学基础理论》，武汉大学出版社2004年版，第2页。

立本身的理论框架的,它侧重于处理文献的过程。这类研究实际上只能构成图书馆学的应用研究。但是,任何一门科学从来不把它的理论基点建筑在这类现有的社会实体的表面活动上,而是深入到制约这种社会实体活动的社会联系的本质基础上"。[1] 因此,"对图书馆活动进行理论上的综合研究和抽象概括其本质和内在规律,便是图书馆学的任务"。[2] 以抽象"知识论"而不是实体"图书"或"图书馆"作为图书馆情报学理论建构的主体,不仅有助于为图书馆情报学争得了相对宽广的理论空间,也为传统"图书馆学"与"情报学"实现内在地走向融会贯通提供了可能。

强调图书馆情报学的社会属性,把图书馆职业活动放在满足社会交流需求的语境之中,是知识交流论的另外一个重要理论贡献。宓浩指出,"现代图书馆是知识传播和交流的中心,是文献信息发射中心,是情报中心。科学情报的传递成为图书馆日趋重要的社会职能"。[3]"决定图书馆这一实体活动的本质社会联系是人类社会知识交流的这一基本现象,文献的整理传递工作是人类社会知识交流活动在图书馆的反映。"[4] 因此,"'图书馆与社会'是图书馆学的基本命题,是认识和考察图书馆活动的起点"。[5] 对于图书馆学的理论研究和图书馆职业的实践来说,将图书馆职业的最终使命定位于参与社会交流,具有重要而现实的意义。一方面,"社会交流"的职能赋予了图书馆职业一种"因变而变"的权利和可能,换言之,这一定位要求图书馆职业活动的内容和形式应当随着社会需要的变化而变化。另一方面,"社会交流"的职能为图书馆职业将因交流工具、技术的变化而导致的职业活动变化与图书馆职业活动的本质区分开来,为避免将图书馆"绑"上因技术变化而导致永续"被颠覆"的战车提供了条件。

知识交流论创立至今已三十余年,但是其"知识论"和"交流说"两大精髓却在很大程度上被后续研究者有意无意地忽略了。显然,抽象

---

[1] 宓浩主编:《图书馆学原理》,华东师范大学出版社1988年版,第219页。
[2] 同上书,第217页。
[3] 同上书,第50页。
[4] 同上书,第219页。
[5] 同上书,第42页。

出图书馆与图书资源背后的理论质素,并将其与社会需求相关联,进而使图书馆职业跨出机构的局限而重新审视自己专业活动的理论归属和社会价值,不仅有助于传统的图书馆学走出自己狭隘的天地,也对传统情报学找到自己理论建设与职业实践的根基具有不言自明的意义。对于图书馆学和情报学来说,无法共享一个兼具广泛性和前瞻性的共同基础理论体系,意味着最终势必走向分裂。事实上,图书馆学与情报学"无论是过去拒绝融合还是今天主张'离异',其实都暴露了传统图书馆学的狭隘和情报学的自负"。①

四 知识交流论的局限性

知识交流论为图书馆情报学跨越机构之学,站在社会交流的角度理解图书馆职业的理论内核提供了契机。然而,知识交流论远非一种无懈可击的完美学说。一方面,知识交流论的创立者生活在一个图书馆职业面临急剧变化的时代,在其时,不仅信息交流的网络化和文献资源的数字化对于传统的图书馆职业形成了挑战,而且市场化也对包括图书馆事业在内的公共部门的运营模式产生了一定冲击。在这种背景下,知识交流论者尽管以其高度的理论勇气和创新精神,力图全面揭示图书馆学的基本原理(甚至试图为图书馆学和情报学的协同发展奠定共同的理论基础),但由于时代的局限,知识交流论仍在诸多方面存在不足。例如,知识交流论者尽管努力地想把"知识"从"图书"中抽象出来,但为了避免使抽象的"知识"距离具体的图书馆职业活动太远,因此,知识交流论者在对"知识交流"的具体原理进行解析时,又很大程度上把知识还原于"文献"这种知识的载体。这种还原,导致了知识交流论不仅难以对实体知识资源之外的其他知识载体参与知识交流的原理做出有效解释,而且在对图书馆进行分类,对图书馆工作的机制和内容进行分析时,仍然未突破"书"的范畴。

难以将数字化资源纳入知识交流的理论框架,是由于知识交流论者所处的时代所限。对于知识交流论来说,时代的局限性妨碍了其前瞻性

---

① 于良芝、梁司晨:《iSchool 的迷思:对 iSchool 运动有关 LIS、iField 及其关系的认知的反思》,《中国图书馆学报》2017 年第 3 期。

地对图书馆职业的未来走向做出解释的能力,但并没有妨碍知识交流论自身的完整性和自洽性。真正导致知识交流论难以自洽的局限在于,没有有效区分社会认识和知识交流的本质区别,从而难以将图情事业与教育事业等其他承担知识交流的职业区分开来。知识交流论者指出,"图书馆学对知识的研究,应侧重于个人在知识和社会知识的交互作用、社会知识的特点和运动规律、对处于交流中的社会知识如何综合组织形成一个社会知识有机体系、又如何把这些社会知识分解组合成适合于用户需要的知识单元和知识集"。① 然后,知识交流论者又进一步指出,"知识交流是一种普遍的人类社会现象,图书馆只是实现知识交流的一个社会实体,图书馆履行它的知识交流功能,必须具有相应的内在机制来适应知识交流的需要"。② "图书馆只是实现知识交流的一个社会实体"这句话可以做出两种解释:其一,图书馆活动的目标,仅仅是为了实现知识交流;其二,图书馆只是实现知识交流的社会实体之一。如果按照第一种解释,非知识的交流都将被排除在图书馆职业的活动范围之外。依据这种解释,很难理解公共图书馆为什么需要提供娱乐、消遣性阅读或建设成为具有"第三空间"休闲属性的社会公共空间。第二种解释同样存在瑕疵:如果图书馆并非唯一(甚至都不是最重要)地承担个人知识与社会知识交互作用的社会实体(例如,学校教育系统显然在促进个人知识与社会知识交流方面的能力要远超图书馆职业),那么"社会知识交流社会实体"指向就具有不唯一性,因此,这一属性并非图书馆职业所特有的理论属性。

知识交流论上述缺陷的另一种体现在于,提出却没有深入区分"知识交流"的微观与宏观机制。为了解释知识交流的微观机制与图书馆活动之间的关系,知识交流论者首先提出,"文献是智力开发的资源,是科学的社会结构的一个组成部分,是科学交流体系中最重要的成分之一"。然后又指出,"实施学校教育和社会教育,文献是必不可少的工具,因为它记录和传播知识。人们阅读了它就可以促进智力的发展,获得生存所

---

① 宓浩主编:《图书馆学原理》,华东师范大学出版社1988年版,第12页。
② 同上书,第220页。

必需的各种技能和能力……"。① 按照这个逻辑来推断，要么图情事业和教育事业没有区别（因为二者皆在从事借助于文献的阅读而促进智力的发展），要么图情事业和教育事业因为对文献不同的使用方法而有所区别（图书馆事业通过资源整序而教育事业却通过师生间以教学资源为中介的互动而促进智力的发展）。对于前者，由于将图情事业与教育事业混为一谈，显然无法揭示图情事业的独特理论属性，遑论建构完整自洽的图书馆情报学理论体系了。对于后者，知识交流论者虽然提出通过资源整序而促进个体的智力发展，但由于发生在图书馆的阅读行为天然具有被动性（图书馆只能等待或吸引读者前来却无法强迫读者参与阅读），因此，仅仅通过资源整序而实现智力开发的目标，对于图书馆职业来说是一个很难企及的目标。正如黄纯元在后来的文章中所提及的，"因为没有任何'证据'可以证明图书馆员要比读者来得更高明，也没有任何'原理'可以说明图书馆员所提供的精神食粮要优于读者自己选择的"，所以，图书馆的教育职能渐渐走下"神坛"。而且，正如知识交流论者所指出的，"只有接受者才是知识交流中最活跃的一方，每个接受者的个性特点、知识涵养和选择行为，在很大程度上支配着对文献中所贮存的知识的吸收、利用和同化程度"。② 然而，无论从理论建构还是职业实践来看，现有研究都很难对图书馆职业如何主动参与接受者的学习活动做出独立而自洽的阐释。由此可见，知识交流论急切地想借由"知识交流"而使图书馆学跨出机构之学的局限，但却又一脚跨入了教育学、学习理论等其他学科的领地。从这个意义上说，知识交流论是一套"未完成"的理论。

由于上述局限性的存在，再加之知识交流论的创立者先后辞世，以及图书馆业界和学界内外诸多条件的变化，在图书馆学研究领域，知识交流的后续阐发日渐屏弱。黄纯元之后，知识交流论不仅在理论上几乎没有得到进一步发展，也基本没有得到实证研究的响应和跟进。核心概念（例如知识、社会交流等）描述的笼统和模糊，以及缺乏对这些概念统一一致的界定与操作化定义，使知识交流论说理性强，操作性弱。特

---

① 宓浩主编：《图书馆学原理》，华东师范大学出版社1988年版，第17页。
② 同上书，第28页。

别是对于图书馆领域的实践者来说,他们面对着实体的文献流通,却要理解不可见的"知识交流机制"这个"黑箱",从而使"知识交流"几乎成了一桩无从证实的"悬案"。

五 结语

知识交流论创立三十年后的今天,iSchool 运动风起云涌,图书馆职业面临"颠覆",而情报学的发展方向再度引起关注。① 在此背景下,重新追问图书馆情报学的本质具有显而易见的时代意义。反思并重建一个完整、自洽而且能够指导职业实践的图书馆情报学理论体系,无疑应当成为当代学人的一项重要学术责任。然而,图书馆情报学基础理论的反思与重建,并非"推倒重来",恰恰相反,这一工作需要从前人学术思想中汲取充足的养分。知识交流论作为三十年来中国图书馆基础理论建设的一座高峰,虽不足以廓清图书馆情报学基础理论的所有"迷茫",但却无疑为图书馆情报学走向理论重建提供了大量可资参照的启示。例如,知识交流论者从"知识交流"入手,启示传统图书馆学应当具有跨越"馆内之学"的潜质。再如,知识交流论者始终关注图书馆的社会作用,从而为图书馆职业自觉适应社会需求做出了指引。另一方面,知识交流论的理论缺陷也为当代学人走出误区提供了借鉴。例如,考虑到"知识"的边界大于图书馆情报学的理论视域,因此有必要将图情职业活动限定于一种保障"社会认识"的制度安排之下。

"知识交流论"堪称我国图书馆情报学基础理论建设的思想高峰。当前,重读"知识交流论",或许不仅可为当代学人走向坚守提供理论定力,更有可能促进图书馆情报学领域的研究者不断加快基础理论建设的步伐。由是观之,对于肩负理论重建使命的当代图情学人而言,"知识交流论"非但不应当被遗忘,反而亟待得到重新认识与深入研究。

---

① 中国科学技术情报学会、中国社会科学情报学会:《情报学与情报工作发展南京共识》,《情报学报》2017 年第 11 期。

第三节　认知发展的社会基础与制度安排

知识交流论试图站在图书馆职业的立场上，对承载着客观知识的记录资源何以得以利用加以解析。虽然囿于各种因素，知识交流论最终也没有得以形成完整的、可以直接指导图书馆职业实践活动的理论体系，但知识交流论对图书馆职业活动本质的解析却为后续理论发展提供了广阔空间。本节将从认识发展的社会基础入手，对图书馆职业作为促进社会认知高级化的制度安排的原理与机制展开详细论证。

一　认知发展的社会基础

从个体层面看，认知活动的本质在于，个体通过其心智活动促进认知结构获得发展和完善。在知识客观化的背景下，认知活动"超越"个体范畴就成为可能。将社会认识活动与个体的认知行为之间进行类比，从而对社会如何从"整体上如何获得其认知结构"[①]提出理论解释，正是社会认识论立论的核心所在。正是基于这样的逻辑线索，本书前序章节中分别从个体和社会两个层面，对皮亚杰的发生认识论和谢拉的社会认识论分别进行了介绍，并将"知识交流论"概括为一种旨在通过个体认知与群体认知之间的互动交流，为图书馆职业活动提供理论基础的学说。概括而言，客观知识世界的存在是社会认识深化发展的前提，而图书馆职业对于记录资源知识成分的序化、整理，则是社会认知结构的实际体现。从根本上说，认知活动之所以可能由个体性走向社会化，是由于知识的生产方式、审核机制和交流渠道具备了社会性的特征。

（一）知识生产的社会性

早在19世纪中后期，英国著名哲学家约翰·斯图尔特·米勒（John Stouart Mill）就在他著名的《论自由》中指出，知识的获得是一种社会的或集体的事情，而非个体行为。[②] 此外，作为谢拉之后社会认识论在哲学

---

① Jesse H. Shera, *Introduction to Library Science*, Libraries Unlimited, Inc. Littleton, Colorado, 1976.

② 丁五启：《当代西方社会认识论研究》，博士学位论文，复旦大学，2007年，第68页。

领域最重要的继承者,史蒂夫·富勒(Steve Fuller)在其《社会认识论》[①][②] 等一系列著作中,也以"认识劳动组织"的名义,对知识生产的社会性进行了全面阐释。富勒指出,如果我们把知识作为一种产品的话,那么,通过认识劳动组织的最佳优化,将会尽可能多地增加这一人类理智活动的产物。正是借助于不同认知主体的优势互补,我们才得以获取更多的知识。[③] 富勒的社会认识论围绕"知识(或认知)事业是如何被组织起来的"这一问题,提出了四个命题:(a)知识活动是一种很多人共同参与的社会活动;(b)每一个人都在一个或多或少定义明确的知识体系中工作;(c)每一个人都具有大致上同样不完善的认知能力;(d)人类的认知能力随着有权参与彼此认知活动的程度而变化。[④] 此外,有研究者通过系统的文献调查梳理后发现,社会学的创始人迪尔凯姆以康德的方式看到认知的普遍特征根源于全社会所共有,从科学知识的个人信念分析到科学体制的社会学探究乃至库恩与科学知识社会学的以科学知识本身对象的内部理论,无不彰显出对科学知识生产的社会趋向的诉求。[⑤]

知识生产之所以具有社会性特征,至少可以归因于如下两个方面:首先,世界3的存在使个体间基于客观知识而展开交流、共享成为可能;其次,面对人类庞杂、宏大的知识体系,个体的认知能力如此有限,以至于不通过社会化协作的"知识劳动",知识的整体发展将沦为空谈。

知识生产的社会性所产生的重要启示之一是,有必要将知识交流的保障机制以某种社会性制度安排的形式固定下来,以确保社会性知识生产的有序性和有效性。从这个意义上说,社会化的知识生产"塑造"了一条知识生产的"产业链"。在这个链条上,不同的环节既承担不同的功

---

① Full, Steve, *Social Epistemology* (1nd edition), Bloomington and Indianapolos: Indiana University Press, 1988.
② Full, Steve, *Social Epistemology* (2nd edition), Bloomington and Indianapolos: Indiana University Press, 2002.
③ 丁五启:《当代西方社会认识论研究》,博士学位论文,复旦大学,2007年,第130页。
④ Full, Steve, *Social Epistemology* (2nd edition), Bloomington and Indianapolos: Indiana University Press, 2002.
⑤ 丁五启:《当代西方社会认识论研究》,博士学位论文,复旦大学,2007年,第66页。

能又相互协作。其中,图书馆职业在社会化知识产业链上承担着收集、保存、整序承载着客观知识的记录资源,并将这些记录资源提供用户加以利用的职能。所以,如果把人类知识体系的增长视为社会认识走向高级化的过程,则图书馆职业从本质而言就是一种保障社会认识高级化的制度安排。

(二) 知识准入的社会性

主观的个体知识如何得到社会的认可而进入了客观知识的世界,这也是一个兼具理论价值和实践意义的问题。为了表述的方便,本书中,把个体知识经过客观化而进入客观知识世界,特别是以出版物形式得到学术共同体认可的现象称为"知识准入"。[①]

在哲学领域,"证词"是一个与客观知识的准入存在密切关联的术语。所谓证词 (testimony),是指他人的话语,其目的在于获取别人的信任,并带有一种真理性色彩。[②] 在科学知识的生长、发展过程中,研究者通过学术出版物等形式报告自己研究发现的行为,可被视为不断向学术共同体提供"证词"的过程。这种证词经过特定的社会审核机制(如同行评审),得到学术共同体的认可,从而获得"准入"客观知识体系的资格。

哲学领域对于证词的认知特性曾进行过大量讨论。例如,18世纪苏格兰哲学家里德 (Thomas Reid) 把证词的特征表述为一种"心智的社会运作"。[③] 另外,当代西方学者科迪 (C. A. Coady) 认为,里德所强调的证词与知觉具有相似性,向我们呈现的是基于证词的知识图景,是一定程度上类似于一些现代认知科学的支持者所创立的心智、知觉和语言的处理。[④]

社会认识论者虽没有直接针对证词进行过专门论述,但一般而言,社会认识论所揭示的知识依赖于一致意见、共享专家意见和证词,这类

[①] 需要说明的是,这是一个临时性的工作定义。这个定义的目的仅仅是本书方便论证由个体主观知识向社会化的客观知识转化过程中须通过的"审核"机制及其原理。

[②] 丁五启:《当代西方社会认识论研究》,博士学位论文,复旦大学,2007年,第98页。

[③] Reid, Thomas, *Essays on the Intellectual Powers of Man in Philosophical Works*, Hildesheim, 1967, essay 1, ch, viii, p. 245.

[④] C. A. J. Coady, *Testimony: A Philosophical Study*, Oxford University Press, 1992, pp. 120 – 121.

概念成为现代知识分析的核心概念。① 也就是说，将经过审核而纳入客观知识体系的科学发现视之为证词，是社会认识论揭示"知识"内涵的一个重要角度。如果把客观知识视为一种得到科学共同体认可的"证词"，则关于证词形成的社会机制也就可以同样适用于客观知识的准入。

关于证词的本质、特性及其审核机制，哲学领域尚在讨论之中，很难说已经达成一致。但证词须经由某种社会机制加以审核，方能得到认可，这在哲学及相关领域基本都没有疑义。如上所述，既然站在社会认识论的立场，可以将客观知识也视为一种证词，那么证词经由社会审核而得到采纳的路径对理解主观知识向客观知识的"准入"机理就具有重要的参考价值。按照这个逻辑，社会须有特定的制度安排来进行知识准入资格的审核（例如，学术出版物的同行评审制度），并将准入后的资源进行系统序化。对于知识准入资格的审核，图书馆职业是重要的参与者，通过馆藏收集、文献选择等形式加以审核。对于准入后资源的序化，图书馆职业则是"主力军"。从这个意义上说，作为证词的客观知识是对人类认知走向高级化"证据链"的总结和陈述，而图书馆制度恰恰是一种通过部分地参与审核并深度参与整序和提供利用而为社会认识高级化提供保障的社会性制度安排。

（三）知识交流的社会性

社会学家贝尔纳曾指出，"按照过去关于科学的概念，交流是科学家之间唯一的桥梁"。② 如前文所述，社会认识论以"交流"为要旨。谢拉曾在其代表性著作——《图书馆学的社会学基础》（*Sociological Foundations of Librarianship*）中提出，社会认识论应该聚焦于整个社会结构中交流思想的生产、流动、整合和消费。③

由宓浩等创立于 20 世纪 80 年代的"知识交流论"堪称我国图书馆情报学基础理论建设的一座高峰。参与创立知识交流论的学者刘迅曾指出，"人类区别于动物的一个重大标志就在于人类有体外的知识存储，即

---

① 丁五启：《当代西方社会认识论研究》，博士学位论文，复旦大学，2007 年，第 93 页。
② 参见蒋谦《人类科学的认知结构：科学主体性解释的"类脑模型"》，北京师范大学出版社 2017 年版，第 352 页。
③ Zandonade, T., "Social epistemology from Jesse Shera to Steve Fuller", *Library Trends*, Vol. 52, No. 4, 2004, pp. 810 – 832.

通过文字、图像等记录于载体的客观知识。主观知识与客观知识的主要不同之处在于前者可以随着人的死亡而消失，而后者却可以一代一代地继承传递，同代人也可以相互交流利用"。①

知识的交流行为是一种明显具有社会性特征的现象。对于复杂的社会交流现象，不同学科常常承担不同的任务。有学者分析认为，"知识世界的研究是要靠一个很大的科学群来完成的。比如，对人的认识和知识本质的研究，一般纳入哲学的范围；研究认识过程的学科有心理学和新兴的认知科学；研究认识与思维的形式及规律的学科是逻辑学；研究知识传授属于教育学的内容；研究知识的交流传播则属于新闻出版等有关学问；研究知识的发展与应用是各门具体学科的任务；研究知识的存储与组织以便查询的是传统的图书馆学和目录学，而研究知识如何变得有用，即知识变成情报的规律的科学，则是情报学"②。刘迅在此基础上指出，"知识的存储、组织、检索、价值分析、生长和老化规律，以及转化为情报，提供利用等诸问题，密不可分，成为图书馆学和情报学共同的研究内容，所以现代图书馆学与情报科学联系紧密，以致在很大程度上相互重叠，进而成为研究客观知识世界领域的两大重要学科分支"，"从图书馆学情报学的产生、发展过程及研究对象来看，我们可以清楚地理解到图书馆学和情报学所要解决的社会问题，都是从浩如烟海的知识海洋中，提供人们思考与行动所需要的知识，解决知识激增和无知激增的矛盾。而这个矛盾，恰恰属于客观知识世界范畴中的一个重要问题"。③

如上所述，知识须通过社会化的交流方可得以生长和发展。为保障社会知识交流的有序展开，就需要有一定的制度安排。从根本上说，这正是图书馆体系得以存在的基本理由。于良芝教授指出，图书馆在社会交流系统中承担的独特功能是它区别于其他事物的最稳定和本质的特征。④ 她进而参照美国图书馆学会（ALA）等的定义，把图书馆界定为

---

① 刘迅：《论图书馆学情报学理论的共同基础》，《情报科学》1983 年第 1 期。
② 肖自力：《信息、知识、情报》，《情报科学》1981 年第 8 期。
③ 刘迅：《论图书馆学情报学理论的共同基础》，《情报科学》1983 年第 1 期。
④ 于良芝：《图书馆情报学概论》，国家图书馆出版社 2016 年版，第 53 页。

"通过对文献进行系统收集、加工、保管、传递,对文献中的信息进行组织、整理、传递、传播,以保障信息的有效查询与有效获取的实体或虚拟平台"。①

综上所述,知识生产、准入和交流都具有明显的社会性。由此表明,为保障客观知识体系的持续生长和发展,社会须做出一定的制度安排。在下述部分,将对这种制度安排展开进一步的讨论。

二 促进认知发展的制度安排

既然认知结构可以从个体和社会两个层面展开类比分析,那么关于认知发展的制度安排也就需要同时兼顾个体认知发展需求和社会认知发展需求。在现代社会中,学校教育系统、公共文化系统和科学研究系统构成了社会用以保障和促进认知发展的基本制度安排体系。其中,学校教育以开发公民潜力,促进个体发展,实现社会文化的传承为宗旨。借助于完整的学校体系,社会实现了科学文化知识的代际传递。公共文化系统满足以社会的基本文化、知识、信息需求为目的。借助于公共文化系统,社会实现了对公民文化需求的基本保障。科学研究系统则以知识创新为目标。借助于科学研究系统,社会不断对未知现象做出新的理论解释,从而促进人类对世界的认识和改造。

本书关注的焦点,在于社会认识及其保障问题。因此,关于个体认知发展的理论与制度,将不是本书讨论的核心。本书所关注的是,从社会认识发展的角度来看,图书馆体系的存在,如何支撑、协助或保障学校、公共文化和科学研究"三系统"各自从不同方面促进了社会的认知发展。具体而言,虽然学校教育系统主要承担社会认知结果的传承功能,公共文化系统主要承担社会认知均衡化的保障功能,而科学研究系统则主要承担社会认知结构的提升功能,但在"三系统"各自履行其社会功能的过程中,图书馆职业始终参与其中,并为其提供了重要的资源和服务保障。

(一)学校教育系统与图书馆事业

我国老一辈图书馆学家刘国均先生曾指出,"盖学校之教育止于在校

---

① 于良芝:《图书馆情报学概论》,国家图书馆出版社2016年版,第54页。

之人数,图书馆之教育则偏于社会;学校之教育迄于毕业之年,图书馆之教育则无年数之限制;学校之教育有规定课程为之限制,而图书馆之教育则可涉及一切人类所应有之知识;学校教育常易趋于专门,而图书馆教育则为常识之源泉。夫一社会之人,在学校者少;人之一生,在学校之时少。然则图书馆教育,苟善用之,其影响于社会于人生者,且甚于学校"。① 由此可见,图书馆系统作为学校教育系统的重要补充,完善了社会的教育体系。

在《图书馆学基础》一书中,王子舟教授曾指出,教育事业和图书馆事业都致力于人类文明的传递、发展和创造,致力于提高社会公民的科学、文化、道德素养。因此,"教育学和图书馆学在许多理论方法上可以互相借鉴。如教育学中的学习理论,涉及了学习表象、知识信息的模块以及心理结构等众多复杂问题,虽然目前仍局限于认知科学之内,但它正在波及整个社会科学。英国的巴赞兄弟(托尼·巴赞与巴利·巴赞)正是在'联想理论'(两个观念彼此接近就会在大脑中形成联想)的支持下,发现了一种记忆与学习的新方法——'思维导图'。而近年传入我国的'建构主义学习论'认为,学习不仅是知识由外到内的转移和传递,更是学习者主动建构自己的知识经验的过程。因此,方法教育更重于内容教育,教师的'教'应培养学生学会生成知识的能力和技巧。这些教育学的思想观点,对图书馆学都很有启迪。如知识集合的形成如何能符合人类联想原理,知识服务如何提高知识受众的'知识生成'能力,都可通过借鉴教育学的学习理论而取得研究上的进一步拓宽与深化"。② 总之,王子舟教授认为,教育学与图书馆学都研究如何向人们传递客观知识。其区别只不过在于,教育学研究如何通过"传道授业"而实现客观知识的传递,而图书馆学却研究如何通过"知识集合"实现客观知识的传递。③

作为学术典籍的收藏机构,学校图书馆和科学图书馆服务于教育事业的功能几乎与生俱来。即使作为图书馆领域后起的力量,产生于近代

---

① 刘国钧:《美国公共图书馆概况》,载《刘国钧图书馆学论文选集》,书目文献出版社1983年版,第11—13页。
② 王子舟:《图书馆学基础教程》,武汉大学出版社2004年版,第247—248页。
③ 同上书,第91页。

以非学术服务为主要职能的公共图书馆,事实上也承担着明显的教育职能。于良芝教授认为,现代意义上的公共图书馆最早作为教育活动机构而赢得其存在的合理性。① 据考证,苏州图书馆于1914年9月20日开馆之际,将"开导民智""为教育活动之要务"作为该馆办馆宗旨。② 1935年,时任苏州图书馆馆长的蒋吟秋指出,"教育为立国大计,开通民智,发明文化,阐明科学","靡不以教育为依归,而教育活动,尤关重要"。③ 无独有偶,几乎在同一时期,美国图书馆学家杜威(Dewey)将免费的图书馆服务和免费的学校教育相并列,共同作为"每个灵魂"所具有的基本权利。④ 印度图书馆学家阮冈纳赞则把"每位读者有其书"的法则看成国家层面的问题,即制度安排的问题。⑤

具体而言,图书馆体系参与教育的职能具有如下理论含义:

1. 图书馆体系化服务是对教育本质的顺应

理论上,无论是学校图书馆还是公共图书馆,其作为教育机构的属性,源于教育自身边界与本质的界定。一般认为,凡是增进人们的知识和技能,影响人们的思想品德的活动,都是教育。⑥ 有学者指出,所谓教育,就是教育形式和作为教育内容的社会文化的统一体。⑦ 图书馆兼具教育的形式与内容:就内容而言,图书馆所拥有的大量经过整序的知识信息资源,无疑是作为教育内容的社会文化的重要载体;就形式而言,图书馆体系作为一种制度安排,与学校教育体系之间相辅相成,具备完成文化传承的条件和能力。

教育的本质属性在于它是人类文化传递的基本工具和手段,传递性

---

① 于良芝:《公共图书馆存在的理由:来自图书馆使命的注解》,《图书与情报》2007年第1期。

② 苏州图书馆馆史编委会:《苏州图书馆编年纪事(1914—2004)》,苏州大学出版社2004年版,第1—23页。

③ 同上。

④ Nardini, R. F., "A Search for Meaning: American Library Metaphors, 1877—1926", *Library Quarterly*, Vol. 71, No. 2, 2001, pp. 111-140.

⑤ 邱冠华主编:《覆盖全社会的公共图书馆:模式、技术支撑与方案》,北京图书馆出版社2008年版。

⑥ 《中国大百科全书》编委会:《中国大百科全书》,中国大百科全书出版社2015年版。

⑦ 胡德海:《教育学原理》,甘肃教育出版社2000年版,第276页。

和培养性是其两大属性。① 教育的传递性是指人类文化借由教育行为而实现承上启下。作为一个信息资源富集、文化传播色彩浓厚的机构,图书馆的文化传递功能不言而喻。教育的培养性主要是指文化对人所内在具有的感染、影响、说服作用。② 图书馆体系之于公民的教化培养作用已被诸多研究所证实。如,克斯莱克(Kerslake)研究表明,公共图书馆可以为社会培养更多有文化、有见识、有参与意识和参与能力的公民,是支持个人发展、社会和谐、文化理解和民主制度的重要力量。③

总之,教育的本质在于对文化的传递和对公民的培养,图书馆体系开展的服务活动显然具备了这两大属性,因而是对教育本质的顺应。换言之,图书馆体系所开展的服务活动及其对用户的影响,正是教育活动过程中教育者与受教育者双边互动过程和结果的具体体现。

2. 图书馆体系化服务是公民终生学习的必要制度安排

近代教育学家因将视野局限于学校教育领域,没有将对教育活动的理解从学校教育的体系里彻底解放出来,从而备受诟病。④ 自 20 世纪末期以来,随着信息通信技术(ICT)的扩散,教育领域正在发生一场"静悄悄的革命"。⑤ 近年来,随着 MOOC 等新型教育形式的兴起与普及,教育事业的整体面貌正在发生着巨大的变化,教育活动既无必要也不可能被局限于学校之中。同时,在信息社会背景下,知识更新速度加快,信息变成了极其重要的战略资源,公民只有通过终生学习方能跟上社会信息化发展的步伐。完善终生学习的制度安排,已经成为国家和社会的必要职责。然而,由于现有学校系统在场所、设施和资源等方面都具有明显的局限性,充分保障公民的终生教育权利对于既有的教育体系而言具有很大的挑战性。与此同时,图书馆拥有海量的、经过系统化组织与整序的信息资源,无疑为教育跨出学校提供了一级至关重要的台阶。事实

---

① 胡德海:《教育学原理》,甘肃教育出版社 2000 年版,第 276 页。
② 同上。
③ Kerslake, E., Kinnell, M., "Public Libraries, Public Interest and the Information Society: Theoretical Issues in the Social Impact of Public Libraries", *Journal of Librarianship and Information Science*, Vol. 30, No. 3, 1998, pp. 159–167.
④ 胡德海:《教育学原理》,甘肃教育出版社 2000 年版,第 276 页。
⑤ [日] 佐藤学:《静悄悄的革命:课堂改变,学校就会改变》,李季湄译,教育科学出版社 2014 年版。

上，图书馆之于终生学习的作用早有论述。联合国教科文组织在《公共图书馆宣言》中指出，"公共图书馆是各地通向知识之门，为个人和社会群体的终生学习、独立决策和文化发展提供了基本的条件"。① 近年来，图书馆在 MOOC 等诸多新型教育形式中扮演越来越重要的角色，也获得了越来越大的社会影响力。可以说，图书馆深度参与基于信息社会的新型教育，既是普罗大众"用脚投票"的结果，又反映出教育变革的基本趋向。对于图书馆职业而言，顺应时代要求，发挥资源优势，担负终生教育这一重要历史使命，既是获得新的生命力的契机，更是一项义不容辞的责任。

3. 图书馆体系化服务是实现文化内化的重要渠道

有学者指出，教育的功能是将存在于个体之外的寓于物质载体以及语言、文学等精神载体中的文化，内化为以个体的人为载体的文化。② 德国教育学家斯普兰格（E. Spranger）指出，教育的作用，是把"客观文化"安置在个人的心灵中，使其能成为"主观文化"，把旧有的那些固定的、已经形成的客观文化转变为一种新的生动的、创造性的主观文化。③ 由于图书馆不仅收集、储存人类现有的文化资源，更对这些资源进行了组织和整序，因此，图书馆不仅拥有一个完整的"客观文化"体系，也完全具备通过适当的服务行为促进"客观文化"向"主观文化"转化的条件。例如，图书馆依据人类的认知规律与知识结构，将存在于物质载体的"客观知识"进行有效组织并提供给个体使用，由此，为个体将外部文化内化为内在主观文化提供了可能。

4. 图书馆体系化服务是走向开放教育的基本途径

从封闭走向开放，是当代教育主动适应信息化社会的具体体现。我国学者鲁洁指出，为与现代社会发展相适应，我国必须形成新的大教育系统。其中，以图书馆为代表的社会文化教育系统是这一大教育系统的重要组成部分。④ 相对于学校教育有限的开放时间和特定的教育对象，体

---

① 联合国教科文组织：《公共图书馆宣言》，2016 年 3 月 1 日，（2020 - 03 - 28），http://www.ifla.org/VII/s8/unesco/chine.pdf。
② 胡德海：《教育学原理》，甘肃教育出版社 2000 年版，第 276 页。
③ 同上。
④ 鲁洁、吴康宁：《教育社会学》，人民教育出版社 1990 年版，第 153 页。

系化的图书馆服务无疑具有明显的优势：从时间上，全天候全年度开放已在图书馆业界渐成趋势；从空间上，实体馆舍和虚拟网络为图书馆提供了一个无边界的服务空间；从服务对象上，完备的信息资源体系完全具备影响来自任何教育背景的公民的能力。在信息社会的背景下，教育的开放性越来越明显地表现为图书馆与学校这两个机构之间相向而行：一方面是"图书馆的学校化"，即图书馆越来越拥有传统学校的功能。例如，当前许多图书馆都建成了学习中心，通过MOOC等形式为学习者提供教育资源，开展实质上的教育活动。另一方面是"学校的图书馆化"，即学校教育的形式越来越明显地突破课堂教学的传统形式，学校越来越多地作为学习资源的提供者，学习者开展学习活动的平台；而教师则越来越多地作为个体化学习行为的促进者。例如，当前学校教育领域方兴未艾的"翻转课堂""研究性学习"等都充分体现了这一趋向。无论是学校的图书馆化还是图书馆的学校化，都体现出教育已不再局限于传统的机构和形式，走向开放化成为促进教育变革的内在动力。这种动力的存在，使图书馆体系更深刻地参与教育活动成为必要。

5. 图书馆体系化服务提供了重要的隐性课程资源

社会学领域看待教育问题具有三个理论视角：功能理论教育观（The Functionalist Perspective on Education）、冲突理论教育观（The Conflict Perspective on Education）和互动理论教育观（The Interactionist Perspective on Education）。①② 三种教育观不同程度地揭示了校外机构之于学校教育的影响。最典型的，是互动理论教育观关于隐性课程的解析。隐性课程是"非计划的学习活动"，③ "是学生在教学计划所规定的课程之外所受的教育"④。从隐性课程的角度看，图书馆本身就是一个大课堂，其资源体系与环境无时无刻不在履行教化职能。例如，以图书馆所提供的信息资源为平台，用户根据自身信息需求进行检索、阅读，从而实现教育

---

① Hughes, Michaeal, Kroehler J. Carolyn & Vander Zanden W. James, *Sociology*: *The Core*, New York: McGraw-Hill College, 1999.

② 施良方：《课程理论——课程的基础、原理与问题》，教育科学出版社1996年版，第132页。

③ 陈玉琨：《试论潜在课程的性质、功能和组织》，《上海高教研究》1988年第4期。

④ 郑金洲：《隐蔽课程：一些理论上的思考》，《外国教育动态》1989年第1期。

的目的。同时,图书馆体系作为一种制度安排,植根于主流文化之中,这一体系客观上传播了主流价值观,从而服务于既定的教育目标。

(二)公共文化系统与图书馆事业

公共图书馆作为公共文化系统的重要组成部分,具体承担着满足社会基本文化需求,保障社会信息公平的职能。作为最接近普通百姓的公共文化设施,公共图书馆在满足人们基本文化需求方面的作用毋庸多言。在维护信息公平方面,公共图书馆同样不可或缺。

20世纪中期以来,图书馆情报学领域内外关于数字鸿沟、数字不平等及知识沟等大量研究已经揭示了信息社会背景下广泛存在的信息不平等现象。随着社会信息化程度的加深,信息贫富分化现象日益成为严重的社会问题之一。自20世纪八九十年代以来,各国政府纷纷出台措施,试图对信息不平等现象进行有效的干预和治理,以便在新兴的信息社会中抢得发展的先机。公共图书馆事业正是这样一种以提供均等的公益性信息服务为己任的社会制度安排,其最重要的职业价值之一,是满足不同层次人群的信息需求,从而为社会的均衡发展提供支持。在社会信息化程度日益加深的背景下,积极参与信息不平等问题的治理,是当代公共图书馆彰显其行业价值的基本形式,更是公共图书馆对自身"存在的合理性进行辩护"[1]的基本立足点。

在图书馆与情报学领域,对于信息贫富分化等群体性认知失衡问题的关注可以追溯到19世纪末的公共图书馆运动,这场运动是在一些追随启蒙运动的政治家、思想家和图书馆学家的推动下发生的,[2] 其目的是通过建立和完善公共图书馆这一制度安排,保障公民在工业社会中的知识信息获取权利。在工业革命的策源地——英国,改革派和激进派议员们在议会审批公共图书馆法议案时进行了激烈的辩论,最终以改革派的胜利而结束。[3] 随后,在整个欧洲和美国,早期的公共图书馆思想也在充满

---

[1] 于良芝:《公共图书馆存在的理由:来自图书馆使命的注解》,《图书与情报》2007年第1期。
[2] 于良芝:《图书馆学导论》,科学出版社2003年版,第67页。
[3] 华薇娜:《英国公共图书馆产生的背景及其历史意义》,《图书馆杂志》2005年第1期。

争议的图书馆立法进程中，逐渐占据优势，从而使公共图书馆成为启蒙运动时代的"精华产品"。①

自20世纪90年代以来，随着信息通信技术（ICT）的应用和互联网的普及，"数字鸿沟""数字不平等"等现象日益受到人们的关注，信息贫困的问题日益凸显。加强对信息贫困的治理，促进信息公平，已经成为各国政府的一项重要责任。

公共图书馆对于促进个体信息的富裕化一直承担着重要职责。这种职责一方面源于公共图书馆作为一种社会设计的信息空间，其主要业务活动是信息的提供与服务；另一方面，促进社会的和谐、包容、平等也是公共图书馆的一项基本使命。随着社会信息化程度的加深，图书馆事业相对发达的英、美等国率先对图书馆职业在数字化时代应承担的使命进行了阐释，公共图书馆促进社会和谐、包容和平等的社会使命这一"旧"价值被赋予了信息时代的新含义，② 使促进个体信息富裕化、实现信息公平作为图书馆职业基本价值追求的理念进一步得到强化。③ 实证研究表明，当人们在其信息获取的范围内缺失了公共图书馆等优质信息源时，信息贫困发生的可能性更高。④ 研究者认为，这种现象不仅体现在图书馆这种组织化的信息源本身作为一种优质信息源的物理存在方面，更重要的体现是，组织化的信息源已经附加了一定的认知建构的努力（如图书馆对信息资源的整序），因此可能使其用户以更小的认知努力而获得更大的信息收益。正是由于这个原因，无法获取图书馆等组织化信息源，使得某个群体（如农民）中信息相对"富裕"的个体，与其他人群（如专业研究者）相比，仍处于相对信息贫困的境地。

迄今为止，研究者已从多个理论视角对信息贫困发生的原因与机理进行了解读，从而为公共图书馆参与信息贫困的治理提供了一定的理论

---

① Greenhalgh, L., *Library in a World of Cultural Change*, London: UCL Press Limited, 1995, pp. 19 – 25.

② 周文杰：《走向用户中心：公共图书馆体系对个体发展影响的理论解读》，《国家图书馆学刊》2017年第1期。

③ 周文杰、白钰：《信息减贫语境中的公共图书馆：职能与定位》，《中国图书馆学报》2017年第1期。

④ 周文杰：《公益性信息服务能够促进信息公平吗？——公共图书馆对信息贫富分化的干预效果考察》，《中国图书馆学报》2015年第4期。

启示。如，信息政治经济学、社会排斥理论、扩散理论、小世界理论、社群信息学、意义建构理论等诸多学说都对公共图书馆的业务活动设计与评估产生过启示。于良芝等通过对 20 世纪中期以来信息贫困相关理论的综述与分析发现，社会结构和能动性的分歧贯穿于信息不平等的研究之中，如果图书情报学领域的理论构建要更贴近现实，这些理论能够对政策的制定和问题的解决产生更强的指导意义，那么，跨越结构与主体能动性之间的理论鸿沟，对信息贫富分化现象做出整体性的解释，则是一个非常值得尝试的理论转向。① 基于这种认识，于良芝提出了"个人信息世界"的概念模型，并展开了一系列实证研究。

所谓个人信息世界，是指个人作为信息主体（information agent，即信息生产、传播、搜索、利用等行为的主体）的活动领域，具有内容、动力和边界三个要素。② 个人信息世界的内容包括各类信息源和信息资产。时间、空间和知识（intellectual sophistication）三个维度共同划定了个人信息世界的范围，从而决定其大小。此外，个人信息世界的动力性体现在个人作用于信息源而开展信息实践，借此获得不同于经济活动和社会文化活动的经历。在经验研究的基础上，于良芝等开发了个人信息世界的测量工具，并对信息主体的个人信息世界进行了测度，③ 从而获得关于个体信息贫富程度更全面的认识。周文杰应用个人信息世界测量工具，以东莞地区的公共图书馆为案例，对 2789 位成年人进行调查研究，结果表明：公共图书馆对于信息贫富状况不同的人群均具有明显作用。这一研究确认了如下事实：公共图书馆的存在与其用户个人信息世界的丰富化之间存在着良性的互动，这种良好互动的存在不仅满足了信息富裕者的信息需求，也从一定程度上有助于信息贫困者走出信息贫困。④

---

① 于良芝、刘亚：《结构与主体能动性：信息不平等研究的理论分野及整体性研究的必要》，《中国图书馆学报》2010 年第 1 期。

② 于良芝：《"个人信息世界"——一个信息不平等概念的发现及阐释》，《中国图书馆学报》2013 年第 1 期。

③ Liangzhi, Y. U., et al., "Towards a Comprehensive Measurement of the Information Rich and Poor: Based on the Conceptualization of Individuals as Information Agents", *Journal of Documentation*, Vol. 72, No. 4, 2016, pp. 614–635.

④ 周文杰：《公益性信息服务能够促进信息公平吗？——公共图书馆对于信息贫富分化的干预效果考察》，《中国图书馆学报》2015 年第 4 期。

在社会信息化程度日益加深的背景下，保障信息贫富状况不同人群的信息权利已成为国家和社会的基本责任。对于已经在信息分化中处于有利一端的人群而言，国家和社会有义务为其提供优质的信息空间，以满足其多样化的信息需求。对于在信息分化中处于不利一端的人群来说，能够获得免费的、公益性的信息服务无疑对"信息脱贫"意义重大。总之，不论信息分化中处于何种位置的人群，都需要一种制度化的安排，以保障其信息权利的实现。而建设惠及全体公民的、全覆盖的公共图书馆体系无疑是一个最为便捷而高效的解决方案。①

（三）科学研究系统与图书馆事业

社会认知发展的最前沿，是科学研究领域。这一领域以知识的创新为目标。由于科学事业的复杂性，在走向知识创新的路上，人类不仅需要合理继承已有的科学理论，也需要超越科学家的个体劳动形式，相互协作，形成"认知劳动组织"。② 从学科领域划分的角度看，这种由科学家们分工协作而形成的"认知劳动组织"即通常之所谓"科学共同体"。科学哲学家托马斯·库恩曾对科学共同体有一个简明的定义。他指出，科学共同体指"接受共同的科学实践（包括定律、理论、应用、实验和仪器）的例子，分享共同的模型，创造一种一贯的传统"的一群科学家。③

范式（paradigm）是库恩理论的核心概念。库恩指出，遵循共同的范式是形成一个科学共同体的基本特征，当范式面临挑战时，科学共同体也趋于分崩离析。④ 范式就是一个公认的模型或模式。范式具有两个特征：空前地吸引一批坚定的拥护者，使他们脱离科学活动的其他竞争模式；必须是开放性的，具有许多的问题，以留待"重新组成一批实践者去解决"。范式一词有两种意义不同的使用方式。一方面，它代表着一个特定共同体的成员所共有的信念、价值、技术等等构成的整体。另一方

---

① 周文杰：《基于个人信息世界的信息分化研究》，博士学位论文，南开大学，2013年。

② Full, Steve, *Social Epistemology* (2nd edition), Bloomington and Indianapolos: Indiana University Press, 2002.

③ [美] 库恩：《科学革命的结构（第四版）》，金吾伦等译，北京大学出版社2006年版，第18页。

④ 同上。

面，它指谓着那个整体的一种元素，即具体的谜题解答，把它们当作模型和范例，可以取代明确的规则以作为常规科学中其他变量解答的基础。① 一个范式就是一个科学共同体的成员所共有的东西，而反过来，一个科学共同体由共有一个范式的人组成。

库恩认为，科学共同体是在共同范式约束下由旨趣相同的研究者自发组织的一种"社会组织"。在这个社会组织中，其成员遵循共同的研究规则，接受并认可组织内其他成员对每一项具体研究成果的评价。正如库恩所论述的，没有其他专业共同体像科学共同体那样，个人的创造性只向这一专业的其他成员提出，也只由他们来评价。② 库恩同时认为，范式之于科学共同体的意义在于，一旦接受了一个共同的范式，科学共同体就无须经常去重新考察它的第一原理，其成员就能全神贯注于它所关心的现象中最细微、最隐秘之处。③ 换言之，由于科学共同体相对超然于其他社会组织，因此能够使一个科学家把注意力集中到他有充分理由相信他能解决的问题上去。④ 这样一来，在每一个具体的领域或科学问题上，身处特定科学共同体的科学家总是处于解决科学问题的最前沿。对于整个社会来说，科学共同体代表着最前沿问题的研究方向，而其每一项得到确认的研究发现就是对人类社会整体认知结构的最新发展。

当然，按照库恩的理论，所谓科学革命，只是一种"穷途末路"的范式被另一种新的范式所取代的过程。由于本书的焦点不在于探讨科学革命的结构与实质，因此，在本书中，科学共同体具体指向在科学稳定发展时期（即库恩之所谓"常规科学"时期），不断获得认知积累阶段的那些"认知劳动组织"。从实践的角度看，科学共同体有可能是一个边界清晰的有形组织（如，某一特定研究机构或团队），也可能是一个边界模糊的检验的无形组织（如，合作者网络）。这些承担着不同社会认知任务的有形或无形的科学共同体，共同构成宏大的科学研究系统。从显性的组织形式看，由国家资助的各类科学研究机构、大学及企业内部的研发

---

① [美] 库恩：《科学革命的结构（第四版）》，金吾伦等译，北京大学出版社2006年版，第147页。
② 同上书，第137页。
③ 同上。
④ 同上书，第138页。

部门共同构成了社会性的科学研究系统；而从隐性的角度看，基于不同的师承关系、学术流派而形成的学术交流网络同样是科学研究系统的必要组成形式。

图书馆职业与科学共同体之间紧密的关系，主要体现在科学共同体内外的各种专业交流方面。在科学共同体内部，符号概括（团队成员能无异议也不加怀疑地使用的公式）①、模型（科学共同体成员共同承诺的信念）② 和范例使科学共同内部专业交流不成问题，从而达到相对一致的专业见解。③ 在科学共同体之间，经过同行评审的出版物因为得到评审专家的"学术信用的背书"，因此成为不同领域之间展开客观知识交流的桥梁。具体而言，图书馆职业对于科学共同体内部学术交流的影响主要体现在，将完全专业型的记录资源（如学术论文、专著）进行组织、整序，提供给本学术共同体内部的专业用户加以使用。由于图书馆职业收集、整序来自不同学术共同体的学术著述，然后将这些来自不同学术共同体的学术成果分门别类地安放在客观知识体系的"适当"位置，由此而使不同学术共同体之间产生关联并促进其交流。

在整个图书馆体系中，各种类型的图书馆都可能从不同方面对科学研究系统产生影响，但专业图书馆作为图书馆职业专门为支撑科学研究系统而设计的一类图书馆，对于科学研究系统的影响更加直接。"专业图书馆指具有明确的专业属性、面向特定的专业化人群，提供相应学科领域或实践领域的信息和服务的图书馆。""专业图书馆的使命通常就是辅助其母体机构或资助者实现其目标"，这一使命决定了专业图书馆的馆藏"通常具有明确的学科焦点，因而其内容相对单一、明晰、一致"。④

总之，学校教育系统、公共文化系统和科学研究系统是保障社会认知发展的三种主要的制度安排。图书馆职业的价值在于，与这三个系统之间紧密契合，从而有效保障社会认识的高级化进程。具体而言：在学校教育系统中，以学校图书馆为代表的机构是保障个体认知发展的辅助

---

① ［美］库恩：《科学革命的结构（第四版）》，金吾伦等译，北京大学出版社2006年版，第153页。
② 同上书，第154页。
③ 同上书，第18页。
④ 于良芝：《图书馆情报学概论》，国家图书馆出版社2016年版，第268页。

性制度安排；在公共文化系统中，公共图书馆是一个保障社会认知实现均衡化的系统性制度安排中最重要的部门；在科学研究系统中，以专业图书馆为代表的各类图书馆是保障社会认知不断提升的支撑性制度安排。就本质而言，图书馆是一种通过个体与结构性文化资本的互动而促进社会认知高级化的制度安排。

站在社会认识论和知识交流论的立场上，不同类型图书馆职业目标的达成，关键在于不同类型的个体能否与不同类型的结构化记录资源之间发生有效的交流互动。例如，在学校图书馆中，学生与教育资源之间能否发生有效交流互动，会直接或间接地影响教育目标的实现；在公共图书馆中，社会大众与广义的文化资源之间能否发生有效交流互动，会直接或间接地影响群体性认知均衡化（或称为信息公平）目标的实现；在科学图书馆中，科学研究人员与学术资源之间能否发生有效交流互动，会直接或间接地影响知识创新目标的实现。如果在图书馆所提供的资源和服务的直接支撑下，学校实现了其教育目标，文化事业实现了其信息公平目标，而科学研究系统实现了知识创新目标，则图书馆职业的目标无疑就已经达成。

第四章

社会认识的高级化

第一节 个体与社会认知发展过程与结果

参照个体的认知发展,将社会借由客观知识世界的丰富化而不断获得认识发展的历程概括为社会认识论,并据此而对促进社会认识发展的制度设计——图书馆职业的理论基础展开论述,是谢拉及后继图书馆情报学领域学者们为图书馆情报学的基础理论发展开辟的主要方向。为此,在对图书馆职业的本质属性展开全面解析之前,有必要对个体认识发展过程、结果及其对社会认识发展的启示进行全面梳理。

一 个体心理发展阶段的理论解释

在前序章节,本书已对个体和社会认知的可类比性进行了全面的论证。这种可类比性启示我们,理解社会认知的结构,首先需要关注个体的心理发展过程及其结构。迄今为止,已有很多学者对个体心理发展的过程进行过理论阐释,较有代表性的是弗洛伊德、埃里克森、巴甫洛夫及维果茨基等学者提出的心理发展及其阶段性理论。

弗洛伊德以欲力的发展作为划分的标准,把人的心理发展分为如下阶段:口唇期(0—1岁)、肛门期(1—3岁)、前生殖期(3—6岁)、潜伏期(6—11岁)、青春期(11岁或13岁开始)。[1] 弗洛伊德认为,在青春期以后,人的心理发展基本成熟。

---

[1] 林崇德:《发展心理学》,浙江教育出版社2002年版,第71页。

埃里克森（E. H. Erikson）提出了心理社会发展论，认为人的一生分为既是连续的又是不同的八个阶段。每个阶段都有特定的心理发展任务。由于各阶段的发展任务可能成功完成，也可能不成功。因此，每一阶段都有其特定的发展任务。① 具体如表4-1所示：

表4-1　　　　　　　　　八个阶段的对立品质

阶段	年龄段	对立品质	阶段	年龄段	对立品质
一	0—1岁	信任对不信任	五	12—18岁	自我统合对角色混乱
二	1—3岁	自主行动对羞怯怀疑	六	18—25岁	友爱亲密对孤僻疏离
三	3—6岁	自动自发对退缩愧疚	七	25—50岁	精力充沛对颓废迟滞
四	6—12岁	勤奋进取对自贬自卑	八	50岁以上	完善无缺对悲观沮丧

资料来源：Erikson, E. H., *Childhood and Society* (2nd ed.), New York: Norton, 1963.

我国发展心理学家林崇德在对上述学者的学术观点进行梳理的基础上提出，从心理发展观来看，人的心理从发生、发展到成熟，是一个有次序的、具有多层次的统一体。② 林崇德所述的心理发展的次序性，主要指个体因循年龄而有规律地呈现出一些共性心理特征的现象。为此，他指出，在人的心理发展中，年龄是一个"特殊的自变量"③。其特殊之处在于，心理发展水平既与年龄之间呈现出非常紧密的关联，同时年龄又不是一个可以有效操作的真正意义上的自变量。具体而言，在年龄的作用下，人的心理呈现出一种历时逐次发展的状态。林崇德指出，从历时性结构来看，儿童青少年思维有直观行动思维、具体形象思维、抽象逻辑思维等阶段。不同阶段的思维形态具有本质的区别，表现出不同的功能。人的心理就是按诸如此类的顺序由低层次向高层次发展。但林崇德同时也指出，这种发展决不以高一级层次逐步取代低层次，低层次的心理形态从此就销声匿迹的方式进行的，而是以低层次心理形态作为高层

---

① 林崇德：《发展心理学》，浙江教育出版社2002年版，第74页。
② 同上书，第34页。
③ 同上书，第30页。

次心理形态发展的基础,高层次心理形态的出现和发展,又反过来带动、促进低层次心理形态不断由低水平向高水平的方向发展。由此可见,每一层次的心理形态都有其发生、发展的过程,它们之间是互相影响、互相促进、互相制约、互相依存的。①

综上所述,个体心理发展的阶段性已得到了比较充分的理论解析。这些理论的形成,为将社会认识过程与个体心理发展进行类比提供了空间。然而,需要注意的是,迄今为止的个体心理发展理论主要采用"历时性"的理论视角,而这一视角在考察社会认识的形成过程及其结构中涉及诸多难以解决的问题(例如,很难对社会中每一类知识从源头展开历时发展分析)。因此,本书对社会认识获得过程的解析参照了个体"历时性"心理发展,但却更侧重于从"共时性"的角度展开理论分析,以便简化理论陈述,克服上述困难。

本章的焦点,是构建起社会认识层次论的理论框架。这一理论建构的过程主要遵循着如下思路:一方面社会认知的过程与结构与个体心理发展(主要是认知发展和认知结构)之间存在着很高的可类比性(本书第一章已经对这种类比性进行了论证并回顾了与此相关的研究成果)。另一方面,关于个体的心理发展的理论(特别是关于个体认知发展阶段性的理论),侧重于对个体心理如何走向成熟做出解析,所以采用常常是"历时性"(diachronic)的理论视角。如果将社会认识论与个体认识发生论相类比,则社会认知结构的获得和完善,也存在由人类社会早期"蒙昧"的阶段向现代文明发展的历时知识结构变迁进程。然而,由于本书构建社会认识层次论的立足点是站在图书馆职业的角度,对社会认知的结构进行解析,进而对知识组织与服务等职业活动提供理论支撑,因此,对于共时性认知结构的关注是本书关注的焦点。也就是说,作为一种旨在对社会认识论、世界3理论、知识交流论等理论进行整合,以期为图书馆情报学提供更加全面理论基础的学说,社会认识层次论重在从一个特定的时间截面上,对记录资源所承载的客观知识体系及其结构与社会意义做出分析,对于人类知识总体上如何不断完善和发展则基本不在社

---

① 林崇德:《发展心理学》,浙江教育出版社2002年版,第34页。

会认识层次论的讨论范围之内。① 出于这种考虑，本书后续部分将重点讨论"认知结构"而不是"认知发展"。

认知心理学领域以符号表征等方式，对认知结构的揭示进行了充分的理论解析。在认知心理学之外，行为主义心理学家巴甫洛夫（Ivan Petrovich Pavlov）以研究条件反射（conditional reflex）著称。他提出，条件反射实际上是信息系统。其中，第二信息系统作为社会的产物，主要通过词、语言对人的发展产生影响，使人在反映客观事物时具有目的方向性和自觉能动性。②

苏联心理学家维果茨基（Lev Semenovich Vygotsky）创立了文化—历史理论。这一理论基于恩格斯关于劳动在人类适应自然和在生产过程中借助于工具改造自然作用的思想，认为物质生产工具和作为精神生产工具的语言符号的类似性在于，物质生产工具指向外部，它引起客体的变化，而语言符号指向内部，它不引起客体的变化，而是影响人的行为。这种以语言符号为代表的精神生产工具（tool for mental production）为中介的高级心理机能随着思维（主要指抽象逻辑思维）的参与而高级化，最终形成以符号或词为中介的心理结构。③

综上所述，"认知结构"既是一个分阶段、有层次的抽象概念，又是一个可以通过语言符号加以揭示的具象实体。

二 社会认知发展的两个向度

前序研究已经发现，从信息贫富分化的角度看，当今社会中至少存在着四个个人信息世界贫富状况不同的人群。④ 社会人群中所呈现的信息贫富分化，事实上可以被视为一种群体性的认知差异现象。这种差异，体现了社会认识在一个特定时间断面上的结构特征。对于图书馆职业而

---

① 事实上，社会认识论及世界3理论本身都并不强调知识来源、本质等更加偏重哲学领域的认识论问题，也是因为如此，谢拉的社会认识论思想是否真的属于"认识论"的领域曾不断受到质疑。谢拉也曾说过，如果可以，他宁愿选择"社会认知"而不是"社会认识"一词，来表述他的理论观点。
② 林崇德：《发展心理学》，浙江教育出版社2002年版，第81页。
③ 同上书，第97—98页。
④ 周文杰：《基于个人信息世界的信息分化研究》，博士学位论文，南开大学，2013年。

言，层次性的用户构成了社会认识由低向高不断走向高级化的现实需求，而图书馆职业对记录资源的整序与提供利用事实上正是对社会之于群体性的认知发展走向高级化的一种系统性制度设计。① 因此，本节将分别对记录资源层次性和用户层次性加以论述，以备为下一节构建一个基于社会交流系统的社会认识层级性理论框架奠定基础。

　　由于社会认识论得以创立的主要启示源自将个体的认知发展与社会认识活动相类比。无论是个体的认知发展还是社会认识的获得，都离不开一个主体——人。正是由于社会是由具备主观能动性的人所组成，因此，人的认知发展可被推及、类比于社会认知的高级化。然而，仅仅由认知发展的主体——人，尚不足以完成认知的任务，凡认知的发展，须借助于一定的资源基础。因此，资源构成了认知发展的另一个维度。由此可见，无论是个体还是社会，其认知的发展都建立于人和资源两个向度之上。在图书馆情报学领域，这两个向度进一步可以被具象化为以文献为代表的记录资源和使用这些资源的图书馆用户两方面。

　　早在 20 世纪中期，我国图书馆情报学的两位重要奠基者杜定友和刘国钧先生就曾对图书馆职业的宗旨进行了精辟论断。杜定友先生指出，作为图书馆，一是"能保全图籍，作一定科学方法，以处理之"，二是"能运用图籍，使之流通，任何人士，皆有享阅之利益"。② 刘国钧先生关于图书馆宗旨的论断则可以精练地归结为"为书找人，为人找书"。③ 黄宗忠教授也曾指出，"图书（信息、知识资源）与读者（用户）是图书馆构成的两个基本方面"，④ 并认为这是图书馆学的第一原理（即图书馆构成原理）。放眼全球，国外图书馆学家们也大致遵循了上述两个维度。典型例子是，影响现代图书馆百年发展路径的"图书馆学五定律"⑤ 大致

---

①　周文杰：《社会认识的层级性与图书馆的本质论析》，《中国图书馆学报》2019 年第 1 期。
②　杜定友：《图书馆通论》，上海商务印书馆 1928 年版，第 38—39 页。
③　刘国钧：《近代图书馆之性质及功能》，《金陵光》1921 年第 2 期。
④　黄宗忠：《论现代图书馆学原理》，《图书情报知识》2007 年第 1 期。
⑤　[印度] 阮冈纳赞：《图书馆学五定律》，夏云等译，书目文献出版社 1988 年版，第 402 页。

以"书""读者"作为核心要素,美国图书馆协会以"最好的图书"为"最多的读者"服务为口号,① 而社会认识论的创立者谢拉也指出,图书馆员的职责就在于"用最适合读者需要的方法向他们提供最佳书籍"。② 由此可见,将图书馆情报学理论构建与图书馆职业实践工作的核心因素归结为"人(读者、用户)"和"书(图籍、信息、知识资源)"两个方面,已得到了学界的普遍认可。

在信息社会背景下,图书馆职业所依赖和拥有的资源已远远不能被局限于"书",因此,本书沿用谢拉等学者的基本逻辑,将图书馆职业的资源基础表述为"记录资源"(record graphic)。另外,考虑到信息服务形式的深刻变迁,"用户"这一概念显然继承并扩展了传统"读者"概念的内涵和外延,因此,本书后续部分将使用"用户"的概念,用以指代记录资源的使用者。为此,本书后续部分对于社会认识层级结构的进一步阐释将沿着记录资源与用户这两个向度而展开。

(一)记录资源的类型

从知识世界的角度看,记录资源作为客观知识的载体,是对客观知识世界进行结构化表征的基础;而从图书馆职业的角度看,记录资源既是构成图书馆职业实践的基础,也是图书馆情报学理论区别于其他理论范畴的重要边界。与本领域其他著述略有不同的是,本书将图书馆职业活动的资源基础置于"记录资源"而非"信息资源"之上,主要考虑是:长期以来,由于不加区分地使用了"信息资源"一词,不仅使图书馆情报学与其他学科、图书馆机构与其他信息服务机构之间在许多基本理论和实践问题上纠缠不清,而且在图书馆职业的内部,也因为"信息资源"缺乏明显的指向性而陷入难以自圆其说的窘境。以最近如火如荼的 iSchool 运动及其核心学科 iField 为例,这一领域大致以图书馆学作为母学科或在图书馆情报学邻近区域首先发展起来的,但无论是 iSchool 还是 iField 都在尽力模糊其与图书馆学教育及图书馆情报学的关系。有研究者指出,"iSchool 运动内在地要求破 LIS、立 iField","这一动因决定,随着 iSchool 运动的发展,被边缘化的或将不只是 LIS 中与(图书馆)机构相关的内容;其他不能直接转

---

① [美] A. Z. 杜威:《"三最"原则·"三 R"准则》,《图书馆学刊》1982 年第 3 期。
② Jesse H. Shera, *Introduction to Library Science*, Libraries Unlimited, Inc. Littleton, Colorado, 1976.

化为就业竞争力也不被资助者青睐的内容，如信息伦理、信息行为、文献计量学，也不能排除被逐渐边缘化的可能性"。① 如果确认了图书馆情报学科与职业所面对的主要是以"文献"为主体的记录资源，则不惟有助于图书馆学领域的教育者与研究者廓清本学科的理论边界，也有助于图书馆情报学植根于与图书馆职业实践切实相关的"资源"，从而使图书馆情报学理论更接近于图书馆职业的实际社会贡献。同时，本书也并不是完全排斥"信息资源"一词在图书馆情报学领域的使用，而是认为，信息资源一词，是记录资源在信息社会语境下的一种特定称谓。

对知识世界的结构进行描述的前提，是了解知识世界本身的结构。在哲学领域，哲学家们使用"知识型"、"智力频谱"（mental spectrum）"文化周期"（culture cycle）、"长波"等概念，对知识获取过程及其结果进行阶段性划分展开了大量阐释。这些哲学概念在一定程度上为图书馆情报学领域的研究者对知识进行层级性划分提供了参照。具体而言，如下学者从哲学视角对知识世界的层级结构展开的论述对于图书馆职业对记录资源层级结构的划分具有一定的参照意义。

福柯认为，人类知识的复杂形态受到其内部深层结构的制约，这个深层结构即为"知识型"。"知识型不是知识的形式，或者合理性的类型，这个贯穿着千差万别的科学的合理性类型，体现着某一主体、某一思想、某一时代的至高单位"。② 福柯认为西方观念史、思想史和科学史经历了文艺复兴知识型、古典知识型到现代知识型的转换过程，它们分别对应着相似型知识、表象型知识和有机结构型知识。

P. 索罗金（Pitirim Sorokin）提出"智力频谱"理论，认为感性的（sensate）、理想的（idealistic）和观念的（ideational）文化系统是历史上发挥主导作用的三个文化系统。三种文化系统在不同历史时段中交替另一面，从而构成了人类文化演进的"智力频谱"。③

---

① 于良芝、梁司晨：《iSchool 的迷思：对 iSchool 运动有关 LIS、iField 及其关系的认知的反思》，《中国图书馆学报》2017 年第 3 期。

② ［法］米歇尔·福柯：《知识考古学》，谢强、马月译，生活·读书·新知三联书店 1998 年版，第 241 页。

③ Sorokin, Pitirim, *Social and Cultural Dynamics*, Vol. 2, New York: American Book Company, 1937 – 1941, p. 5.

我国学者蒋谦通过对大量学者的理论观点进行梳理后发现,"从文明史观的角度来看,历史—文化作为现象性的整体是可以划分为由大大小小的单元(单位)来构成的、从低到高或从简单到复杂,大致可以分为个体、社群(大致对应科学共同体)、区域和圈层(大型板块)四个层级"。①

综上所述,哲学领域对于知识世界的结构展开的讨论为图书馆职业提供了启示。由于对文献等记录资源的整序并提供利用始终是图书馆职业所开展的主要专业活动,因此,站在图书馆职业的立场上,对客观知识世界结构层次的认识最终可被具体化为对记录资源类型的划分。本书站在图书馆职业实践的角度,将以文献为主体的记录资源划分为四类。②

(1)完全公共型记录资源。此类资源主要指以面向不特定用户且并不以满足用户信息需求为直接目的的资源。小说及其他文学作品是此类资源最典型的代表。

(2)公共型专业记录资源。此类资源主要指以面向公众用户但以普及专业知识为目标的资源。科普读物等是此类资源的典型代表。

(3)专业型公共记录资源。此类资源主要指面向特定专业领域的通识性资源。专业基础读物或工具类书籍是此类资源的典型代表。

(4)完全专业型记录资源。此类资源面向高度专业化的人群。学术论文及专著是此类资源的典型代表。

在图书馆职业实践中,上述资源分布呈"两头大、中间小"的状态,即完全公共记录资源和完全专业记录资源是支撑图书馆职业活动的主体资源,而公共型专业记录资源和专业型公共记录资源则是有益的补充和保障。同时,对于实体的图书馆来说,馆藏资源的类型大致决定了其作为公共图书馆或专业图书馆的不同服务属性。此外,记录资源的类型划

---

① 蒋谦:《人类科学的认知结构:科学主体性解释的"类脑模型"》,北京师范大学出版社2017年版,第46页。

② 在图书馆情报学领域,类似的分类方法至少可以追溯到20世纪初期。如,1941年拉尔夫·A.比尔斯将所有图书馆文献分为喜讯型、论证型和研究型三种(详见[美]拉尔夫·A.比尔斯《传播学研究对公共图书馆的意义》,载道格拉斯·韦普尔斯编《民主社会中的出版物、广播与电影》,芝加哥大学出版社1942年版,第165—166页。本文转引自[美]杰西·H.谢拉《图书馆学引论》,张沙丽译,兰州大学出版社1986年版,第198页)。

分既不绝对，各类型之间也并非完全独立。很多情况下，这些资源类型之间存在着融会和交叉。例如，科幻小说是一种兼具完全公共记录和公共型专业记录特征的记录资源。为防止因对资源类型的机械划分而造成理论断裂，本书将上述四类记录资源再次归类为生活记录、科学记录和文化记录三个大类，以体现上述四种记录之间可能的重合和融汇。顾名思义，生活记录以记述现实生活为主要特征，文学、艺术作品显然是生活记录的核心部分，而部分记录虽然不是对生活的直接记录，却面向大众的个性化信息需求（如养生保健），也是生活记录的必要组成。科学记录区别于生活记录的重要标志在于，科学记录更强调信息的知识化，科学知识体系本身显然是科学记录的核心。文化记录则是一个更为宽泛的概念，它既是时代思潮的综合，也是哲学化、观念化的时代记忆。需要注意的是，科学记录与文化记录和生活记录之间仅存在若隐若显的边界：在科学知识接近于普罗大众的一端，因具有生活体验色彩，而与生活记录之间存在模糊边界；在科学知识接近于文化记录的一端，因具有思想的色彩，从而与社会性、时代性的文化和思潮存在模糊边界。

（二）用户的类型

社会中的每个个体，都是潜在的记录资源的使用者。本书后续部分，将把这些记录资源的使用者直接称之为用户。站在社会认识论的立场上，要对用户进行深入分析，就需要关注群体性的认知差异现象。

自2003年起，我国图书馆学家于良芝教授针对中国农民等人群展开了大量的经验研究，试图从整体性理论的角度，建构一个人群间信息贫富分化的理论框架。2010年以来，于良芝教授以"个人信息世界"[①]的名义初步完成了这一理论框架的建构。自2012年开始，笔者在于良芝教授所主持的国家自然科学基金项目"信息不平等的发生机理和政策启示研究"的支持下，以《个人信息世界量表》为工具，针对国内城市成年人群展开了大规模调查。通过对3000余名来自中国不同区域、不同经济社会发展水平和不同规模城市居民的调查，周文杰发现，在中国城市成年人群中，存在四个边界清晰、信息贫富状况差异明显的人群。[②] 在此基

---

① 个人信息世界的理论建构及相关的实证研究将在本书第六章进一步展开。
② 周文杰：《基于个人信息世界的信息分化研究》，博士学位论文，南开大学，2013年。

础上，通过深入的聚类分析，于良芝、周文杰于 2016 年进一步发现：① 首先，如果站在个人信息世界这一"整体性信息测度"（holistic informational measurement）的角度，城市成年人群的信息贫富分化结构远远超过了"有"或"无"（haves versus have-nots）的二元结构。其次，人群中的信息贫富分化状况整体上服从正态分布，即信息富裕者或信息贫困者人数相对较少，而大量的人群处于信息贫富状况居中的状态。最后，不同人群的信息贫富状况与其人口统计学特征存在显著的相关。例如，周文杰发现，信息富裕者的典型人口学特征包括：年龄在 31—50 岁之间，职业为管理人员和专业人员，收入在 5000 元以上且有过博士或硕士水平的教育经历；而信息贫困者的典型人口学特征包括：年龄在 61 岁以上，职业为制造业、交通业或类似工人，收入在 501—1000 元之间，仅有不满小学的文化程度。②

综观于良芝、周文杰等基于个人信息世界而展开的信息贫富分化研究可以看出，这些研究中最重要的一部分研究发现是：基于个人信息世界测量得分的高低，人们呈现出群体性的差异，这种差异主要源自个人信息世界概念框架中所定义的"信息资产"和"惯用信息源"两方面。于良芝在对个人信息世界的概念结构进行解析时曾提出，从信息主体活动的对象看，个人信息世界主要包括了四个方面逐次递进的内容：物理上可及的信息源、能够实际加以使用的可获信息源、常规性经常加以使用的基础信息源和信息资产。所谓信息资产（information assets），是指"被利用的信息及其在利用过程中产生的认知结果"。③ 换言之，信息资产是指那些确实被信息主体利用过的信息产品，以及信息主体因使用这些信息产品而对其认知结构产生的实际后果。于良芝指出，进入信息主体视野的资源经过了信息主体的利用，与他（她）发生了认知上的亲密接触，至少在一定程度上成为信息主体记忆可及的。也就是说，只用被个

---

① Yu, L. & Zhou, W., "Information Inequality in Contemporary Chinese Urban Society: The Results of a Cluster Analysis", *Journal of the Association for Information Science and Technology*, Vol. 67, No. 9, 2016, pp. 2246–2262.

② 周文杰：《基于个人信息世界的信息分化研究》，博士学位论文，南开大学，2013 年。

③ 于良芝：《"个人信息世界"——一个信息不平等概念的发现及阐释》，《中国图书馆学报》2013 年第 1 期。

体纳入认知范围的信息资源，才能够最终成为信息资产。

于良芝发展个人信息世界概念框架的初始目的，是为了从整体性的理论立场出发，构建一个对于信息贫困现象更有解释力的框架和模型。然而，如果站在社会认识论的立场上，对个人信息世界概念所涉及的各种类型的"信息源"进行解析就会发现，以图书为代表的记录资源即是人类"集体信息资产"的具体体现，又是从个体到群体信息资产不断得以丰富化的重要前提。也就是说，借助于记录资源，人类从整体上不断获得信息资产，从而实现信息的富裕化。由于从记录资源中"汲取"养分的能力不同，不同人群人间因而产生了个人信息世界丰富程度的"群体性差异"——于良芝等人所描述的"信息分化"。

于良芝等基于个人信息世界而展开的理论建构与实证研究极大地拓展了信息贫困问题研究的视野，提高了对信息贫富分化现象的解释能力。正是由于个人信息世界概念提出的初始动机是为了信息贫困问题的研究，而不是为图书馆职业的实践活动提供理论基础，因此，于良芝、周文杰等人前序展开的一系列研究所借助的主要概念基础是"信息源"而不是"记录资源"。事实上，由于记录资源是一种"集体信息资产"，所以，如果从社会认识论的角度来看，上述研究中所发现的社会人群的信息贫富分化现象，及造成不同信息贫富状况人群之间的信息资产差异，事实上可归结为一种群体间的认知差异现象。具体而言，所谓群体间的认知差异，是指社会人群在使用记录资源促进认知发展的过程中，因多种原因而导致的认知结果在不同人群之间有所差异的现象。由于群体性认知差异的客观存在，就需要一种专门从事记录资源的整序和提供利用的社会性制度安排，以促使不同认知水平的人群能够与适合其认知特征的记录资源之间进行交流、互动，从而满足不同认知特征的群体各自认知发展的需要，最终从整体上推进集体信息资产的丰富化与社会整体认知结构的完善化。图书馆体系正是这样一种制度安排，而满足不同人群认知需要并最终促进社会认知发展恰恰是社会交流论的核心要旨，通过推动不同层级的记录资料与不同认知水平的人群之间展开交流互动则是知识交流论的关键要义。从这个意义上说，群体间认知不均衡是图书馆职业得以存在的社会基础，而社会交流论和知识交流说共同为图书馆职业何以可能基于记录资源的整序而促进社会认知发展的机理提供了解释。

群体间认知差异现象的广泛存在说明，记录资源的使用者的认知水平本身具有一定的层级结构。对于图书馆职业而言，记录资源使用者不仅是实践活动的主体，也是图书馆情报学理论建设与图书馆职业发展中除资源之外的另外一个重要维度。本书中，根据用户认知水平的知识准备，可将信息资源的用户大致分为大众用户和专业用户；进而再根据用户的信息问题是否明确对其进行分类。上述两个方面进行综合的结果是，图书馆情报学视域下的用户可以被划分为如下四个类型。

（1）无明确信息问题的大众用户。指接受图书馆职业的服务，但却并不以信息需求的满足为直接目标的用户。例如，仅仅是为了娱乐或消遣而接受图书馆服务的用户。

（2）有明确信息问题的大众用户。此类用户之所以接受图书馆服务，在于其有明确的信息需求，期望通过接受图书馆服务而解决信息问题。例如，一个没有医学背景的用户，为了解某种疾病而查阅图书馆的医学资源。

（3）信息问题不规则的专业用户。不规则信息问题是一个与知识非常态（anomalous state of knowledge）相类似的概念。知识非常态概念由英国学者贝尔金（Belkin）提出。[1] 贝尔金认为，用户之所以存在认知失衡，是由于其知识结构面对特定问题存在欠缺，而由于用户对需求内容"未知"，因此，虽然用户都感知到信息需求的存在，却只能进行模糊的表达。此类用户首先具有一定的专业背景，但其接受图书馆服务的首要目标并不是解决当下所面临的信息问题，而是了解一些通识性的专业知识。例如，研究者在图书馆查阅工具书等通识性读物。

（4）信息问题规则的专业用户。信息问题规则的用户是指那些确知并能够清晰表述自己所需要的知识信息的用户。此类用户所面临的信息问题主要是清晰而具体的专业问题，也就是说，具有专业背景的用户，因在具体专业问题上存在无法自我解决的信息问题，从而查询相关记录资源。最典型的，是学术研究人员查询本学科的专业学术论文或接受图书馆提供的深度学科情报服务。

---

[1] Belkin, N. J., Oddy, R. N., Brooks, H. M., "ASK for Information Retrieval, Pars Ⅰ", *Journal of Documentation*, Vol. 38, No. 2, 2010, pp. 61–71.

本书后续理论阐释的一个基点在于，图书馆职业所面对的用户之所以存在着上述的类型，归根到底是由于群体性认知差异的存在。换言之，如果站在社会认识论的立场上，正是由于社会上的不同人群常常存在着认知差异，因此，其认知活动才有了差异性和群体性特色。这一状况的存在昭示着图书馆职业要发挥其社会功能，实现其职业使命，首先必须关注不同层级上的记录资源与其用户之间各具特色的交流、互动。

正如本书在前序章节中一再提及的，将社会认识与个体认知发展相类比，是社会认识论得以提出的基本理论源头。本章第一节介绍了个体认知阶段的相关理论，本节前序部分介绍了记录资源及使用这些资源的用户的层级性。沿用社会认识论将社会认识活动与个体认知发展相类比的理论思路，个体阶段性的认知发展水平，大致对应着层级化的记录资源被相应层级的用户所使用的过程，而每个层级用户与符合其层级特征的记录资源之间交流的结果，则类似于不同认知水平的个体所具备的平均认知结构。本书的重点，在于从社会认识的层级性角度，对社会认识论做出进一步的发展，并基于图书馆职业实践展开实证检验，因此，后续章节的重点将是社会认识层级结构的理论描述和实证检验。关于社会认识的形成机理及其与个体认知发展的相似性，将在本书之后的其他著作中进一步展开。

三 个体与社会认知结构的形成与表征

站在认知心理学的立场上看，之于个体而言，认知发展的最终结果是形成认知结构。所谓认知结构，主要指结构化的知识，也常被称为语义网络。[①] 本书在第二章第二节中已经对认知结构及其理论渊源进行了梳理。在认知心理学领域，对于认知结构相关的理论发展做出最重要贡献的学者主要包括皮亚杰、布鲁纳、奥苏贝尔、诺瓦克等。

（一）皮亚杰与结构主义心理学

正如本书前序章节所述，瑞士心理学家皮亚杰（Jean Piaget）是一位

---

① Jonassen, D. H., K. Beissner, and M. Yacci, *Structural Knowledge: Techniques for Representing, Conveying, and Acquiring Structural Knowledge*, Hilladale: N. J.: Lawrence Erlbaum Associates Publishers, 1993.

结构主义的心理学家,他所提出的发生认识论(genetic epistemology)不仅是当代发展心理学领域最有影响力的理论,也为社会认识论的提出和发展提供了直接的理论启示。皮亚杰认为,主体通过动作对客体的适应(adaptation),是心理(智力、思维)发展的真正原因。个体的每一个心理反应,不管指向于外部的动作,还是内化了的思维动作,都是一种适应,其本质在于取得机体和环境的平衡(equilibration)。具体而言,适应是通过两种形式实现的:一是同化(assimilation),即把环境因素纳入机体已有的图式或结构之中;另一个是顺应(accommodation),即改变主体动作以适应客观环境变化。① 我国学者张春兴指出,同化只是数量上的变化,因为它只不过是以原有的图示为基础,去吸收新经验的历程,不能引起图式的改变或创新;② 顺应则是质量上的变化,因为它是在原有图式不能直接适用条件下,个体为着环境需要,主动地修改图式,进而达到目的的心理历程。③ 个体就通过同化和顺应这两种形式来达到机体与环境的平衡。如果机体和环境失去平衡,就需要改变行为以重建平衡。这种不断的平衡、不平衡、平衡……的过程,就是适应的过程,也就是心理发展的本质和原因。

皮亚杰把思维发展划分为四个阶段:感知运动阶段(sensorimotor stage)、前运算思维阶段(preoperational stage)、具体运算阶段(concrete operations stage)和形式运算阶段(formal operational stage)。这些阶段具备如下理论要点:心理发展过程是连续的,每个阶段有其独特的结构,各阶段出现有一定次序,前阶段是后阶段的结构基础,两阶段间非截然划分,心理发展新水平由许多因素融合而形成的整体结构。皮亚杰在出版于1968年的专著《结构主义》一书中,对思维结构及其整体性、转移性和自调性三要素的理论界说,④ 对于丰富和发展社会认识相关理论具有明显的参考价值。所谓结构的整体性(wholeness)是说结构具有内部的融贯性,各成分在结构中的安排是有机的联系,而不是独立成分的混合,

---

① 林崇德:《发展心理学》,浙江教育出版社2002年版。
② 张春兴:《张氏心理学辞典》,上海辞书出版社1992年版,第22页。
③ 张春兴:《教育心理学》,上海人民出版社1998年版,第34页。
④ Piaget, J., *The Psychology of Intelligence*, London: Routledge & Kegan, 1968.

整体与其成分都由同一个内在规律所决定。这种思想，与知识组织的思想之间存在着极高的理论关联。所谓结构的转换性（transformation）是指结构并不是静止的，而是有一些内在的规律控制着结构的运动发展。所谓结构的自调性（self-regulation）是指平衡在结构中对图式的调节作用，也就是说，结构根据其本身的规律而自行调节，并不借助于外在的因素，所以结构是自调的、封闭的。

皮亚杰的理论中关于认知结构的整体性和认知图式在认知平衡中作用的阐释，对于从共时性角度理解社会认知结构具有尤为重要的意义。站在知识组织的立场上，认知图示可以借以用来表达由概念、术语等语言符号而得以表征的客观知识世界的结构网络体系。本书所秉持的一个基本观点是，社会认识论关注于以语言符号为基本呈现形式的客观知识世界的形成和发展，因此，社会认识现象主要描述了处于"形式运算阶段"的社会"从整体上如何获得认识"。① 从这个角度看，知识组织等专业活动能够对社会的认知结构加以揭示和促进的基本原理，在于社会作为一个认知的整体，其认知结构通过认知图式得以表征。换言之，知识组织所提供的，恰恰是一个社会层次上的整体性"认知图示"。需要说明的是，在皮亚杰的理论中，"结构"和"建构"都得到了关注。按照皮亚杰的陈述，二者之间的不同点主要表现在，"建构"不仅重视"共时性"（synchronic），而且重视"历时性"（diachronic），而结构更侧重于表达"共时性"的一面。从这个方面来看，本书中关于社会认识层次论的理论建构主要表达了"结构"，而非"建构"。

皮亚杰的理论在认知心理学领域产生了极大的影响，也对社会认识论产生了重要的启示，但这一理论远非完美无缺。皮亚杰之后的研究者认为，将个体的思维发展划分为感知运行、前运算、具体运算、形式运算四个阶段并不完整，形式运算并不是个体认知发展的最高阶段。20世纪80年代以后，研究者以后形式运算（post-formal operation）、反省批判（reflective judgment）、辩证思维（dialectical thinking）、认识的认知（epistemic cognition）等名义展开了大量研究，丰富了皮亚杰关于第四阶段（形

---

① Jesse H. Shera, *Introduction to Library Science*, Libraries Unlimited, Inc. Littleton, Colorado, 1976.

式运算阶段）以后的认知图式理论，这些理论被称为思维发展的第五个阶段理论。第五阶段理论与社会认识论之间存在着更加紧密的理论关联。但到目前为止，与社会认识论一样，这些理论还没有形成完善的体系。

（二）个体与社会认知结构的表征

如上文所述，皮亚杰的理论中，关于认知结构的整体性及认知图式等陈述与社会认识论之间存在着紧密的理论关联。在皮亚杰之后，认知心理学的发展进一步为社会认识论的理论完善提供了参考。其中，美国认知心理学家杰罗姆·布鲁纳（Jerome Seymour Brunner）发展于20世纪六七十年代的知觉与归类理论对于揭示个体与社会的共时性认知结构具有极大的理论价值。

1956年，布鲁纳与他的同事出版了《思维之研究》一书。该书力图通过实验研究来揭示认知过程中最普遍的现象：归类或概念化。该书涉及的知觉编码与分类、概念获得及策略等，甚至可以对社会认知结构的形成及表征提供直接理论解释。布鲁纳认为，知觉具有归类和推理性质。所谓知觉，就是人们根据刺激输入的某些确定或关键的属性，有选择地把它们归入某一类别，然后根据这一类别的已有知识加以推论。他认为，个体的知觉过程涉及四个前后相继的步骤：一是在做比较复杂的推理活动之前，展开初步归类（primitive categorization）；二是为精确地将特定事件归类而搜寻线索（cue search）以辨明其属性；三是进行证实检查（confirmation check），以确认原来的归类是否确切；四是当人们认为已把某一事件归入很合适的类别后，就结束证实（confirmation completion），对其他线索基本再不开放。[1]

如果将布鲁纳关于个体知觉过程的理论陈述与图书馆职业对于客观知识的组织整序相类比，就很容易可以看出二者之间的关联。首先，知识组织同样起始于对记录资源的分类，这基本对应了个体认知的第一个步骤——初步归类；其次，在分类基础上，知识组织需要尽可能详细地揭示特定与其他主题之间的关联，这基本可类比为个体搜寻线索的过程；再次，知识组织者通过将主题之间的关联纳入客观知识的概念网络之中，

---

[1] Bruner, J. S., *Toward a Theory of Instruction*, Cambridge, M. A.: Harvard University Press, 1966.

从而确认客观知识体系及其概念网络的正确性；最后，经过确认的客观知识体系及其概念网络保持相对稳定，类似于个体结束证实的认知过程。从知识组织的理论与实践情况来看，第一个阶段——客观知识的归类已经经过图书馆职业的努力，发展为一门成熟而完善的"技艺"；第二个阶段——客观知识主题关联之间的揭示也久为图书馆职业所重视，但迄今还很难称得上已取得突破性进展；在第三个阶段——确认主题概念网络的正确性和第四个阶段——结束证实方面，关于知识组织的理论与实践基本处于空白，从而造成了图书馆情报学基础理论建设一个固有的短板——知识组织理论与个体认知行为之间的明显断裂。①

布鲁纳的学说中，关于"编码系统"和"表征系统"的理论陈述对于解析社会认知结构的形成提供了一个基本框架和工具。所谓编码系统，就是一组相互联系的、非具体性的类别。所谓表征系统，则指人们知觉和认识世界的一套规则。如果站在社会认识论的立场上，大致可以将经过组织整序的客观知识体系视为一个"编码系统"，而把概念网络视为客观知识世界内在结构的"表征系统"。通过对儿童使用表征系统与人类知识体系的历史演进进行类比，布鲁纳发现，儿童使用的表征系统与人类知识体系的历史演进进程极为相似。② 在儿童发展初期，他们是根据对客体的直接感受来表征客体的。从社会认知发展的角度来看，如果把一些"实物型记录资源"视为人类早期对客观知识表征的话，显然对应着这一阶段。布鲁纳认为，随着个体的发展，儿童的表征系统进而会过渡到肖像表征，即开始使用"心理映像"作为某些客体或事件的代用品。从社会认知发展的角度来看，很多口耳相传的"非物质遗产"作为人类客观知识体系的一部分，大致可被视为对这一阶段表征系统的对应。布鲁纳把儿童最高的表征系统称为符号表征系统，这一表征以语言（即符号）为中心。显然，从社会认知发展的角度来看，以语言为工具的记录资源（如，图书）对应着"社会的符号表征系统"。正如本书在第二章中所阐释的，布鲁纳关于编码系统重组和组合相关的理论陈述，事实上对记录

---

① 周文杰：《微观视角的图书馆职业洞察》，《高校图书馆工作》2018年第1期。
② Bruner, J. S., *On Knowing: Essays for the Left Hand*, Cambridge, M. A.: Harvard University Press, 1967.

第四章 社会认识的高级化

资源的整序提供了准则,从而为图书馆职业弭平"藏"与"用"之间的矛盾奠定了理论基础。从这个意义上说,图书馆职业对图书等记录资源的组织整序,代表着人类社会对客观知识体系最高的表征方式,所揭示的是社会认识水平在特定时间截面上的一种共时性知识结构。

与布鲁纳同时代的另一位美国心理学家戴维·奥苏贝尔(David P. Ausubel)及其合作者诺瓦克(J. A. Novak)关于认知结构、意义学习及新旧知识之间的同化方面的理论陈述,进一步为解析知识组织促进社会认识的功能提供了启示。正如本书第一章所述,个体与社会的认知结构具有高度的"同构性":从个体层面看,认知结构就是指个体现有知识的数量、清晰度和组织方式,它是由个体能够回想出的事实、概念、命题、理论等构成;[1] 而从社会层面看,认知结构就是指经由图书馆职业整序组织而形成的"知识地图"。我国学者马费成等曾于2006年以系列论文的形式,全面探讨了诺瓦克的理论与知识组织之间的关系。[2][3][4]

马费成指出,概念地图经常和知识地图(knowledge map)[5]、认知地图(cognitive map)[6]、思维导图(mind map)[7]、语义地图(semantic map)[8] 等概念混用,事实上,这些概念之间仅仅存在一些细微差别,可以在一定条件下通用。[9] 基于此,本书中,统一使用认识地图这一术语,

---

[1] 施良方:《学习论》,人民教育出版社2001年版,第223页。

[2] 马费成、郝金星:《概念地图在知识表示和知识评价中的应用(Ⅰ)——概念地图的基本内涵》,《中国图书馆学报》2006年第3期。

[3] 马费成、郝金星:《概念地图在知识表示与知识评价中的应用(Ⅱ)——概念地图作为知识评价的工具及其研究框架》,《中国图书馆学报》2006年第4期。

[4] 马费成、郝金星:《概念地图及其结构分析在知识评价中的应用(Ⅲ):实证研究》,《中国图书馆学报》2006年第5期。

[5] Bahr, S. and D. Dansereau, "Bilingual Knowledge Maps in Second Language Vocabulary Learning", *Journal of Experimental Education*, Vol. 70, No. 1, 2001, pp. 5 – 24.

[6] Narayanan, V. K., *Causal Mapping: An Historical Overview*, in Causal Mapping for Research in Information Technology, V. K. Narayanan and D. J. Armatrong, Editors, Idea Group Publishing: Hershey, 2005, pp. 1 – 19.

[7] Buzan, T. and B. Buzan, *The Mind Map*, New York: Plume, 1996.

[8] Lambriotte, J., et al., "Multirelational Semantic Maps", *Educational Psychology Review*, Vol. 1, No. 4, 1989, pp. 331 – 336.

[9] 马费成、郝金星:《概念地图在知识表示和知识评价中的应用(Ⅰ)——概念地图的基本内涵》,《中国图书馆学报》2006年第3期。

而其内涵事实上包括了上述诸多类似概念。

马费成指出，认识地图强调概念之间的关系（特别是因果关系），主要用于组织学习和组织决策。马费成进而指出，认识（概念）地图主要应用于知识管理领域的如下几方面：① 第一，作为知识表示的工具，提高对概念的理解；第二，作为知识组织和存储工具，可以促进知识创新；第三，作为高级思维的认知工具，可以进行思维引导；第四，作为知识提取的工具，可以提供交流共享；第五，作为定量测评工具，可以用于知识评价。在本书中，主要强调了认识地图上述前两方面的功能，即作为知识表示的工具和作为知识组织和存储的工具。本书所秉持的一个基本观点是，知识表示的最终目标仍然是知识的组织和存储，因此，二者之间事实上描述了同一个功能。

鉴于"知识表示"在理论建设和实践推进两方面的薄弱性，本书在第二章关于社会认知结构形成的理论建构中，舍弃了"知识表示"等术语，而使用了"认识地图的表征"这一概念。在此，"认识地图"一词与上文所述的"概念地图""知识地图""认知地图""思维导图""语义地图"等术语仍然在理论内涵上基本保持一致。不过"认知地图"更强调个体认知结构形成的过程，而"认识地图"和"概念地图"更强调客观知识世界本身的内在结构。所以，如果站在教育者的立场上，"认知地图"更贴近于学习者学习活动发生的本质，而站在图书馆职业的立场上，"知识地图"或"概念地图"更贴近于基于记录资源而促进社会认识发展的本质。基于这种考虑，本书以"认识地图"之名而展开理论陈述，以保持社会认识层次论与认知理论之间的连续性和一致性。认识地图的表征是后续章节将展开讨论的一个重要议题。所谓表征（representation），是指信息记载或表达的方式，是指可以指代某种东西的符号或信号，即某一事物缺席时，它代表该事物。② 在本书中，认识地图的表征，具体是指借用语言符号，对客观知识世界的结构加以揭示的过程及其结果。

迄今为止，在图书馆情报学领域内外，研究者关于认识地图的表征

---

① 马费成、郝金星：《概念地图在知识表示和知识评价中的应用（I）——概念地图的基本内涵》，《中国图书馆学报》2006年第3期。

② 杨盛春：《知识表征研究述评》，《科技情报开发与经济》2012年第19期。

所需要借用的语言符号并未达成一致。大致而言，研究者主张的用于表征的语言符号工具包括概念、自然语言、本体、主题词表等。

本书第二章中，已经对于布鲁克斯等基于"概念"而解析客观知识世界结构的努力给予了介绍。我国图书馆学家王子舟也曾提出，每一门科学都包含着大量的概念，即众多事实、思想和专业词语。这些概念构成了科学知识的基本单元。① 总之，迄今为止图书馆情报学家们的研究表明，围绕"概念"而揭示客观知识世界的结构，是一个可行的路径。

应用本体来揭示客观知识世界的结构，是最近十几年来图书馆情报学领域做出的重要尝试之一。本体（Ontology）原为一个哲学概念，意为物质存有的本体和规律。在计算机科学以及图书馆情报学领域，本体越来越多地作为一种帮助机器智能理解语词内涵实现推理，从而实现语义标引和检索，提高网络信息资源组织效率的有效工具。② 在信息科学领域，内奇斯（Neches）等最早将本体定义为"给出构成相关领域词汇的基本术语和关系，以及利用这些术语和关系构成的规定这些词汇外延的规则的定义"：③ 1993 年，克拉伯（Grube）提出本体是"概念体系的规范"。④ 成熟的本体通常包括如下成分：⑤（1）概念，也称为类，是对现实世界中个体的抽象，表示的是个体对象的集合。（2）关系，即领域中概念之间的交互关系。（3）实例，即现实世界中具体的个体，它对应着本体中的一个或多个概念，具有概念描述的属性和具体的属性值。（4）公理，代表领域知识中的永真断言。叶鹰教授指出，"由于本体和术语在语义上都是概念，所以可以构成科学理论要求的概念、判断、推理系统；而概念对应的语词应为实词，所以本体与传统图书情报学研究使用的主题词表间具有类似性"。⑥ 叶鹰进而指出，"本体和主题词表都具有层次结构和分类体系，都是针对特定学科领域的表达。从功能的角度看，主题词表可以认为是本体较低级的表现形式。主题词表和本体的主要区

---

① 王子舟：《图书馆学基础教程》，武汉大学出版社 2004 年版，第 22 页。
② 叶鹰：《书理学引论》，中国书籍出版社 2019 年版，第 97 页。
③ 同上书，第 97—98 页。
④ 同上。
⑤ 同上。
⑥ 同上书，第 99 页。

别在于：主题词表仅能对外界知识进行有限表示，而领域本体不仅能进行完整的知识表示，还具有智能推进功能；主题词表中的概念相对稳定，而本体中的概念则处于动态更新状态；此外，词间关系不同，本体可共享及复。用①克拉伯对本体研究的最大贡献是提出了本体构建及评价的五原则：（1）清晰：本体必须有效地说明所定义术语的意思，而所有定义应该用自然语言加以说明。（2）一致：本体所定义的公理以及用自然语言进行说明的文档都应该具有一致性。（3）可扩展：本体应该可以支持在已有的概念基础上定义新的术语，以满足特殊的需求，而无须修改已有的概念定义。（4）编码偏好最小：概念的描述不应该依赖于某一种特殊的符号层的表示方法。（5）本体承诺最小：本体只要能够满足特定的知识共享需求即可。

由上文可见，概念、本体等均是对客观知识世界的结构加以揭示的潜在工具。然而，必须注意的是，无论是概念还是本体，其底层都是自然语言。从这个角度看，基于自然语言而展开客观知识世界结构的表征，不仅具有扎实的学理基础，而且更具有可操作性。事实上，考虑到目前所使用的知识组织方法通常是受限的，因此，自然语言才是最好的知识表现形式。这是因为，"目前存在的包括逻辑在内的所有知识表现形式均是受限的，它们都无法表现用自然语言可表达的所有信息。推理也可以使用自然语言来实现，即通过来源于自然语言的某种自然逻辑来实现"。② 关于自然语言在知识组织中所具有的优势性，在诸多研究中得到了直接或间接的支持。这些研究包括但不限于：Seuren③、Iwanska④、McCawley⑤、Lakoff⑥、

---

① 叶鹰：《书理学引论》，中国书籍出版社 2019 年版，第 99 页。

② 林允清：《名词短语、物体及知识组织》，《北京科技大学学报》（社会科学版）2017 年第 4 期。

③ Seuren, P. A. M., *Discourse Semantics*, Oxford: Basil Blackwell, 1985.

④ Iwanska, L. "A General Semantic Model of Negation in Natural Language: Representation and Inference", In *Proceedings of the Third International Conference on the Principles of Knowledge Presentation and Reasoning*, San Francisco, CA: Morgan Kaufmann, 1992, pp. 357 – 368.

⑤ McCawley, J. D., "A program for Logic", in Davidson, D. and Harman, G. (eds.), *Semantics of Natural Language*, Dordrecht: D. Reidel, 1972, pp. 498 – 545.

⑥ Lakoff, G., "Linguistics and Natural Logic", in Davidson, D. and Harman, G. (eds.), *Semantics of Natural Language*, Dordrecht: D. Reidel, 1972, pp. 545 – 666.

Dik①、Mott②、Kowalski③ 等。基于此,本书所秉持的一个基本观点是,自然语言是认知结构表征的最终归依,也是认识地图表征的基本工具,更是图书馆职业基于知识组织而促进社会认识发展的首要途径。关于认识地图的表征及与此关联的知识组织问题,将在其他著述中进一步展开。本书后续部分,将侧重于从社会认识层级论的角度,对社会认识的发展及图书馆职业的社会功能展开理论阐释与实证研究。

(三) 个体认知发展理论与社会认识论之间的区别

如上所述,关于个体认知发展,皮亚杰等认知心理学家已发展了系统的理论框架。如果站在个体与社会认知同构性的立场上(详见本书第一章第二节),个体认知理论与社会认识论之间可以在很大程度上进行类比。事实上,谢拉提出社会认识论的初始动机,也是参照个体认知发展的过程,以解析社会何以可能通过交流而获得其认识的深化发展,从而为图书馆职业提供理论基础。从这个意义上说,个体认知发展理论与社会认识论之间共享了共同的内在逻辑和理论框架。当然,由于个体认知与社会认识是两个不同的视角,基于这两个视角而展开的理论建构势必在分享同样内在逻辑的前提下,存在一些因观察角度不同而造成的差异。

概括而言,发生认知论、认知发展理论和社会认识论之间的主要区别在于:发生认识论侧重于解析个体历时的认知发展问题,认知发展理论重在解释认知发展的内在机理,而社会认识论则在一个时间的截面上,解释了社会认知结构的整体结构和布局。从这个意义上说,站在特定的时间节点上,对社会认知结构的现实状况及其获得机理展开解析,是社会认识论理论建构的重点。在本书中,把这种基于特定时点而解析的社会认知结构称之为"共时性的社会认知结构"。从"共时性社会认知结构"的角度看,在特定的时间截面上,不同人群之间因其认知准备状态

---

① Dik, S. C., "Linguistically Motivated Knowledge Representation", in Nagao, M. (eds.), *Language and Artificial Intelligence*, Amsterdam: North Holland, 1987, pp. 145–170.

② Mott, P. L., "A grammar Based Approach to Commonsense Reasoning", in Millican, P. J. R. and Clark, A (eds.), *Machines and Thought: The Legacy of Alan Turing*, Volume 1, Oxford: Clarendon Press, 1996, pp. 233–254.

③ Kowalski, R., "English as a Logic Programming Language", *New Generation Computing*, No. 8, 1990, pp. 91–93.

与个体和社会条件不同，因此有着不同的认知需求，从而将呈现出一种群体性认知的差异。为适应不同群体认知的需求，作为客观知识体系代表者的记录资源体系也须有一个层次性的结构。基于群体性认知需求的差异，对记录资源按其层次结构进行整序，是图书馆职业实践的核心，也是作为图书馆情报学基础理论的社会认识论的要义所在。基于此，要对社会认识论展开进一步的理论建构，就需要对由于用户认知的群体性差异而造成的社会认识层级结构予以关注。

第二节　社会认识发展的制度基础与层级结构

按照社会认识论的逻辑，社会认识如同个体的认知发展一样，也将经历一个由低到高的发展过程。如本书前序章节所述，社会认识发展具有"历时性"和"共时性"两种特征，而本书所关注的仅仅是后者。本节将从社会性制度设计的角度，对社会认识发展由低向高的层级结构展开具体的阐释、论证。

一　保障记录资源与用户交流的制度设计

社会认识论的提出，旨在回答"社会如何认识它所要认识的事物？知识又怎样影响整个社会环境？"这一系列具有重要意义的问题。谢拉曾指出，多数研究者"忽视了使社会结构成形的知识力量"。[①] 为了弥补这种不足，谢拉立足于图书馆职业实践提出，理解社会认识的原理需要构建一个"合理的参考框架"，以便观察和了解社会智力发展的进程。站在社会认识论的立场上，社会（就像一个处于发展过程的人一样）也存在着"智力"的发展、知识结构的完善化以及应用知识而指导其实践的问题。既然社会与个体一样，都存在着智力发展与认知结构完善化的问题，而社会已经建立了教育系统作为促进个体认知发展的制度安排，那么，社会认识的高级化是否也同样需要一个保障机制和制度安排？答案当然是肯定的。在谢拉看来，理解并促进社会认识的深化和发展，"恰恰是图

---

① Jesse H. Shera, *Introduction to Library Science*, Libraries Unlimited, Inc. Littleton, Colorado, 1976.

书馆员在社会中所起作用的中心问题,是作为社会工具的图书馆所起作用的中心问题"。① 从这个角度看,记录资源及其使用者是构成社会认识发展的基础,而图书馆职业则是一种专为保障和促进记录与用户之间交流的社会性制度设计。

二 记录资源与用户之间的交流互动

(一)交流是图书馆职业面对的核心问题

既然图书馆职业的本质是一种促进社会认识高级化的制度保障,② 那么,图书馆何以可能促进社会认识的高级化呢?社会认识论者以"交流"作为核心概念对这一问题进行了解答。谢拉指出,"交流"一词的含义就是共享,由于交流不仅对个人的个性发展十分重要,而且对社会结构、社会组织及其活动也是重要的,所以它成了图书馆学研究的中心内容。③ 图书馆职业之所以能够通过参与社会"交流"而实现社会认识的目标,在于其秉持着系统化知识体系的物化形态——记录资源。由于记录资源和用户都存在着层次性,因此而导致社会认识同样具有了层次性的特征……每个层次的用户都对应着相应层次的记录资源展开交流。然而,"记录资源中所包含的启示并非轻易就能得到,读者必须用力挖掘才行"。④ 显然,将记录资源收集起来,仅仅为用户使用这些资源提供了可能。如果没有一个促进机制来保障用户切实挖掘到这些资源中的"知识成分",则个体的认知并未丰富化,而社会结构、社会组织及其活动当然也无法因之而高级化。由此来看,记录资源的收集与整理,只是图书馆职业迈向促进社会认识高级化的第一步。因为读者需要"用力",方可挖掘到馆藏资源的"启示",所以图书馆职业的重要价值在于,通过专业化的知识组织与整序,使读者具备从记录资源中相对"省力"地得到"启

---

① Jesse H. Shera, *Introduction to Library Science*, Libraries Unlimited, Inc. Littleton, Colorado, 1976.
② 周文杰:《社会认识的层级结构与图书馆的本质论析》,《中国图书馆学报》2019 年第 1 期。
③ Jesse H. Shera, *Introduction to Library Science*, Libraries Unlimited, Inc. Littleton, Colorado, 1976.
④ [美]杰西·H. 谢拉:《图书馆引论》,张沙丽译,美洲大学出版社 1986 年版,第 71 页。

示"的可能与条件。谢拉指出,"一个真正的图书馆并不仅仅是在一连串的偶然的情况下各种书籍聚焦的场所,而是为读者设计的有意义的创作,以便进行有目的的思考"。① 图书馆职业之所以常常被认为处于"被颠覆"的状况,很大程度上源于这一职业在实践中弥漫着"重藏轻用"的惰性。这种惰性恰如告诉一个手无寸铁的赤贫者,他将要发财了,因为在他脚下两公里深处有着全世界最富集的金矿。显然,不授之以方案,不提供以工具,最富集的金矿也改变不了赤贫者的命运。

社会是由个体组成的,个体的共同行为必然会成为形塑社会结构的关键力量。当不同层次的个体从相应层次的知识资源中汲取了"启示"时,这一层次的社会认识需求随之得以满足。以此来看,促进各层次个体从相应层次汲取"启示"正是图书馆职业的价值所在。如果从这个角度考虑,图书馆职业"被颠覆"的可能性只有一种,那就是在某个层次上,用户与馆藏资源之间互动的断裂。谢拉认为,如果某种文化想要存在下来,物资设备、文化修养和社会组织三者必须保持协调。而图书馆正是作为一种文化组织而存在的,与其他社会组织一样,"当它们(指图书馆)不能完成既定任务和自己的使命时,社会就有可能,也一定会将它们抛弃"。②

简而言之,图书馆职业得以存在的唯一理由,在于其保障社会认识走向高级化。然而,由于记录资源与用户之间的互动决定了社会认识高级化的效率和效果,因此,对于图书馆职业的理论研究者与实践工作者而言,揭示二者之间交流互动的机理就具有非常明显的意义。自 20 世纪 80 年代以来,诸多学者从"交流"的角度,对图书馆职业的社会作用进行了思考,由宓浩、黄纯元等创立于 20 世纪末的"知识交流论"堪称这种思考的巅峰。知识交流论者认为,"图书馆的生存和发展并不取决于自身,而是取决于社会需要"。③ 那么,图书馆职业所面对的"社会需要"是什么呢?知识交流论者指出,"人类认识现象的一个特点是人类总体

---

① [美] 杰西·H. 谢拉:《图书馆引论》,张沙丽译,美洲大学出版社 1986 年版,第 101 页。
② 同上书,第 71 页。
③ 宓浩:《图书馆学原理》,国家图书馆出版社 2013 年版,第 13 页。

认识的丰富性、无限性、无穷性寄寓于每个个体认识的狭隘性、局限性和有穷性之中","人们依借着知识的交流促进个体认识的发育，弥补个体知识的差异，提高认识世界和改造世界的实践能力，推动新知识的萌芽成长，并使社会知识聚焦成庞大的智力资源"。① 因此，"就本质来说，图书馆是社会知识交流的一种有效工具，也是社会的、大众的一种认识工具"。② 宓浩等进而指出，作为社会认识工具的图书馆职业，要实现其职业使命，须从图书馆知识交流的微观机制（即个体知识交流）入手。③

（二）知识交流说与社会认识论的区别

将图书馆理解为一种"社会装置"并据此而解析图书馆职业的使命与本质，是社会认识论、知识交流论及其他以"交流"名义而建构的理论学说的主要特色。对于图书馆职业来看，透过这个角度，可为图书馆机构的古老使命赋予新的解释，也可为图书馆情报学的理论发展提供重要的启示。同时，需要注意的是，我国研究者所构建的"知识交流论"与西方学者发展的"社会认识论"之间也存在着明显的差异。"认识"与"知识"作为社会认识论者与知识交流论者分别采用的核心概念，恰恰是二者理论建构立足点的差别所在。社会认识论者内在地把图书馆职业的活动看作一个动态的"认识"过程，而图书馆则被视为促进社会认识高级化和社会智力水平提高的"器官"；相对应的，知识交流论者更强调为图书馆职业对以文献记录为载体的"知识"进行序化整理，以备为社会所认识。整体来看，社会认识论更强调在社会结构的形塑过程中，图书馆职业如何通过参与社会认识而对发生影响，这是一个从社会到图书馆的视角；而知识交流论更强调，图书馆职业如何通过知识的整序而为社会认识高级化而做准备，这是一个从图书馆到社会的视角。换言之，社会认识论强调的是社会如何应用知识而实现认识的高级化，而知识交流论则强调知识的保存与整序者应该如何做好准备以便使知识资源被社会所认识。可见，社会认识论所重视的，是"社会智力"的形成过程，而

---

① 黄纯元：《知识交流与交流的科学》，北京图书馆出版社2007年版，第1页。
② 宓浩：《图书馆学原理》，国家图书馆出版社2013年版，第22页。
③ 同上书，第31页。

知识交流论者则更重视社会基于其"交流"而最终获得的"知识结构"本身。

（三）二维向度的理论支点

社会认识论为图书馆情报学提供了一个重要的理论视角，而站在图书馆职业实践的立场上，以记录资源与用户作为界定图书馆情报学理论视域的两个向度具有一定的合理性。然而，要洞悉两个向度及其背后的理论支点与图书馆职业之间的适应性，还须关注用户与资源之间的互动过程。这种互动，不仅对于图书馆职业保持旺盛的生命力至关重要，对解决图书馆解决所面对的一对基本矛盾——"藏"与"用"之间的对立统一也提供了重要的理论启示。显然，"藏"与"用"虽然统一于图书馆职业的实践活动之中，但其对立恰恰源于割裂了记录资源和用户之间的内在联系。由于记录与用户本身都具有明显的层级性，因此，"藏"与"用"之间的互动事实上也常常在不同层次上展开。

1. 用户向度

由于图书馆职业面对的用户是一个具有特定社会属性的群体，而这一群体作为整体社会环境的有机组成部分，既是推动"社会认识"走向深化的主体，也是"社会认识"成果的具体传承者。

知识共享是社会认识论的核心，而图书馆职业通过推动信息（知识）在用户群体之中进行传播和提供利用则是知识共享的重要手段。社会认识论的创立者谢拉认为，个体与社会其他成员、机构之间的相互传播和交流是知识获取的主要途径，而记录信息则是知识传播的主要形式。① 据此，谢拉将图书馆的功能定位于"怎样把知识安排得协调，使之成为一个完整的体系并加以利用"，进而提出社会认识论的研究重点是，"在整个社会结构中起作用的所有交流形式的形成、流通、协调和消耗"，以及由此产生的"知识与社会活动相互影响的新知识总体"和对"这种相互影响所做的新的综合"。②

社会认识论之于图书馆情报学的主要意义在于，它"提供了一种有

---

① ［美］杰西·H. 谢拉：《图书馆学引论》，张沙丽译，兰州大学出版社1986年版，第123页。

② 同上书，第28页。

效的、合理的参考框架。在这个框架里我们能够观察和了解社会智力发展进程中的各种错综复杂的情况,也就是能够了解就整体而言社会是如何认识全部智力和社会环境的"。① 社会认识论对于作为机构的图书馆以及图书馆职业活动的本质提出了若干卓有见地的解释。图书馆学领域重要的研究者巴特勒(Pierce Butler)虽然不能被称为社会认识论的创立者,但他的研究却深刻地影响了谢拉及其社会认识论思想。巴特勒指出,"图书是保存人类记忆的一种社会机制(Social mechanism),而图书馆是将图书内容传播到人们意识之中的一种社会装置(Social apparatus)"。② 谢拉在承继巴特勒学术思想的基础上进一步指出,"人们创建图书馆是为了满足某种社会需要","作为社会工具的图书馆所起作用的中心问题是,社会如何认识它所要认识的事物?知识又怎样影响整个社会环境?"③ 据此可见,在社会认识论者眼中,作为社会中"交流传播网络的重要组成部分",图书馆职业的主要使命在于满足各种社会认识需求。

综上所述,依据社会认识论的基本原理,可大致把图书馆情报学理论与实践语境下的用户定义为,"作为社会装置的图书馆凭借其所拥有的记录资源,将人类记忆的内容(信息、知识)予以传播的目标人群"。

2. 资源向度

记录管理学派是信息资源管理的三大理论流派之一,④ 而信息资源通常被视为图书馆职业赖以存在的物质基础。按照记录管理学派的理论观点,图书、论文、图片、影像及其他载体记录下来的资料通常被称为记录。对记录及其蕴含知识成分的收集、整序和提供利用是记录管理理论的逻辑起点,而记录管理的目标是在最适当的时间、以最低的费用、给适当的用户以最准确的信息。⑤ 谢拉指出,"图书馆一直是担负收集、整

---

① [美]杰西·H.谢拉:《图书馆学引论》,张沙丽译,兰州大学出版社1986年版,第71页。

② Pierce Butler, *An Introduction to Library Science*, Chicago: The University of Chicago Press, 1933.

③ [美]杰西·H.谢拉:《图书馆学引论》,张沙丽译,兰州大学出版社1986年版,第244页。

④ 朱庆华、赵宇翔、吴克文、赵文兵、曹银美、袁园:《信息系统学派视角下信息资源管理的研究进展和思考——基于IRMJ的元分析》,《信息资源管理学报》2011年第1期。

⑤ 于红梅:《国外信息资源管理理论学派概述》,《图书馆建设》2005年第6期。

理和存贮记录情报以满足读者需要的传统机构"，"馆员所从事的，是将读者和记录资源联系起来的工作"。① 如果将记录管理的目标与图书馆学职业活动的价值定位和使命追求进行比较，就会发现二者之间存在着高度的契合。以图书馆职业"最简明的表达"——阮冈纳赞所提出的"图书馆学五定律"为例可以看出，记录管理的目标与图书馆职业活动的目标无论是在处理"藏"与"用"的统一性方面，还是在节省用户时间等诸多方面都高度一致。显然，以记录作为图书馆情报学对于信息资源的直观表达，既符合记录管理学派关于信息资源的理论界定，也简明地概括了图书馆职业在资源向度上的主要理论特性。简言之，记录管理学派具备为图书馆情报学的资源向度提供理论支撑的逻辑与能力。

　　需要注意的是，记录管理学派虽然得到了一定的发展，但迄今并未成长为一个理论体系严密的学术流派。记录管理学派在理论上的不完备性使其在从资源向度为图书馆情报学提供理论支撑方面造成了两个方面的影响：一方面，记录管理学派现有的理论逻辑对于解析图书馆情报学在资源向度上若干本质问题具有很强的解释力，图书馆情报学许多基本的理论问题的解决，需要充分汲取并丰富记录管理学派的理论养分。另一方面，记录管理学派自身面临的理论体系不够深入和完备的状况，为图书馆情报学留下了极大的有鉴别的建设、完善记录管理学派理论观点的空间。仅仅通过文献调查就可以看出，记录管理学派有诸多很可能会对图书馆情报学产生重要影响的理论命题并未在图书馆情报学的理论发展中得到充分重视。例如，记录管理学派非常强调记录的生命周期与管理（也有研究者称为信息过程的管理），这显然对图书馆情报学在构建信息资源建设相关理论方面有重要启示，但迄今为止却很少得到关注。另外，记录管理学派将信息资源等同于记录，为图书馆职业赖以存在的信息资源划定了确定的边界，并为图书馆情报学研究聚焦于核心资源的理论质素提供了参照标准。

　　3. 用户与资源的互动和图书馆情报学的原理论框架

　　资源与用户在二维向度上为图书馆情报学理论构建提供了空间，而

---

① ［美］杰西·H. 谢拉：《图书馆学引论》，张沙丽译，兰州大学出版社1986年版，第59页。

记录管理学派和社会认识论则为这一空间提供了两个重要的理论支点。从"图书馆学五定律"到无数图书馆职业实践都表明,资源与用户这两个维度不是相互孤立的,而是处于永续的双向互动过程之中。这种互动性在图书馆学理论空间的构造中,具体体现为记录管理与社会认识之间的理论关联。

依托于图书馆这一实体机构所开展的信息服务活动是图书馆情报学在信息社会背景下获得理论发展的实践源泉,但图书馆情报学的理论发展却不必囿于图书馆这一实体机构。按照社会认识论的观点,记录信息是知识传播的主要形式,也是人们获取知识的基本依托,而图书馆作为对记录资源系统性管理的主要社会机构,通过对记录资源的收集、整理以及提供利用,促进了社会认识的高级化。在社会认识论者看来,知识传播或信息传播具有把多种形式的信息收编成一种书写记录的功能,并最终转换为记录信息,形成知识或信息传播的开端。换言之,图书馆职业所从事的知识组织活动在实现信息整序的同时,推进了记录所承载的知识信息被社会所认识的过程。谢拉把图书馆以及其他信息中介称为知识场所(knowledge-situation),并指出:"在一定程度上,图书馆作为一种信息系统说明知识场所不是一种偶然的类似物。这两者一般是相关的,因为前者是后者的显现,知识场所是一个包括主体、媒介物和客体的统一体。"[1] 需要注意的是,在社会认识论的视域下,图书馆情报学的研究对象是信息,但这种信息并非强技术意义上的确定成形的、有意义的和有真理性的数据资料,而是一种在弱且更特殊意义上的记录式数据资料或文献。[2]

综上所述,记录管理和社会认识论作为用户和资源两个向度的理论支点具有较强的理论自洽性。基于记录管理与社会认识论之间所存在的显而易见的理论关联,如果对二者的理论观点进行整合就可以看出,图书馆职业面对着的是由单个个体构成但具有社会性特征的用户群,而图

---

[1] [美] 杰西·H. 谢拉:《图书馆学引论》,张沙丽译,兰州大学出版社 1986 年版,第 128 页。

[2] LuciaNo Floridi, "On Defining Library and Information Science as Applied Philosophy of Information", *Social Epistemology*, Vol. 16, No. 1, 2002, pp. 43–46.

书馆职业所秉承的主要资源则是一种外在于个体的社会性"客观"知识记录。① 因此，图书馆情报学在用户向度上进行理论建构的空间在于，图书馆所拥有的记录资源特性以及这些记录资源与其显性或潜在用户群体之间的永续互动关系，而群体性用户的共同认识需求与记录资源之间的关联则为图书馆情报学展开理论建构提供了契机。总之，记录管理与社会认识之间的融汇，为构建统一的图书馆情报学基本理论体系，并据此解释图书馆职业在促进社会认识高级化过程中的作用提供了逻辑起点。基于这一逻辑起点，并结合资源和用户两个维度，本书构建了如图4-1所示的图书馆情报学元理论框架。

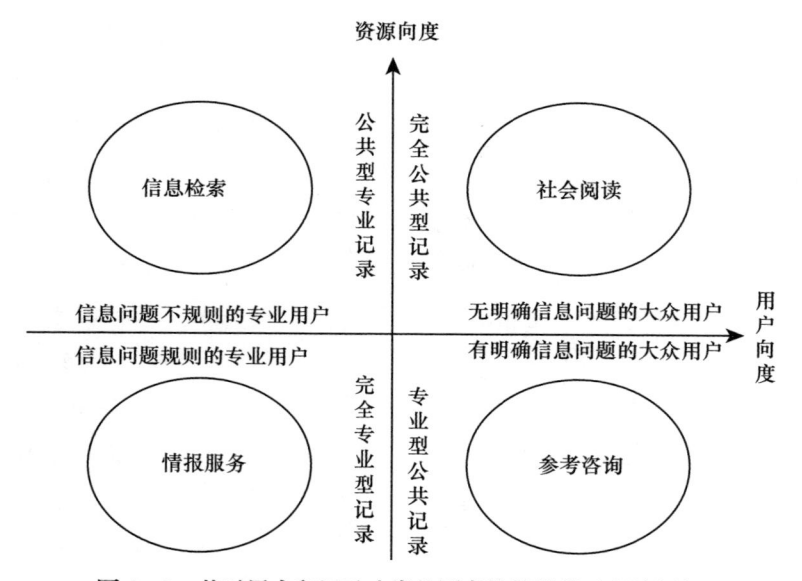

图4-1 基于用户和记录分类的图书馆情报学元理论框架

三 社会认识高级化的基本原理

（一）场域

用户是图书馆职业面对的两大核心向度之一，但对用户（的认知或行为）进行直接干预却只是图书馆职业一个潜在的功能。② 图书馆职业之

---

① 吕乃基：《三个世界的关系——从本体论的视角看》，《哲学研究》2008年第5期。
② 周文杰：《走向用户中心：公共图书馆体系对个体发展影响的理论解读》，《国家图书馆学刊》2017年第1期。

于用户的影响，存在于一种潜移默化的场域之中。

前序章节已经对哲学、社会学、心理学领域关于"场域"相关的理论进行了梳理，其中由法国社会学家布迪厄（Pierre Bourdieu）提出的场域（field）概念与本书的理念最为相近。布迪厄指出："我将一个场域定义为位置间客观关系的一网络或一个形构，这些位置是经过客观限定的。"① 布迪厄的场域概念，不能理解为被一定边界物包围的领地，也不等同于一般的领域，而是在其中有内含力量的、有生气的、有潜力的存在。布迪厄研究了许多场域，如美学场域、法律场域、宗教场域、政治场域、文化场域、教育场域，每个场域都以一个市场为纽带，将场域中象征性商品的生产者和消费者联结起来。布迪厄指出，一个场域越是自主的，这个场域的生产者只为本场域其他生产者生产而不为社会场域的消费者生产的程度越大。这样来看，自主性最强的场域是科学场域，其次是高层次的艺术场域，相形之下，法律场域较少自主性，而自主性程度最低的是政治场域。

用户总是处于一定的场域之中。根据图书馆职业实践，并结合布迪厄关于场域的理论陈述，本书区分了不同层级下用户所处的场域。具体而言，图书馆职业实践面对的用户群体处于如下三类同时存在却表现为不同层次的场域之中。

（1）低自主场域。从用户向度看，这一场域涉及的主要是没有明确信息问题的大众用户；从资源向度看，这一场域则涉及小说等以娱乐、消遣为目标的完全大众型记录资源。可见，在这一场域中，记录的生产者（如小说作者）与使用者（读者）之间完全分离，因此，这一场域是缺少自主的。

（2）高自主场域。与低自主场域不同，当有用户求助于各种专业记录而满足其信息需求时，由于需要在专业资源上附加个体的先验知识才能理解和消化这些资源，因此，这些知识的生产者与消费者在一定程度上实现了统一。也就是说，对专业资源的使用过程，事实上是一个对专业资源依据个体先前的知识储备进行"再加工"的过程，因此，与娱乐

---

① 田耕：《社会学知识中的社会意象——Doxa 概念与布迪厄的社会学知识论》，《社会学研究》2005 年第 1 期。

性的阅读行为相比，基于专业记录而开展的认识活动自主性更高。特别是当研究人员以知识创新为目标进行学术文献的阅读时，知识的生产和消费几乎完全重合起来，此时，场域的自主性显然很高。

（3）自为场域。如前所述，场域的自主度取决于记录资源的生产与消费过程的契合度。当信息生产与消费完全分离时，属低自主场域；而当信息生产与消费过程相一致时，则属高自主场域。然而，即使在高自主场域，用户仍处于信息（或知识）需要（或创新）的"压迫"之下。也就是说，高自主场域下的用户，具有明显的功利性——为信息需求的满足或新知识的生产寻求解决方案。而当这些用户从具体的信息（或知识）生产的任务下解放出来，"自由"地遵循自己的思想而理解和解释身边的世界的时候，他就进入了一个自为的场域。在自为场域中，用户不一定有非常明确的信息需求或知识生产任务，但却很可能（但非必然）出现高度的思想创新或其他高质量的知识生产行为。理想状态下的图书馆系统因有效整序了大量"记录知识"而成为一个典型的自为场域。这是因为，"随着记录知识的信息载体的出现和广泛使用，人们才打破了自身的束缚，才有可能成为知识创新的'自在者'，自如地浮游在知识海洋中，广泛地汲取知识养料"。[①] 简言之，自为场域是一种参与者"自由"浸入其中并得到直接或间接濡染的知识汲取空间。这一场域的参与者没有非常具体或功利的知识、信息获取目标，其行为和认知具有高度自主性、灵活性乃至随意性。在一定的理论意义上，一个理想的"第三空间"可被视为对自为场域的大致描述。

（二）文化资本

前文透过记录与用户两个角度观察了图书馆情报学的理论质素与职业实践，并大致划分了记录和用户的类型。然而，在具体的图书馆职业实践中，图书馆根本无法区分用户属于何种类型。用户的需求对于图书馆来说，无疑是一个"黑箱"。由此可见，作为图书馆情报学的理论与实践存在于显性和隐性两个层面之上：在显性层面上，图书馆作为一种知识资源的集散地而存在；而在隐性层面上，不同场次的用户需求及其对应的记录资源为图书馆情报学理论建构与职业实践构筑了基本空间。显

---

① 宓浩：《图书馆学原理》，华东师范大学出版社1988年版，第13页。

性存在的图书馆,常常作为一个"知识的堡垒"(即谢拉之所谓"知识场所")而被社会所熟知,但对图书馆情报学和职业来说,这只是"冰山一角"。在不可见的"海平面"下,是不同层次的用户与不同类型的记录之间的匹配。图书馆情报学的理论潜力,恰恰体现在隐藏于海平面下的庞大"冰山"之上。

上文已经对隐性层面的图书馆情报学学术视域进行了初步描划,为了对图书馆职业在显性层面上作为"知识堡垒"属性背后的理论质素予以解读,本书引入了"文化资本"的概念。文化资本的概念与场域理论之间存在一定理论关联,仍然源于法国社会学家布迪厄,指包含了可以赋予权力和地位的累积文化知识的一种社会关系,包括内含的文化资本、具体的文化资本和制度的文化资本三种类型。[1][2]

本书将作为显性知识场所的图书馆置于"结构性文化资本"和"个体性文化资本"的互动之中。所谓结构性文化资本,大致借鉴了布迪厄关于制度性文化资本的概念,强调作为公共文化服务体系重要组成的图书馆为社会成员赋能(enable)的过程,是社会为保障其成员文化发展进行制度性安排的最终后果。各种记录资源是图书馆服务所秉持的主要资源,而这些记录资源的主要职能,则是波普尔所述的"世界3"——客观的知识世界的具体承载。之所以称为"结构性",是因为作为一种"社会装置"的图书馆,源于社会结构,决定于社会结构,并服务于社会结构。社会实践与科学研究是结构性文化资本的主要创造者,而教育事业通过对文化的传承、传播与创新也在一定程度上参与结构性文化资本的形塑。图书馆职业虽然不是结构性文化资本的创造者,却是社会性文化资源的集成者。这种集成功能,首先表现在图书馆机构作为一种促进公益信息保障的制度安排方面,其次也表现在图书馆职业对公共信息记录资源的收集与整序方面。结构性文化资本是结构性记录资源的资本化,反映了一个社会占有的公共知识的总量及这些公共知识融入整体民众的程度。例如,唐诗、宋词都是结构性文化资本在各自时代的典型表征。各种类

---

[1] 李煜:《文化资本、文化多样性与社会网络资本》,《社会学研究》2001年第4期。

[2] 仇立平、肖日葵:《文化资本与社会地位获得——基于上海市的实证研究》,《中国社会科学》2011年第6期。

型的记录资源是结构性文化资本的物质载体。

本书中所谓个体性文化资本，大致等同于布迪厄"内含性文化资本"的概念，是一种习得的文化资本，是个体通过与环境（知识场所）之间的互动，通过认知建构而获得的文化资本，其结果是个体的知识（或信息素养、认知结构）。图书馆职业同样无法直接创造个体性文化资本，而是为个体性文化资本的富裕化提供保障。各种信息（知识）需要与准备状况不同的用户，是个体性文化资本的具体承载者。

综上，作为显性的知识场所，图书馆职业的价值在于承接并推动结构性文化资本与个体性文化资本之间的对接与互动。针对结构性文化资本，图书馆职业主要通过收集（采访）、整序（编目）等专业活动，为记录资源被纳入个体性文化资本做好准备；针对个体性文化资本，图书馆职业主要通过知识组织等专业活动，为个体将自己的认知活动与记录资源进行对接提供接口。两种文化资本之间的互动结果，便是社会认识论所强调的知识信息的共享。需要注意的是，对于社会性的文化传承和个体文化素养的提升过程来说，图书馆作为一个知识"场所"，并不会像教育等社会机构一样对个体文化素养进行直接干预。相反，图书馆职业的目标是使得文化资本公益化、制度化、机构化、体系化，而不追求直接创造新的文化资本。

（三）社会认识发展的层级结构

前文对记录和用户的类型进行了划分，并构建了图书馆情报学的二维向度无理论分析框架，同时，将场域和文化资本等相关概念引入了图书馆情报学的理论建构之中。考虑到谢拉创立社会认识论的初衷，是由于"认识论的研究总是围绕着个人的智力发展，……（但现有研究中）忽略了使社会结构成形的知识力量"，为此以社会认识论的框架来"观察和了解社会智力发展进程中的各种错综复杂的情况，也就是能够了解就整体而言社会是如何认识全部智力和社会环境的"。[①] 在诸多关于个体发展的理论中，由美国心理学家马斯洛所创立的需求层次理论已广为人知。既然图书馆的创建也是满足社会"智力发展"的需要，则社会认知需求

---

① ［美］杰西·H. 谢拉：《图书馆学引论》，张沙丽译，兰州大学出版社1986年版，第71页。

与个体需求之间就具有了一定的可类比性,据此,可参照人的需求层次理论,① 将社会认识归结为由低向高的两个阶段、五个层级。② 经过综合,这一理论框架整体如图4-2所示。

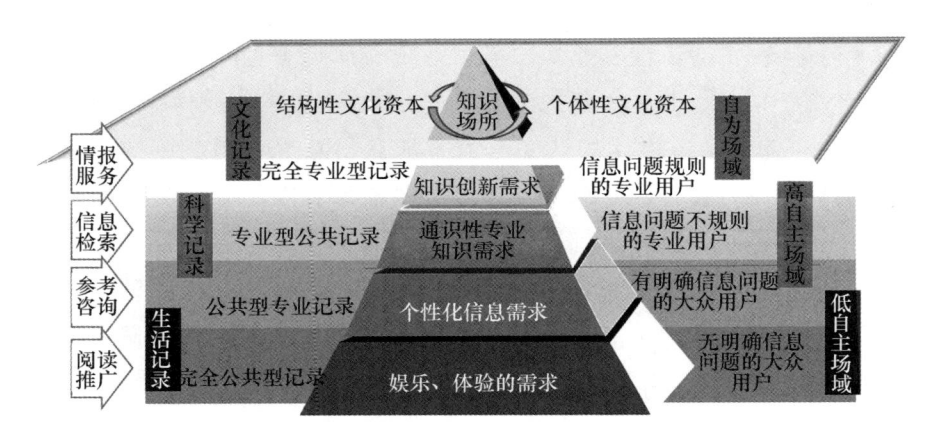

图4-2 记录、用户、场域与社会认识的需求层级

由图4-2可知,在图书馆情报学的理论视域下,社会认识高级化的过程(即隐性阶段)主要由如下四个层次的认识需求构成。

第一层次:娱乐、体验的需求。在这个阶段,社会认识处于一种无明确知识(信息)需求的状态,图书馆作为一种社会机构,在此阶段的职业使命仅仅是满足用户娱乐身心、体验文化的需求。这种需求的满足,由于对用户的信息需求和信息素养的要求相对较低,因此反映了社会认识的初始阶段。

第二层次:个性化信息需求。许多研究都表明,能否敏锐地发现自己的信息需求是影响个体信息贫富状况的重要指标。③④ 从这个意义上说,能够提出明显信息问题的用户显然在认识的层级上高于无明显信息问题

---

① 胡家祥:《马斯洛需要层次论的多维解读》,《哲学研究》2015年第8期。
② 周文杰:《社会认识层次性与图书馆的本质论析》,《中国图书馆学报》2019年第1期。
③ 于良芝:《"个人信息世界"——一个信息不平等概念的发现及阐释》,《中国图书馆学报》2013年第1期。
④ 于良芝、周文杰:《信息穷人与信息富人:个人层次的信息不平等测度述评》,《图书与情报》2015年第1期。

或不能意识到自己信息需求的用户。考虑到这一点，个性化信息需求是一个比娱乐、体验更高一级的需求。在这个层次上，图书馆职业的使命在于，从制度安排的层面，保障不同层次信息需求的大众用户都能够得到资源的保障。[①]

第三层次：通识性专业知识需求。现有研究普遍认同，知识源于信息却高于信息，是一种经过对信息进行理性加工而获得的见解、认识。[②] 由于知识须经主体的认知努力方能获得意义，因此，知识需求的层级要高于信息需求，从而使专业人员获取相关专业领域通识性知识的历程在认识的层次方面高于个性化需求的满足。在这一层次，图书馆职业的使命在于通过系统化的知识组织，使专业知识能够按照最符合人们认知结构的方式加以呈现并提供利用（即图书馆领域内的信息检索）。

第四层次：知识创新需求。当用户以知识创新为目标对记录资源加以使用时，用户事实上在对记录资源进行一种"再生产"的活动，此时，认识层次显然高于之前各阶段。在这个层次上，图书馆职业不仅仍然从事着系统化的知识组织和信息检索任务，更重要的是，以专业化的手段展开深度的知识咨询与科技情报服务。

在图书馆职业的参与下，社会认识的各层次呈现出一种由低向高逐次递进的格局。当社会的认识需求从第一层级到第四层次逐步得以满足时，图书馆在社会认识中的作用就发生了质变，进化到了一个新的阶段（显性存在层次），即图4-2所显示的"知识场所"。也就是说，在知识场所之中，无论原生知识还是新生知识都变成了一种文化，这种文化存在于实体或非实体的图书馆及其他具有类似职能的社会机构之中，并对社会认识的深化发展提供持续的动力。例如，儒家文化对于中华民族来说，就是一个存在了两千余年的泛在知识场所，而图书馆作为儒家典籍的收集、整理与提供利用者，就成为这个知识场所的显

---

① Yu, L. & Zhou, W., "Information Inequality in Contemporary Chinese Urban Society: The Results of a Cluster Analysis", *Journal of the Association for Information Science and Technology*, Vol. 67, No. 9, 2016, pp. 2246-2262.

② 于良芝：《图书馆情报学概论》，国家图书馆出版社2016年版。

性实体存在。由于文化的边界无比宏大，显然图书馆职业并非社会制度安排中唯一的"文化机构"，因此，知识场所中的机构化且与知识信息资源的收集、整序和提供利用相关的部分，才与图书馆情报学的基本理论和职业实践相关联。对于图书馆职业来说，层次化的社会认识如同一座冰山。除知识场所外，社会认识的其他四个层次隐藏于"海平面"之下。"知识场所"之所以是一种显性存在，是因为图书馆职业作为一种制度安排，已经先天地被赋予了知识保存、整序与提供使用的社会职能。

实际上，作为"知识场所"的图书馆，并非指某个或某种特定的图书馆，而是指一个由不同类型的实体图书馆构成的系统。"没有哪个图书馆员能拥有一切图书，也没有哪个图书馆能满足一切需要。"因而，"图书馆事业是一个有机的整体，是一个由众多互相依赖、互相关联的因素统一协调的整体"。① 一个由类型各异、功能互补的各种实体图书馆共同组成的图书馆体系才能接近于构成"知识场所"。事实上，"知识场所"是图书馆职业所追求的一种理想状态，"大众传播工具可能是要迎合文化水平最低的人之所好，而图书馆则以最高水平为目标"。② 这一理想目标的达成过程，恰恰是不断完善的社会"认知结构"③ 物化于图书馆这一制度化的机构之中的过程。作为知识场所的图书馆，是一个文化濡染的社会公共空间，是结构性文化资本与个体性文化资本产生互动的主要接口。很多图书馆理论与实践问题的产生，常常都源于隐性层面上用户与记录之间关系的断裂。例如，前述图书馆职业所面对的"藏"与"用"矛盾的本质，恰恰是结构性文化资本与个体性文化资本之间的对立统一。"藏"的底层，是各层次的记录资源及其特性；"用"的底层，是各层次用户的需求特性和认知准备。在每个层次上，"藏"与"用"之间都存在着潜在的互动。当这种互动实实在在地发生了，则意味着该层级上的社会认识需求得到满足；反之，图书馆情报学的理论与图书馆职业实践则

---

① ［美］杰西·H. 谢拉：《图书馆学引论》，张沙丽译，兰州大学出版社1986年版，第62页。

② 同上书，第68页。

③ Ausubel, D. P., "The Use of Advance Organizers in the Learning and Retention of Meaningful Verbal Material", *Journal of Educational Psychology*, Vol. 51, 1960, pp. 267–272.

遭遇障碍。对于社会认识的过程来说，只有当较低层级的社会认识需求得到满足，才可能进化到较高层级的社会认识需求层级。可以认为，由公共图书馆到专业图书馆，是一种社会认识需求由低到高逐次得到满足的过程。从这个意义上说，图书馆职业要想建成一个能够完美对接结构性社会资本与个体性社会资本的知识场所，则需要建成一个从公共到专业的图书馆制度化链条，这个链条上任何一个环节的缺失，都会导致图书馆职业无法建成一个完善的"知识场所"。而在每个层次上促进"藏"与"用"之间的互动和融合，则决定了图书职业需要在不同层次上满足社会的认识需求。同时，正是因为"没有哪个图书馆能够满足一切需求"，[①] 因此，作为"知识场所"的图书馆，是一个旨在实现不同层次社会认识需求的制度安排链条，而非一个个能够孤立完成社会认识任务的实体机构。概括而言，图书馆系统本质上是一种保障社会认识高级化的制度安排。

四　社会认识层次论的理论意义与实践意义

由谢拉所发展的社会认识论旨在为图书馆情报学提供理论基础。然而，谢拉之后，图书馆职业的从业者和研究者并未使其在本领域得到充分发展。作为一门实践导向的学科，图书馆情报学无法也不宜以无法在现实中得到实证验证的理论假设为起点构建理论体系。[②] 为此，本书遵循实践导向的原则，站在社会认识需求层次论的立场上，以图书馆职业最重要的两个实践对象——用户和记录资源为二维向度，通过借鉴文化资本及场域等概念，构建了一个社会认识层次性的整体理论框架，以期对图书馆职业及图书馆情报学的理论体系做出解释。

社会认识需求的层次性为解释制度化的公共文化服务体系建设提供了契机。图书馆职业作为公共文化服务体系的关键部分，洞悉其与社会认识高级化之间的关联，是解决图书馆情报学相关理论与实践困惑的关

---

① [美]杰西·H.谢拉：《图书馆学引论》，张沙丽译，兰州大学出版社1986年版，第49页。

② 与此形成对照的是，传统经济学是理论导向的学科，因此经济学基于自利的理论人假设不仅形成了完整的理论体系，而且具有很强的自洽性和解释力。

键。自 20 世纪 90 年代至今，图书馆消亡论与图书馆职业将被"颠覆"论甚嚣尘上。这些论调的本质，在于将技术影响下的图书馆形态与图书馆职业混为一谈，放弃了对图书馆职业背后理论体系的建设。显然，如果忽略理论建设而仅仅追随技术及外部环境的变迁而认识图书馆职业，则这一职业必然会因技术的日新月异而陷入永续被"颠覆"的状态之中。构建一个成熟而自洽的图书馆情报学理论体系之所以重要，不仅在于完善的图书馆学理论能预见、解读与预测实体图书馆形态的变化，而且能够使图书馆情报学具备为人类的知识体系贡献关于记录资源与用户互动的创新理念，从而促进社会认识形态走向高级化的能力。从这个意义上说，图书馆情报学理论体系的存在价值在于，透过纷乱的技术变革，完整地解释并指导图书馆职业为社会认识的高级化做出贡献。正如电子化的医疗可能消灭实体的医院但不会消灭医学，虚拟化的组织形式可能消灭传统意义上的企业实体但不会消灭工商管理的基本理论一样，记录形态的变化，可能改变的是图书馆的物质面貌，而不是图书馆情报学的理论质素。显然，囿于实体的图书馆而探讨图书馆情报学的理论要素，其结论难免画地为牢，使图书馆职业错失与社会发展相协同的机会；囿于手段（如技术工具）而探讨图书馆情报学的理论要素，其生命力则难免会因被固定于技术的生命周期而陷入永续被"颠覆"的误会之中。

在图书馆情报学领域，无论是社会认识论还是知识交流论，都大致停留在理论建构的阶段，当创立者因故去而停止其有创见的理论思考时，由于缺乏实证研究的跟进与支撑，这些理论最终既没能得到后续研究者的充分响应，更没有形成实践者可资借鉴的参照。社会认识层次论的提出，以用户和记录资源两个向度所划定的四个象限之间逐次递进的过程作为社会认识动态性的实际体现，并将作为图书馆职业理想状态的"知识场所"视为"社会知识结构"的物化形态，解释了图书馆职业与社会认识高级化之间的理论关联。综合而言，图书馆职业的使命在于保障结构性与个体性文化资本融合通道的建立与畅通，具体体现为图 4-2 所示的作为"显性存在"的"知识场所"的图书馆若干实践问题的解决；而图书馆情报学的使命则在于，洞悉通过各层次个体与记录资源的互动而促进社会认识高级化的机制与原理，具体体现为图 4-2 所示的隐性阶段四个由低向高递进的社会认识需求层级及其背后的理论质素。

综上所述，从理论建构的角度看，图书馆职业基于记录资源并面向群体性用户，秉承着促进社会认识高级化之责，图书馆的本质是一种保障社会认识高级化的制度安排。图书馆情报学理论发展的空间在于，解析图书馆职业何以可能通过记录资源的收集、整序与提供利用，使不同层次的用户与相应类型的记录资源之间良性互动，以逐次促进社会认识目标的达成，从而保障社会认识不断走向高级化。

整体而言，上述社会认识层次论的基本框架对图书馆情报学的理论视域与研究边界做出了初步解释。然而，相对于社会认识论与图书馆情报学理论体系之间关系的深入解析而言，这一理论框架的提出仅仅是一个非常初始的开端。诸多有价值的研究问题，尚需后续研究的持续跟进。诸如，在社会认识的每个层次上，用户与记录资源之间互动的机理是什么？除去图书馆职业关于记录资源组织与整序的努力，社会认识高级化的其他条件还有哪些？等等。

第三节 图书馆情报学研究社区对社会认识层级性的呼应

从一定意义上说，图书馆情报学研究社区的内部结构和研究议题，构成了图书馆情报学的"镜像"。因此，对抽象的图书馆情报学理论结构进行解析的一个可行途径，是对图书馆情报学内部结构和研究议题的层次性加以揭示。

一 图书馆情报学研究社区的内部结构

（一）问题的提出与研究假设

20世纪70年代以来，图书馆学（Library Science）与情报学（Information Science）开始走向整合，[①] 图书馆情报学（Library and Information Science）渐成相对独立的学科名称。这一学科名称的嬗变源自图书馆职业内在的转型以及由此带来的图书馆情报学理论认识的变迁。国外自20

[①] 于良芝：《图书馆情报学概论》，国家图书馆出版社2016年版，第1页。

世纪60—70年代以来，谢拉等学者高举"社会认识论"①的旗帜，不仅拓展了传统图书馆学研究视域并跨出了"机构之学"，也将文献学家们半个多世纪以来的大部分工作重新纳入图书馆情报学理论建构的范畴。国内自20世纪80年代中叶到90年代末，以宓浩、黄纯元等为代表的一批学者以"知识交流论"②的名义，对图书馆职业活动的本质进行了重新界定，从而为建构一个内在逻辑一致的图书馆情报学理论体系留下了宽阔的空间。然而，无论是谢拉的《图书馆学导论》，还是宓浩等的《图书馆学原理》，不仅都没有冠以"图书馆情报学"之名，而且在内容上也远远没有实现将传统图书馆学与20世纪30年代以来文献学家们以情报学之名展开的研究相融合的目标。

直到今天，人们对于图书馆情报学是不是一个融贯的学科依然存在不同意见。在图书馆情报学研究社群，"从学理上解决（图书馆学和情报学）两个学科融合的正当性及其逻辑体系"③成为一个非常重要而现实的问题。本研究的立足点在于，对最近两年来发表于图书馆情报学相关学术刊物上的论文进行共词分析，识别这些论文所涵盖的研究议题，并对这些议题所代表的图书馆情报学研究社群的结构和逻辑进行探索性分析，从而对如下两个研究问题做出回答：（1）图书馆情报学社群所关注的核心研究议题从整体上反映了这一社群具有何种内在结构？（2）图书馆情报学研究议题所体现的内在结构具有何种逻辑？本研究期望通过回答上述研究问题，对图书馆情报学的结构及其逻辑进行解析，从而为研究者寻找图书馆学与情报学内在融合的契合点提供参照。

（二）文献回顾与研究假设

由于图书馆职业的实践活动大致围绕资源与用户两个维度而展开，④因此，对于图书馆情报学理论问题的解析大致可围绕资源、用户及资源与用户之间的互动三方面展开。

---

① 王锦贵、王素芳：《图书馆学和情报学的分野与融合发展（上）——对相关理论探讨的考察》，《情报资料工作》2007年第5期。
② 黄纯元：《追问图书馆的本质》，《图书馆杂志1998理论学术年刊》。
③ 于良芝：《图书馆情报学概论》，国家图书馆出版社2016年版，第2页。
④ 周文杰：《二维向度中的图书馆情报学理论视域与边界：一个基于职业实践的元理论分析框架》，《图书馆》2017年第12期。

1. 资源维度下的图书馆情报学结构

资源是观察图书馆职业的第一个基本维度。凭借于富集的记录资源而开展服务活动，是图书馆职业的起点，也是图书馆学得以诞生的基石。然而，由于资源形态的变化，"图书"已远远不能涵盖图书馆职业所秉持的资源基础，传统的图书管理与借还也完全不能支撑信息社会背景下图书馆学的理论发展之需。情报学的诞生，从一定程度上代表了将"情报（知识或信息）"从实体图书中抽象出来，以作为理论建构对象的努力。

就图书馆职业而言，对富含知识信息的文献资源进行有效组织并提供利用构成了这一职业的核心，从而也划定了图书馆情报学的理论边界。图书馆职业面对的主要是作为物理实在的文献，而图书馆情报学的理论研究则主要涉及实体文献所涵盖的数据、信息（或作品）、知识等抽象质素。可见，数据、信息、知识、作品、文献是图书馆职业对资源向度的基本描述，也是图书馆情报学的基础概念。虽然图书馆情报学界对于一些核心概念的界定尚未完全达成一致，但基本认同从数据到信息（或作品）再到知识会呈现出一种逐次递进的层次。具体表现在，从认识的功能方面来看，数据仅具有潜在通报功能，信息和作品具有显在的通报功能，知识则兼具通报与启迪功能。[①] 基于这种层次性，本研究提出如下假设：

假设一 图书馆情报学研究社群在资源维度上的研究议题呈现一个由公共性（基于数据）到专业性（基于知识）逐次递进的序列。

2. 用户维度下的图书馆情报学结构

用户是图书馆职业赖以存在的基础，而用户无论在认知准备还是信息获取方面均存在着明显的差异性。个体认知结构的不完善性，构成了学校教育系统得以存在的基本理由，而以图书馆为代表的公益信息服务机构，同样承担着通过个体学习而实现其认知结构完善化之责。[②] 大致来

[①] Yu, Liangzhi, "Back to Fundamentals Again: A Redefinition of Information and Associated LIS Concepts Following a Deductive Approach", *Journal of Documentation*, Vol. 71, No. 4, 2015, p. 798.

[②] 周文杰：《走向用户中心：公共图书馆体系对个体发展影响的理论解读》，《国家图书馆学刊》2017年第1期。

说，不同程度的教育水平代表着不同层次的认识结构。由于图书馆职业所面对的用户群体涵盖了各种教育水平，因此，其认知结构将具有比较明显的层次性。此外，研究者发现，图书馆的用户群体还存在信息贫富分化的层级结构。例如，于良芝等通过对中国城市人群信息贫富状况的调查发现，生活于信息社会的人群中存在着结构清晰的信息贫富分化层级。①②

基于上述分析可以看出，从认知结构来看，图书馆用户形成了一个由大众人群到科技精英的层次性序列；从信息贫富状况来看，图书馆用户形成了一个由贫困到富裕的层次性序列。据此，本研究提出如下假设：

假设二 图书馆职业所服务的用户群体的认知结构呈现一个由大众到知识精英逐次递进的序列。

3. 用户与资源互动下的图书馆情报学结构

许多研究者从社会功能的角度对图书馆职业的实质进行了解析。例如，巴特勒（P. Butler）指出，"图书馆学研究的客观现象就是图书和阅读现象，就是对待通过图书这种媒体把社会积累的经验传递给社会的每个人的现象的这种理论"。③ 谢拉（J. Shera）认为，"图书馆是一种社会工具，一个社会或文化怎样获取、吸收和传播知识，必须在图书馆员专业理论中找到依据"。④ 德国学者卡尔施泰特（P. Karstadt）也曾指出，"图书馆是使文化的创造和继承成为可能的社会机构"。宓浩指出，"社会知识是个人认识经验借由文字而实现的物化储存"，"社会的文献系统就是社会知识系统的化身"，"文献乃是知识交流赖以进行的主要形式"。⑤ 基于上述认识，立足于社会认识的高级化过程，本书前序部分通过将不

---

① Yu, L. & Zhou, W., "Information Inequality in Contemporary Chinese Urban Society: The Results of a Cluster Analysis", *Journal of the Association for Information Science and TechNology*, Vol. 67, No. 9, 2016, pp. 2246-2262.

② 周文杰：《公益性信息服务能够促进信息公平吗？——公共图书馆对于信息贫富分化的干预效果考察》，《中国图书馆学报》2015年第4期。

③ Pierce Butler, *An Introduction to Library Science*, Chicago: The University of Chicago Press, 1933.

④ Jesse H. Shera, *The Sociological Foundations of Librarianship*, Asia Publishing House, Bombay, India, and New York, 1970.

⑤ 宓浩：《图书馆学原理》，华东师范大学出版社1988年版。

同层次的资源与用户进行对应，构建了图书馆情报学基本理论的层次性框架。① 根据这一框架，本研究提出如下假设：

假设三 在社会功能方面，作为制度安排的图书馆体系，呈现一个从满足社会"娱乐、体验需求"到"知识创新需求"逐次递进的认识高级化序列。

（三）实证检验设计

1. 检验的逻辑

图书馆情报学是实践导向的学科，对图书馆职业面临的实践问题进行指导、解释和预测构成了图书馆情报学理论发展的基本动力。由于图书馆情报学的研究议题是对图书馆职业实践问题的凝练与概括，也是图书馆情报学理论生长的内在动力，因此，通过对图书馆情报学领域研究者所涉及的研究议题进行系统分析，分析出其类型、结构与热点，然后对其内在逻辑进行解析，就可以获得图书馆情报学自身理论结构的直观认识。

2. 样本

LISTA（Library, Information Science & Technology Abstracts）数据库是由 EBSCO 公司开发的一个涵盖图书馆学、情报学及信息技术领域主要研究文献摘要的数据库。这一数据收录了自 20 世纪 60 年代以来 LIS 及相关领域绝大部分发表于 SCI、SSCI 期刊的学术论文，基本覆盖了图书馆情报学的英文研究成果。本研究下载了 2016—2017 两年中 LISTA 数据库收录的全部文献的摘要，共获得了 2 万余条记录。在进行去重、去除书评及其他非学术文献后，获得了 3593 条有效记录，作为本研究对研究议题进行分析的语料集。进而，通过自然语言处理，析出了语料中的高频名词，并构建了一个 510×510 的共词矩阵。最终，通过因子分析、聚类分析和社会网络分析，对所提取的代表性研究议题的结构和逻辑进行了分析，从而对所提出的三个假设进行检验。

---

① 这一框架已分别于 2017 年 10 月 28 日和 2018 年 3 月 10 日，在"2017 年全国图书馆学基础理论研讨会"（湘潭大学）和"'融合与创新：新技术环境下图书馆学知识体系重构'暨南京大学首届青年图书馆学学者论坛"上进行了演示和讨论。

3. 分析方法与工具

本研究首先使用自然语言处理方法，以 Python 为工具，对所获语料进行了分词，在清洗、去停的基础上，构建了共词矩阵。进而，应用 SPSS，对矩阵中的高频词进行了因子分析。然后应用 VOSviewer，对前 30 位的高频词进行了聚类分析。最后应用 Ucinet，对共词矩阵进行了网络分析，揭示了各类中的子群。

（四）研究结果

1. 资源的结构层次

在所构建的共词矩阵中，本研究挑选了 30 个与资源有关的词（见表 4-2），通过因子分析的方法，通过对这 30 个词进行降维分析，考察了图书馆情报学领域的研究中所涉及的关于记录资源的研究议题之间的结构关系。

表 4-2　　　　　　　　与记录资源有关的 30 个词

classification	report	document	journal	concept	resource
record	reference	language	data	knowledge	network
domain	selection	database	culture	collection	content
fiction	story	metadata	citation	video	online
category	publication	preservation	source	context	medium

通过对表 4-2 中 30 个词的降维处理，最终得到如下 5 个因子。结合这些词语本身的含义进行分析发现，这 5 个因子大致对应着如下五个方面（见表 4-3）：

（1）记录管理因子。这一因子包括记录、收集、源、元数据四个词。大致而言，这四个词表明了图书馆情报学所关注的记录资源类型的概况。

（2）娱乐读物因子。这一因子包括小说、故事和分类三个词。由于小说等读物并不具有专业性，且是图书馆职业提供给大众用户的公共资源，因此将这一因子识别为"完全公共型记录资源"。

（3）在线媒介因子。这一因子包括媒介、在线和内容三个词。其中，"在线"一词体现了这些资源存在于网络之上，属于公共记录资源；在这个因子中，所识别的词不仅指出了在线媒介，而且指向了信息资源的内容要素，由于在线体现了观念共性，而信息资源的内容指向了专业性，因此将这一因子识别为"专业型的公共记录"。

（4）科技资源因子。这一因子包括引用、期刊、出版、数据库、参考文献、数据等词。这一类更加契合于科学文献之间的交流与传播，因此将这一因子识别为"公共（通识）型专业记录"。

（5）知识网络因子。这一因子包括知识、领域、上下文、网络、概念等词。由于这些词大致围绕知识创新的专业活动，因此，将这一因子识别为"完全专业型记录"。

表4-3　　　　　　　　　记录资源的五个因子

记录管理因子			
Record	0.536	Source	0.434
Collection	0.446	Metadata	0.417
娱乐读物因子		科技资源因子	
完全公共型记录	category −0.476 fiction −0.371 Story −0.205	公共（通识）型专业记录	citation 0.728 journal 0.683 publication 0.667 database 0.449 reference 0.394 data 0.260
知识网络因子		在线媒介因子	
完全专业型记录	knowledge 0.604 domain 0.583 context 0.405 network 0.388 concept 0.375	专业公共型记录	medium 0.573 online 0.528 content 0.403

总之，基于因子分析结果可以看出，关于记录资源的研究议题具有从公共性到专业性的结构分布特征。据此，本研究所提出的假设一得到初步验证。

2. 聚类分析

聚类分析是识别特定研究领域研究议题分布结构的重要途径。本研究应用科学计量软件 VOSViewer，对所构建的共词矩阵进行了聚类，最终获得四个类，其中，第一类 179 个词，第二类 133 个词，第三类 124 个词，第四类 74 个词。为方便分析，本研究仅仅对每类中最高频次的 30 个词制作了散点图（见图 4-3）。由于是以共现次数为统计对象，因此，散点图显示，在每个类中，词频极高的词都与其他词之间有着一定的距离。

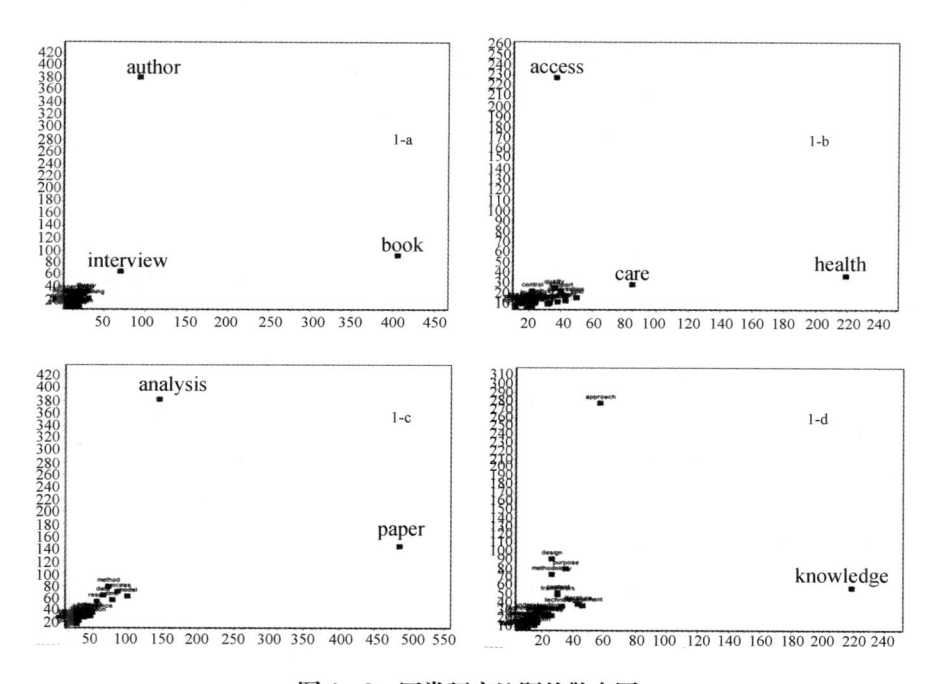

图 4-3 四类研究议题的散点图

具体分析如下：

第一类（见图 4-3 之 1-a）中 book 一词的频数最高。观察共词矩阵发现，"图书"的频数遥遥领先于其他词，说明在此类中，关于"图书"的研究居于主导。显然，"图书"一词是传统图书馆学研究的核心，因此，大致可把第一类视为基于"实体资源"而展开的图书馆职业活动。通过进一步分析发现，此类中涉及了小说（fiction）、故事（story）等类型，可见，这一类主要对应着图书馆职业针对无明确信息需求用户而展开的职业活动。

第二类（见图4-3之1-b）中 health 一词的频数最高。很明显，健康问题本不是图书馆情报学领域的研究问题，但却极高频次地出现于此类中，分析认为，这是由于很多研究者关注到图书馆职业为用户所提供的健康信息支撑相关服务。图书馆职业之所以能够为用户提供健康信息支撑服务，在于有明确保健信息需求的用户试图借助于各类信息资源而满足其信息需求。本研究认为，这种信息需求，不是高度专业的医学知识资源，而是带有普及性质但却针对专门保健问题而形成的信息资源。这种资源，恰恰就是上文所述的"公共型的专业记录"资源。考虑到这些记录资源可能是传统的实体资源，也可能是基于网络的数字资源，因此，这一类体现了图书馆职业针对具有特定信息需求的用户而展开的职业活动。

第三类（见图4-3之1-c）中，paper 一词居于主导，这表明，这是一个围绕科学论文而展开的子群。由于科学论文是以通报科学问题、实现知识交流为根本目标，因此，这个子群大致可对应图书馆职业针对科学研究人员开展的职业活动。科学论文作为科学发现通报工具的性质表明，这一阶段的研究议题更集中于专业用户。进而分析就可以发现，在图书馆职业领域，科学论文得到用户的检索，很大程度上是由于这些用户通过"浏览"的方式，获取新的知识通报。显然，用户之所以"浏览"，在于其虽然有信息问题，但这些问题却是不规则的。站在学术研究的角度，"论文"代表着专业性知识的生产结果，在特定研究社群内部，论文所通报的新知识常常具有公共性的特征，因此属于"公共型的专业记录资源"。其中公共型是针对特定科学共同体而言的，而专业性则是因为学术论文是聚焦于特定领域的科学问题。

第四类（见图4-3之1-d）中，knowledge 一词的频数最高。可见，这是一个更彻底地走向"知识"提供与研究的类型。"知识"本身，既是"知识交流论"的核心概念，又是图书馆职业在"图书"的基础上抽象出来的要素，因此，这个类别比较明显地代表了图书馆职业为知识创新活动而提供的深度服务。

总之，由聚类分析而得到的四类来看，图书馆情报学领域关于"用户"的研究议题也反映了一个由大众对无专业性特征记录资源的阅读到专业人员对学术资源应用的序列，由此大致验证了本部分所提出的假设二。

3. 子群识别

本研究进而以前述矩阵中挑选出的前 30 个高频词为对象，应用 Ucinet 中的 CONCOR 模块进行簇群的识别。

如图 4-4 所示，第一类的 30 个词可以划分出为 7 个子群，其中第一、四、六、七子群最有代表意义。第一个子群主要围绕着图书（book）、出版（publishing）及作者（author）等相关问题展开研究，这是一个图书馆情报学领域传统话题。第四个子群主要涉及图书馆（library）、服务（service）及其社群（community）中的角色（role）等问题。第六个子群涉及信息素养（literacy）的教育（education）与学习（learning）、环境（environment）等问题，这显然更接近于一个图书馆教育角色的研究领域。第七个子群涉及学校（school）、中学生（student）、体验（experience）及有关项目（program）的研究。由此可以确认，这一类大致对应着图书馆内部职业活动（如图书借还），这种活动主要借助于实体资源（如图书）而展开。总之，这一类大致描述了图书馆职业以完全公共型记录资源服务于无明显信息问题的大众用户，属于满足群体性用户"娱乐、体验需求"的阶段。

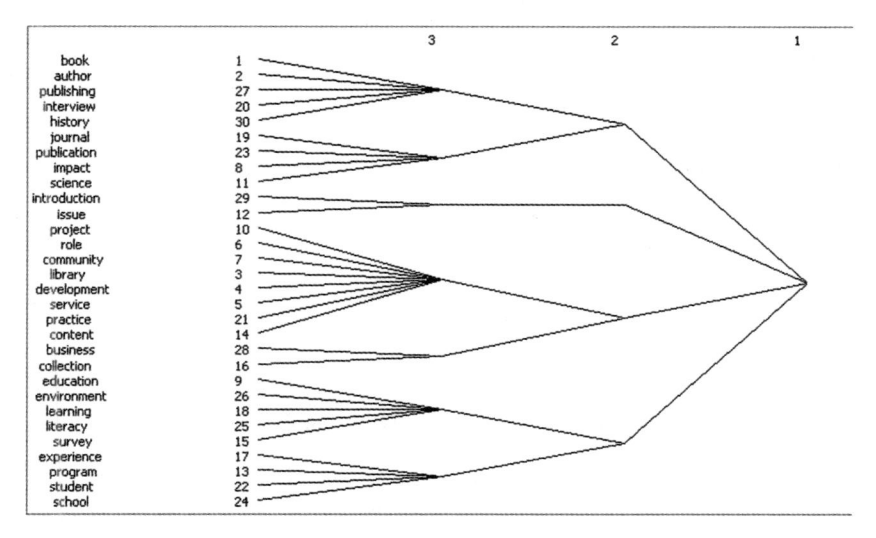

图 4-4　第一类研究议题中的子群

图 4-5 是针对上述第二类展开的。通过 CONCOR 分析，最终在此类中得到了 7 个子群。这些子群大致围绕保健（health，care）治疗（treatment）与干预（intervention）、风险（risk）、评估（assessment）、生存（life）、比率（rate）等问题展开。可见，此类大致对应了图书馆职业以公共型专业记录服务于有明确信息问题的大众用户。之所以把此类中的主要资源类型称为"公共型专业记录"，是因为这些资源涉及医学问题，具有一定的专业性；之所以称之为公共型的资源，是因为这些资源出现在图书馆等场所，以提供不特定用户使用为目标，不同于完全专业的医学资源。很大程度上，此处的医学资源具有通识和科普性质。之所以确定这些资源服务于"有明确信息问题的大众用户"，同样因为这些资源分布于图书馆。显然，通过图书馆及相关平台查询保健方面信息的用户，大都并非专业的医学工作者或研究者，而是大众用户。而大众用户之所以对特定保健问题感兴趣，无疑是因为他（她）有明确的信息需求。由此，本类基本可以对应于"个性化信息需求"层次。

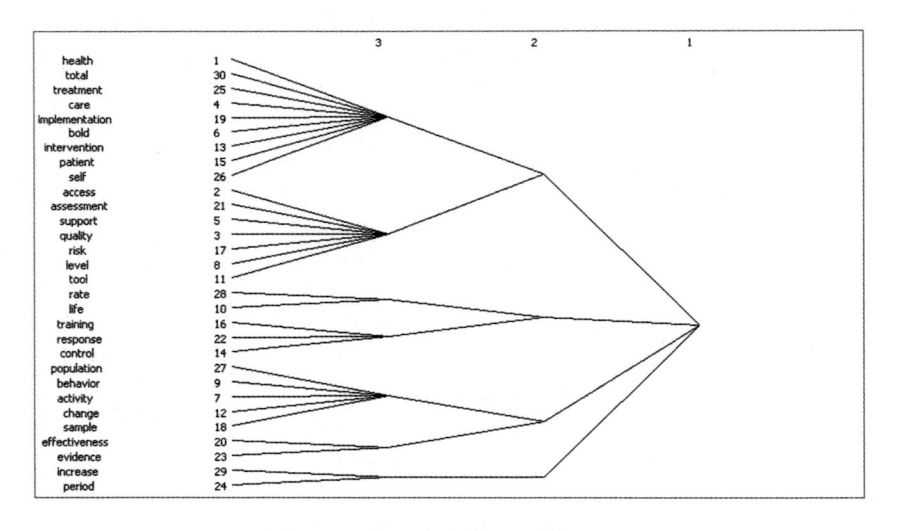

图 4-5　第二类研究议题中的子群

图 4-6 对应上文中的第三类。如图所示，本类可被划分为 7 个子群。其中，第一子群围绕论文的标题、结构等问题以及相关的数据、网络、语言、类型的展开，而第五子群则由检索和查找两个词组

成。这显然非常契合以公共型专业记录服务于信息问题不规则的专业用户的信息检索行为。这一阶段的特征是,仍然依托于图书馆资源,但却主要依赖于数字资源而展开信息服务活动,从而满足"通识性专业需求"的阶段。

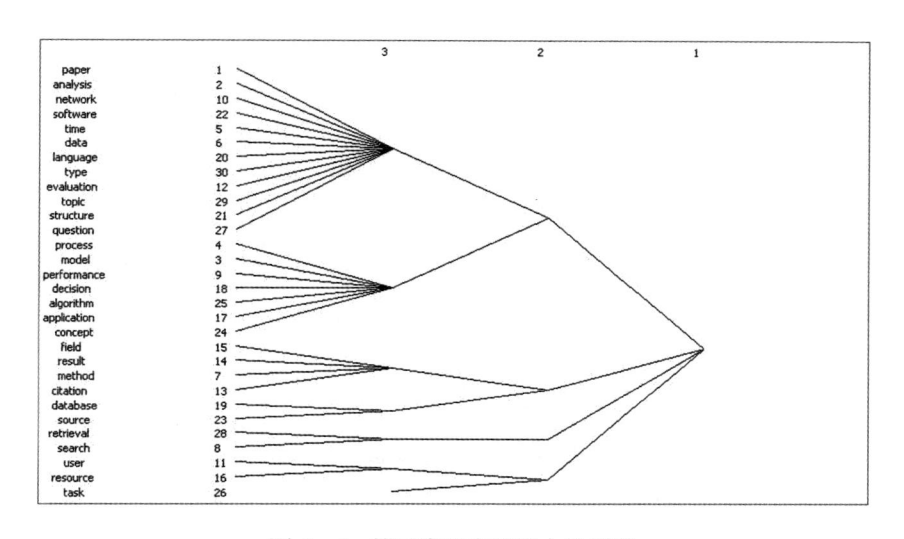

```
paper       1
analysis    2
network     10
software    22
time        5
data        6
language    20
type        30
evaluation  12
topic       29
structure   21
question    27
process     4
model       3
performance 9
decision    18
algorithm   25
application 17
concept     24
field       15
result      14
method      7
citation    13
database    19
source      23
retrieval   28
search      8
user        11
resource    16
task        26
```

图 4-6　第三类研究议题中的子群

图 4-7 对应着图书馆职业以完全专业型记录服务于信息问题规则的专业用户。充满创造性的知识创新是此类的主要特征。如图 4-7 所示,第一子群主要涉及围绕知识、技术、文献展开的评述与管理,第二子群主要围绕创新与交流,第三子群则包括理解、方法、理论、视角等方面的研究议题。这些子群中的研究议题都从不同侧面说明,这是一个围绕知识交流而展开的研究视角,体现了图书馆职业通过情报服务而满足"知识创新需求"的阶段。

总之,从资源和用户之间的互动关系看,图书馆情报学领域的研究议题反映了从娱乐、体验等低信息密度需求到知识创新等高信息密度需要的序列。由此,本研究所提出的假设三得到了验证。

(五) 结语

本研究基于实践导向,根据图书馆情报学研究的历史源流,从用户、资源及二者的互动三个方面提出了关于图书馆情报学内部层次性的假设,

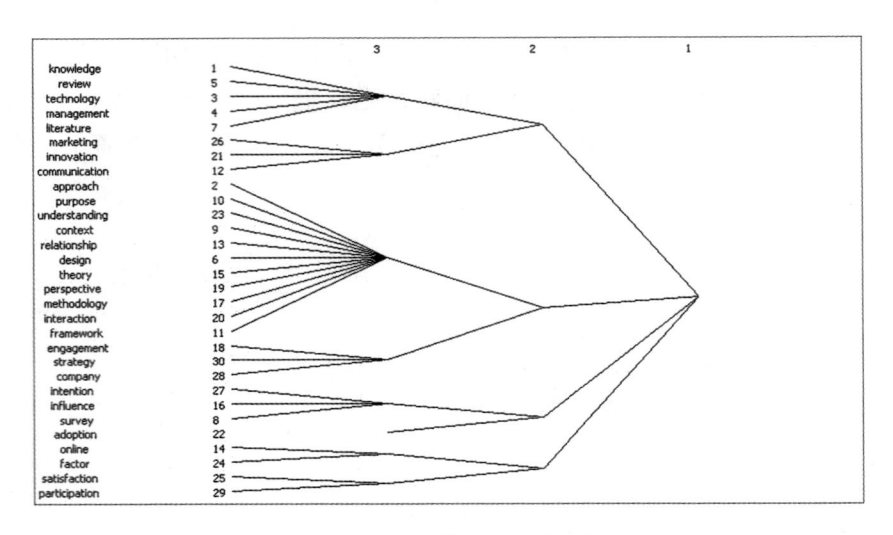

```
knowledge        1
review           5
technology       3
management       4
literature       7
marketing       26
innovation      21
communication   12
approach         2
purpose         10
understanding   23
context          9
relationship    13
design           6
theory          15
perspective     19
methodology     17
interaction     20
framework       11
engagement      18
strategy        30
company         28
intention       27
influence       16
survey           8
adoption        22
online          14
factor          24
satisfaction    25
participation   29
```

图 4-7 第四类研究议题中的子群

并通过共词分析，对其进行了检验。结果表明：

从资源维度看，图书馆情报学研究议题可大致呈现"完全公共型记录""专业型的公共记录""公共（通识）型专业记录"和"完全专业型记录"四个层级。

从用户维度看，图书馆情报学研究议题可大致呈现"无特定信息问题的大众用户""有特定信息问题的大众用户""信息问题不规则的专业用户"和"信息问题规则的专业用户"四个层级。

从资源与用户的互动关系来看，图书馆情报学的研究议题大致呈现"满足娱乐、体验的需求""满足个性化信息需求""满足通识性专业需求"和"满足知识创新的需求"四个层级。

本研究对前序章中提出的社会认识层次论框架进行了检验，初步证实了社会认识需求的层次性。作为一门实践导向的学科，研究议题的层次性从一定程度上揭示了图书馆情报学本身所具有的层次性结构。这种结构，不仅体现了图书馆职业活动的基本逻辑，也很可能是图书馆情报学理论发展的一条基本逻辑线索。

二　图书馆情报学研究议题的层级结构①

（一）几个基本命题

本研究构建社会认识层次性理论框架所秉持的一个基本立场是，促进社会认识的高级化是图书馆职业的基本价值追求，而图书馆情报学则是一个由图书馆职业实践导向的学科，图书馆情报学理论架构的合理性取决于其与图书馆职业实践及由此而衍生的理论问题之间的契合度。换言之，如果社会认识层次性理论架构是完善的，则至少应该涵盖图书馆职业实践及其所衍生理论问题中的大部分，并足以解释这些问题之间的关联。为对前述理论框架展开有效的实证检验，本研究站在实践导向立场上，对图书馆职业实践与图书馆情报学理论研究之间的关系做出一些先验性的约定，从而提出如下三个命题：

　　命题一　图书馆职业实践是图书馆情报学理论问题得以产生的源泉。

　　命题二　图书馆情报学理论问题具体体现为本领域研究者普遍关注的研究议题。

　　命题三　图书馆情报学研究议题的聚类是本学科理论体系和内部结构的直观体现。

（二）数据、分析工具与分析过程

本研究对所构建理论体系合理性进行检验的基本思路是：基于上述三个约定，选定图书馆情报学领域最具代表性的研究论文的摘要为分析对象，通过自然语言处理的方式，析出这些研究论文的主题，并对其进行基于聚类算法的可视化分析，最终实现对社会认识层次性理论框架与来自研究社群的研究议题及其聚类之间的契合度分析。

图书馆、情报学与技术摘要（Library, Information Science & Technology Abstracts, LISTA）数据库是一个由 EBSCO 公司创建和经营的大型科技

---

① 周文杰：《社会认识层次论：一个图书馆情报学基础理论框架的检验》，《图书馆论坛》2020 年第 3 期。

文献数据库，这一数据库收录了入选 SSCI 和 SCI 目录的几乎全部与图书馆情报学（图书馆学、情报学、图书馆情报学及信息技术）有关学术论文的摘要，能够较典型地代表图书馆情报学领域的基本研究状况。本研究下载了 2016—2017 年间收录入该数据库的全部论文的题录信息作为分析语料，共获得了 2 万余条记录。在对下载的题录数据进行清洗（主要是去重、去除书评及其他非学术论文）后，获得了 3593 条有效记录。进而，本研究应用 Python，对有效语料中的论文摘要进行了分词并提取了高频名词，构建了高频名词的共词矩阵，并应用科学计量工具 VOSViewer 进行聚类分析和可视化分析。最后，本研究将基于科学计量而获得的实证数据与社会认识层次性理论框架进行关联分析。

（三）研究结果

1. 研究议题整体状况

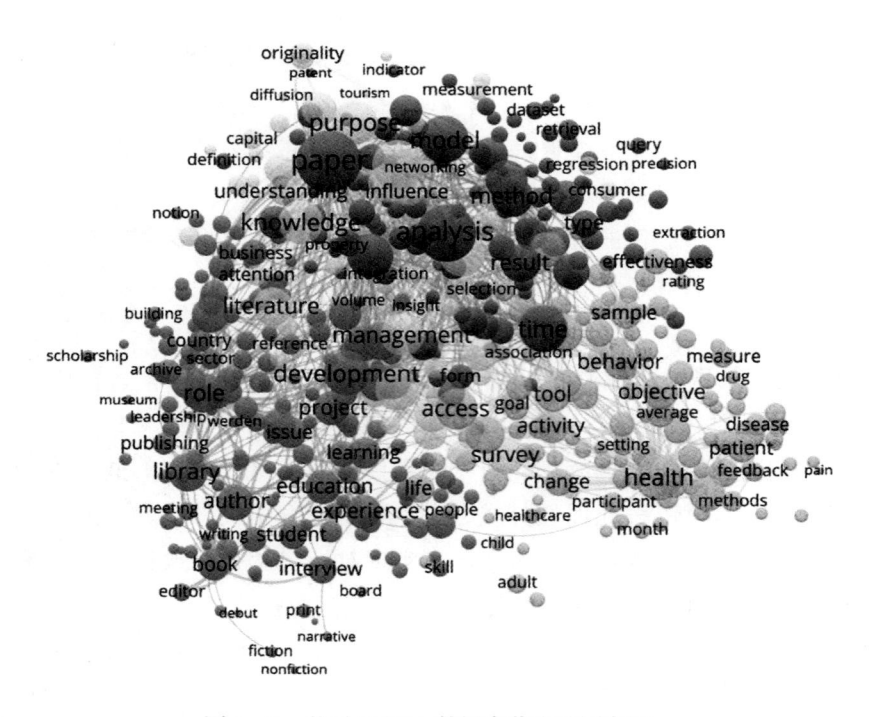

图 4-8　基于 LISTA 数据库获取的图书馆情报学的整体科学知识图谱

着眼于对图书馆情报学研究议题的整体分布状况进行分析，本研究针对 LISTA 数据库中 2016—2017 年收录的全部文献的摘要所析出的高频名词制作了如图 4-8 所示的科学知识图谱。由于制作本图谱的共词矩阵源于通过对摘要文本进行自然语言处理而得到高频词，因此，图中的结点代表了图书馆情报学领域各种研究议题。同时，图 4-8 中结点的大小代表了该词的重要性，[①] 每种颜色代表着一类研究议题，节点之间距离的远近与连线的粗细则反映了词语之间关系的紧密程度。

2. 具体研究领域与代表性议题

如图 4-8 所示，本研究从整体上将图书馆情报学的研究议题聚合为四类。为使分析更加直观，本研究在每一类中剔除了一些频数很高但指向不明确的词语（如 analysis），选取了中心度高且实际指向明确的 6 个词语，以其作为有代表性的研究议题展开了进一步分析（见表 4-4）。

表 4-4　　　　　　　　四类中的代表性研究议题

序号	第一类	第二类	第三类	第四类
1	book	health	paper	knowledge
2	library	quality	network	literature
3	service	support	citation	engagement
4	experience	activity	resource	innovation
5	public	behavior	retrieval	understanding
6	fiction	life	ontology	originality

第一类的代表议题及个体网络分析。如表 4-4 所示，在第一类中的 6 个代表性研究议题中，既有反映资源的"书""小说"，也有反映用户的"体验""服务"，还有一些一般性的词语，如"图书馆""公共"等。大致来看，这一类代表了前文所构建的图书馆情报学无理论分析框架（图 4-1）的第一象限：基于完全公共型记录并面向大众而展开的社会阅读，其目标是满足娱乐、体验的社会认识需求。显然，这一象限的研究

---

① 本部分研究是基于共词网络而展开的。本部分研究沿用了共词分析的一般原则，依据每个结点中心度的大小衡量了其重要程度。

视域主要集中于公共图书馆领域。为进一步证实第一象限研究议题与上述聚类结果中第一类之间的契合,本研究进而对这些代表性词语进行了个体网络分析。为节约篇幅,本部分只在每类中分析两个词。如图4-9所示,本部分将对第一类中的体验(experience)和小说(fiction)两个词进行分析。

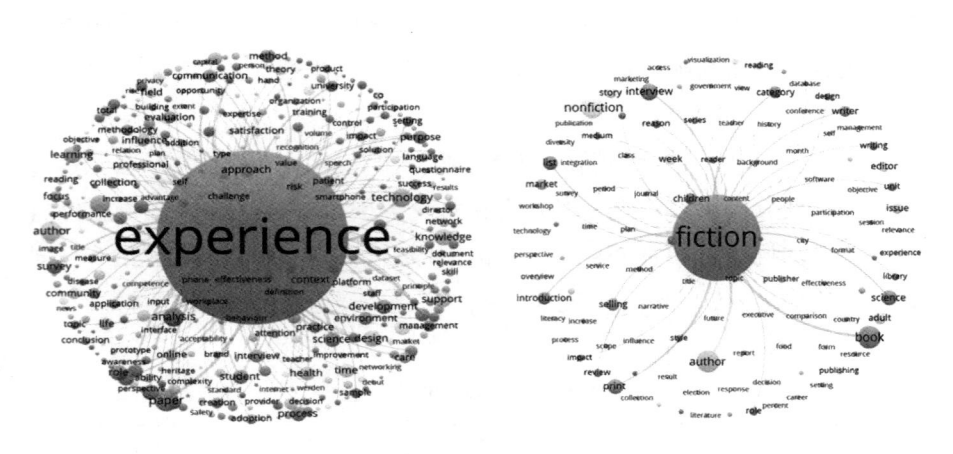

图4-9 "体验"(experience)和"小说"(fiction)两个词的个体网络

如前文所述,第一象限代表的是无明确信息需求的用户对于完全公共型资源的使用,体现为娱乐、体验的社会认识需求。由图4-9可见,"体验"(experience)一词不仅在个体网络中的中心度非常高(中心节点特别大),而且与非常多的其他词语相关联(除中心节点外,周边的节点很密集)。由此可以看出,在这一阶段用户体验呈现多样化的特征。显然,用户如果有明确的信息需求,则其阅读行为也将具有较强的针对性,从而使其所获得的体验相对统一。据此可以认为,图4-9所示的"体验"大致代表了无明确信息需求用户的一般化阅读体验,这种体验的特征是多样化、个体化。进一步分析发现,围绕"体验"一词的其他中心度较高的词语包括满意度(satisfaction)、自我(self)及情境(context)等。这表明,近两年中,图书馆情报学领域的研究者针对社会性阅读进行研究的重点是阅读的满意度、阅读中的自我意识及情境等问题。同理,由图4-9可以看出,"小说"(fiction)一词的个体网络比较稀疏。这说明,第一象限的用户对于资源的需求比较统一,除小说资源外,其他资源较少涉及。而在本部分研究中，研究者在第一象限的资源向度上展开的研究主要集中在小说作品的作者（author、writer）、儿童（children）小说及小说作品的类型（category）等方面。

总之，从第一类中代表性词语的分析情况来看，这一类比较清晰地对应了前文所述社会认识需求的第一层次，即"娱乐、体验的需求"。

第二类的代表议题及个体网络分析。表4-4中第二类中的代表性研究议题分别涉健康（health）、质量（quality）、支持（support）、活动（activity）、行为（behavior）和生活（life）等。这一类大致可对应图4-1所示的元理论框架中的第二象限：基于公共型专业记录并面向有明确信息问题的大众用户而展开的参考咨询服务，其目标是满足个性化信息层次的社会认识需求。由这些代表性词语可以大致看出，公众对于非专业记录资源的使用涉及保健、日常行为与活动及生活事件的处理等方面。为进一步确认这二类与前述理论框架第二象限之间的对应，本研究进而对"健康"（health）和"生活"（life）两个词的个体网络进行了分析。

由图4-10可见，围绕着健康这一研究议题所展开的研究主要包括保健（health care）、健康资源的可获取性（availability）、健康教育（education）、保健方法（method）等。围绕生活一词所展开的研究则集中在生活质量（standard）、保健（healthcare）等方面。据此可以认为，大众用户在日常生活中出现需要解决的信息问题时，倾向于借助公开型专业记录而满足其信息需求。从上述分析来看，保健无疑是大众用户信息需求

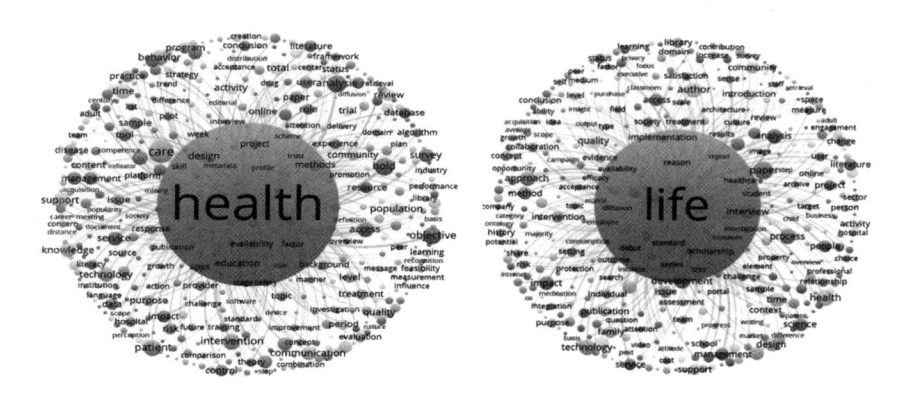

图4-10 "健康"（health）和"生活"（life）两个词的个体网络

最集中的一个问题,而这一问题却有着一定的专业性。显然,无专业知识的用户解决具有一定专业性的信息问题,会优先使用那些面向公众用户但以普及专业知识为目标的资源(科普读物)等,即前文所述的公共型专业记录。

综上所述,无论从第二类的代表性研究议题还是其个体网络来看,此类研究较完整地契合了图4-1所示的理论框架的第二层次的社会认识需求,即"个性化信息需求"。

第三类的代表议题及个体网络分析。表4-4所示的第三类中的6个代表性议题分别涉及"论文"(paper)、"网络"(network)、"引用"(citation)、"资源"(resource)、"检索"(retrieval)和"本体"(ontology)。显然,这一类可大致对应图4-1所示的理论框架中的第四象限:基于专业型公共记录并面向有无明确信息问题的专业用户而展开的信息检索服务,其目标是满足通识性专业知识层次的社会认识需求。图4-11进一步展示了"检索"(retrieval)和"本体"(ontology)两个词的个体网络。

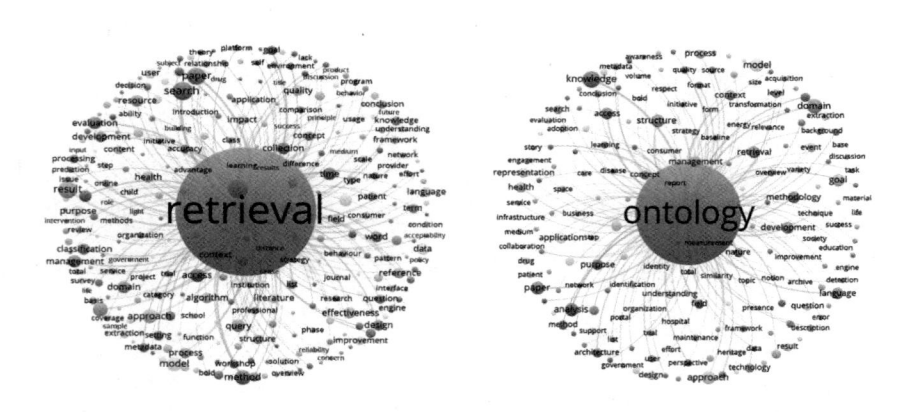

图4-11 "检索"(retrieval)和"本体"(ontology)两个词的个体网络

如图4-11所示,围绕"检索"展开的研究集中在"检索结果"(result)、"检索策略"(strategy)、"检索环境"(context)及"检索精确性"(accuracy)等方面,而围绕"本体"展开的研究则集中于本体的"测度"(measurement)、"概念"(concept)、"识别"(identify)等方面。信息检索是图书馆职业赖以开展专业活动的基本工具和手段,而图书馆情报学视域下的本体,则更多是为了实现信息组织的优化。综合而言,上述两个代表词语的个体网络共同表明，第三类更重视检索行为、结果与优化。图4-1所示的理论框架的第四象限是针对专业用户开展的信息检索服务，所使用的资源则是通识性的专业资源。由于本部分所述的通识性专业资源指在专业领域已相当成熟与稳定的知识资源，因此，图4-11所示的个体网络与表4-4中第三类的代表性议题能够大致契合了社会认识需求的第三个层次，即"通识性专业知识需求"。

第四类的代表议题及个体网络分析。表4-4所示的第四类中的6个代表性研究议题分别涉及"知识"（knowledge）、"文献"（literature）、"参与"（engagement）、"创新"（innovation）、"理解"（understanding）和"原创"（originality）。这一类大致对应了图4-1所示的理论框架中的第三象限：基于完全专业型记录并面向有明确信息问题的专业用户而展开的情报服务，其目标是满足知识创新层次的社会认识需求。图4-12展示了"创新"（innovation）和"知识"（knowledge）两个词的个体网络。

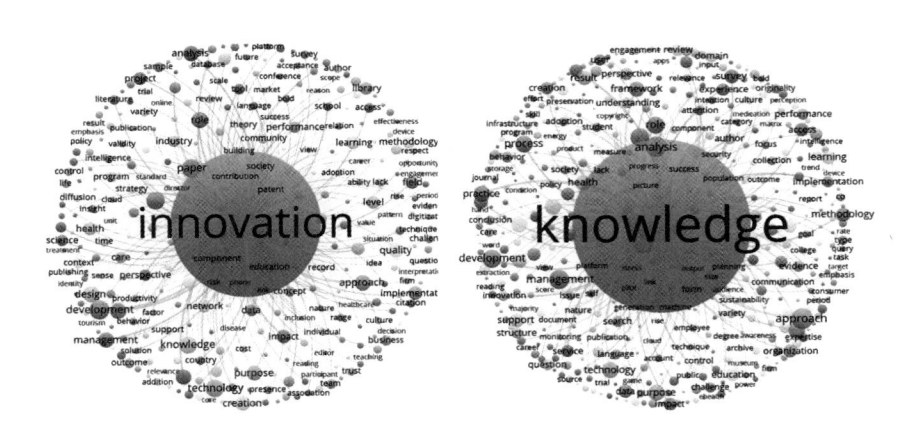

图4-12　"创新"（innovation）和"知识"（knowledge）两个词的个体网络

由图4-12可见，围绕"创新"展开的研究集中在"专利"（patent）、"创新贡献"（contribution）、"创新成分"（component）等方面，而围绕"知识"展开的研究集中在"知识平台"（platform）、"知识规划"（planning）、"知识产生"（generation）及"知识管理"（management）等方面。大致而言，这些研究议题反映了图书馆职业基于知识资源而对专业用户进行深度服务而促进知识创新，从而契合了图4-1所示的理论框架中社会认识需求的第四个层次,即"知识创新需求"。

综上所述,通过对图4-8所示的四个类别涉及的研究议题进行深入分析发现,不仅整体上的聚类分析结果大致契合了图4-1所示的理论框架,而且相关研究议题的个体网络也较明显地印证了图4-2中四个层次的分类,由此在一定程度上证实了本研究的基本理论假设。即,图书馆情报学是以用户和资源作为二维向度,以记录管理和社会认识作为理论支点,以满足不同层次社会认识需求为主要研究内容的学科。实证结果表明,本书所构建的图书馆情报学理论分析框架及对图书馆情报学理论支点与社会认识需求层次的分析不但能够基本涵盖这一领域的主要研究议题,而且也能区分出学科内部的大致结构,因此具有一定解释力和理论自洽性。

第五章

群体间的认知不均衡与测度

第一节　信息社会中的群体性认知差异

社会认识层次论旨在为融会一致的图书馆情报学提供理论基础。这一理论框架的合作性既可以由图书馆情报学研究社区的内部结构与研究议题的层次性得以体现，又需紧密结合图书馆职业面对的生动的社会现实加以检验。本节将对信息社会中的群体性认知不均衡现象进行系统分析，以便为后续更多针对社会认识层次论的实证研究的展开提供条件。

一　观察群体性认知不均衡的两个视角

对社会认知不均衡现象的观察，可以从纵向和横向两个维度上展开。从纵向的维度上看，如果循着时间的顺序，社会认知发展的过程可以与发生认识论关于个体的知识发展的过程进行类比。即借助于同化、顺应，社会认知不断由不平衡走向平衡，从而经历由低级向高级的成长。但是，如果从横向的维度出发，由特定的时间剖面来看，社会由认知水平高低不同的诸多人群构成，不同人群之间也存在着认知的不均衡性。也就是说，在特定时间断面上，由于个体间认知结构的相似性，从整个社会的视角来看，认知结构很可能会出现"人以群分"的现象，即某些个体因其认知结构的相似性而处于社会认知结构的特定位置，从而与另一些具有相似认知结构的个体之间出现群体性的差异。

对于纵向和横向两种类型的社会认知不均衡现象的解析，可以基于不同的理论基础而展开。对于循着时间序列而出现的社会认知不均衡现象，由于其与个体认知发展过程的相似性，可大致借鉴认知心理学的理论体系对其展开解析；而对于特定时间截面上的共时性社会认知不均衡现象，则可以借助于最近数十年来关于信息贫富分化的若干研究而展开解读。也就是说，纵向的群体性认知不均衡现象重在描述"社会智力"发展的过程，可以立足于个体与群体认知的同构性，用认知心理学关于认知结构完善化的相关理论加以解析；横向的群体性认知不均衡现象则重在揭示特定时间点上不同人群之间在认知水平上的差异，则可以立足于信息社会分层及其成因的相关研究，用数字鸿沟、数字不平等、知识沟等相关理论加以解析。

  本书的主旨，是着眼于图书馆职业的实践，解读群体性认知活动得以保障的制度逻辑。在信息社会背景下，图书馆职业作为一个通过对客观知识及其记录进行收集、整序与组织，以备社会认知不断优化的社会性制度设计，保障信息公平是其主要使命。如果站在社会认识论的立场上看，图书馆职业通过知识记录的整序而建立信息资源体系可被视为反映人类认知整体面貌的认识地图。① 这个认识地图，反映了人类文明诞生以来认知发展的最终水平。而这个认识地图得以构建的过程，可被视为社会认知结构不断得以完善的过程，其动力来自纵向的认知不平衡。但由于社会结构的复杂性，不同类型的人群与图书馆职业所建立的记录资源体系之间的关联常常呈现出千差万别的状况。其中，有些类型的人群因主客观条件局限而无法接触到信息资源体系，有些类型的人群则仅仅在较低层次上接触到了信息资源，另外一些类型的人群则可能在高层次上与信息资源体系之间发生互动。由此可见，不同层次的人群常常与信息资源体系上的不同部分之间产生关联，从而在特定时间断面上可观测到人群之间认知水平存在的高低差异。这种差异便是本书所要解析的横向群体性认知差异，也是本部分将予关注的重点。结合图书馆情报学及相关领域的研究进展和社会信息化程度加深的实际，进而可以把数字鸿沟、数字不平等及知识沟等相关学说纳入群体性认知失衡解析的理论框架之中。具体而言，考虑到信息社会的宏观背景及本领域研究的实际状况，在本书中，横向的群体性认知不均衡现

---

① 周文杰：《公共图书馆体系化服务六论》，中国社会科学出版社2017年版。

象是与信息不平等以及与之关联的信息分化、信息贫富分化、信息贫困等同类的概念。

二 信息社会理论的主要流派

在社会信息化程度日益加深的背景下，信息资源的分布及应用对于人们认知活动的影响越来越明显。社会认识不断获得深化的前提，是社会的每一个"认知单元"[①]都有条件且有能力获取信息资源，以便实现其认知结构的完善化。从个体层面看，每个人信息获取状况决定了人们认知发展水平的差异；而从社会层面看，信息资源的物理分布不均衡及人们信息获取能力的"结构性缺失"[②]都会造成人群间认知的不均衡性。在本书中，这种发生于信息社会的社会性认知不均衡性现象被理解为信息不平等，而由此导致的一系列社会问题被称为信息社会问题。需要说明的是，关于当代信息社会本身，学界存在着多种界定。例如，Jones[③][④]称之为赛博社会（cybersociety），Bakardjieva[⑤]称之为 Internet 社会，Stehr[⑥]称之为知识社会，Bühl[⑦]称之为虚拟社会，Bell[⑧]称之为后工业社会，Masuda[⑨]称之为信息社会，Lyotard[⑩]称之为后现代社会，Lipietz[⑪]称之为后

[①] 这些单元，至少可以划分为个体、群体和整个社会三种类型。

[②] 这种结构性缺失既包括因为结构性的因素而直接导致的缺失（例如，因周边不存在互联网从而无法接受来自互联网的信息），也包括结构性因素的"复制"而间接导致的缺失（例如，某一人群因为教育条件的不完备而"复制"了上一代教育水平不足的状况，进而导致其无法获取文化资源）。

[③] Jones Steven (ed.), *Cyber Society*, London. SAGE, 1995.

[④] Jones Steven (ed.), *Cybersociety 2.0: Revisiting Computer – Mediated Community and Technology*, London. SAGE, 1998.

[⑤] Bakardjieva, M., *Internet Society*, *The Internet in Everyday Life*, London. SAGE, 2005.

[⑥] Stehr, N., *Knowledge Societies*, *The Transformation of Labour*, *Property and Knowledge in Contemporary Society*, London. SAGE, 1994.

[⑦] Bühl, A., *Die Virtuelle Gesellschaft*, Opladen, Westdeutscher Verlag, 1997.

[⑧] Bell D., *The Coming of Post-industrial Society*, New York. Basic Books, 1973.

[⑨] Masuda, Y., *The Information Society as Post Industrial Society*, Tokyo, Institute for the Information Society, 1980.

[⑩] Lyotard, J., *The Postmodern Condition. Minneapolis*, University of Minnesota Press, 1984.

[⑪] Lipietz, A., *Mirages and Miracles*, *The Crisis of Global Fordism*, London, Verso, 1987.

福特主义（Post-fordism）社会，Barney[1]、Castells[2][3][4][5]、Shaviro[6]、van Dijk[7]等称之为网络社会。由于本研究的关注点并不在于探讨信息社会的本质，提及"信息社会"一词，仅仅是表达当前社会信息化程度加深这一状况，因此，本书后续部分将统称当代社会为"信息社会"，但其含义大致包括了上述各种学派所涉内涵。

迄今为止，研究者针对信息社会问题已展开了大量研究。邱林川在对 Frank Webster 的《信息社会理论》（Theory of Information Society）等著述进行综合分析的基础上，把西方信息社会理论归为五大流派：[8]（1）部分关心经济问题的研究者把信息技术看成现代化过程的一部分，视信息技术为促进人类进步的"革命"力量。这部分研究者中的代表人物有 Fritz Machlup、Marc Prorat、Peter Drucker 等，这一流派受到了涂尔干分工论的影响。（2）"后现代学派"。这一流派认为信息技术加速了现代性的消亡，认为信息社会从本质上是"反理性"的，是对现代化过程的颠覆。代表人物有 Jean Boudrillard、Gianni Vattimo、Mark Poster 等。（3）具有信息政治经济学理论背景的研究者则把信息革命看作资本主义体系演变的关键因素，把研究的重点放在公共领域、媒体所有制、社会公平等方面。这一学派坚持民主、平等、理性等现代性原则。代表人物有 Peter Golding、Graham Murdoch、Vincent Mosco、Schiller 父子等。（4）还有部分研究者在总体上将信息社会看成社会现代化的一部分，强调政府、公

---

[1] Barney, D., *The Network Society*, Cambridge. Polity, 2003.

[2] Castells, M., "The Rise of the Network Society", *The Information Age: EcoNomy, Society and Culture*, Volume 1, Malden. Blackwell. Second Edition, 2000.

[3] Castells, M., *End of Millennium*, *The Information Age: EcoNomy, Society and Culture*, Volume 3, Malden. Blackwell. Second Edition, 2000.

[4] Castells, M., *The Internet Galaxy*, *Reflections on the Internet, Business, and Society*, Oxford, Oxford University Press, 2001.

[5] Castells, M., *The Power of Identity*, *The Information Age: EcoNomy, Society and Culture*, Volume 2. Malden, Blackwell, Second Edition, 2004.

[6] Shaviro, S., *Connected: Or What It Means to Live in the Network Society?*, Minneapolis/London. University of Minnesota Press, 2003.

[7] van Dijk, J., *The Network Society*, London, SAGE. Second Edition, 2006.

[8] 邱林川：《信息"社会"：理论、现实、模式、反思》，《北京论坛文明的和谐与共同繁荣——人类文明的多元发展模式："多元文化、和谐社会与可选择的现代性：新媒体与社会发展"》，北京，2007年。

司等大型组织利用信息传播加强现代化监控手段，进行"控制革命"。代表性人物有：Giddens、James Beniger、Oscar Gandy 等。（5）"网络社会流派"。这一流派整合了除"后现代学派"之外的几乎所有流派，代表人物有 Jan van Dijk、Berry Wellman、Annallee Saxenian、Matthew Zook 等，Manuel Castells 是这一学派的集大成者。

对信息社会理论流派进行梳理和反思，对于理解社会性的认知不均衡现象有着非常积极的意义：一方面，在信息社会背景下，社会认知不均衡相关研究需要以信息社会理论为基础，从中汲取理论养分；另一方面，丰富和完善信息社会理论也是当前社会认知不均衡研究的重要价值体现。从这个意义上说，上述各个理论流派为社会认知不均衡问题研究的进一步深化提供了理论准备。

三　信息不平等与群体性认知差异之间的理论同质性

信息社会背景下，群体性认知差异的最终表现形式是信息的贫富分化。也就是说，由信息不平等参与"型塑"的信息时代的社会结构是理解群体性认知差异的基本途径。具体而言，造成信息不平等的客观因素（例如，信息资源的不均衡分布）可能造成群体性认知差异，造成信息不平等的主观因素（例如，认知能力的不均衡性）也可能造成群体性认知差异。

由信息不平等造成的诸多社会问题与群体性认知差异之间的理论关联已得到诸多研究的支持。最典型的，是关于信息时代社会结构方面的研究。例如，van Dijk[①]基于马克思主义对阶级的定义，提出了网络社会的三层阶级结构：（1）信息精英，由高教育和收入水平、占据最好的工作职位和社会地位、100%接入 ICT 的人群构成。（2）参与者，由中产阶级和工人阶级组成，这些人的确能够获取计算机和 Internet，但与信息精英相比具有较低的数字技能，所使用的 ICT 设备种类也较少。（3）被排斥者，这个阶层无法获取计算机和 Internet，因此被排斥于很多社会领域之外。van Dijk 认为，网络社会阶级分化过程中的"马太效应"越来越明显：在网络社会中，结构不平等使信息、知识和权利集中化的趋势加速，

---

① van Dijk J., *The Network Society*, London：SAGE. Second Edition, 2006.

社会区隔进一步加强，"逐渐地，越来越多的人将从特定的社会领域被完全排斥出去，结果是形成一等、二等、三等阶级"，① 被排斥者在劳务市场及教育的机会越来越少，结果这些人参与政治和社会事务的机会也更少了。van Dijk 及 Castells 等网络社会学者认为，极化和结构不平等是网络社会的基本特征。Fuchs 通过对统计数据进行分析后发现，发展中国家信息精英、参与者与被排斥者之间的差距大于发达国家。② 他认为，在网络资本主义社会里，Pierre Bourdieu 所述的经济、社会和文化资本的积累是由基于知识和计算机的信息通信技术塑造的，van Dijk 所界定的被排斥者由于经济、社会和文化资本的贫乏甚至被剥夺，因而无法从网络社会中获益，阶级差别因之加大。③

关于信息时代社会结构的很多讨论都是以信息资本主义的名义进行的。信息资本主义是由 Manuel Castells 于 2000 年提出的一个概念。Fuchs④ 指出，信息资本主义充斥着商品经济与礼品经济（gift economy）的交织与对抗，是一个层次化的阶级社会。通过实证研究，Fuchs 等⑤ 发现，高收入、良好教育背景和高技能者更有可能获取、使用 ICT 并从中获益，这些人在参与政治活动的过程中比缺乏经济、政治和文化资本者获得更多 ICT 的支撑。因此，在信息资本主义条件下，人们在计算机等 ICT 资源的获取、使用和获益能力方面的不平等，通过社会分层的过程造就了信息社会胜利者与失败者之间的阶级差别。Fushs⑥ 进而对各种社会分层的模式进行分析后指出，一方面社会按年龄、家庭地位、性别、种族、出身、语言和地域（城乡）划分为一定的层级结构，这些层级结构

---

① van Dijk J., *The Network Society*, London: SAGE. Second Edition, 2006.
② Fuchs, C. and Horak, E., "Africa and the Digital Divide", *Telematics and Informatics*, Vol. 25, No. 2, 2008, pp. 99 – 116.
③ Ibid..
④ Fuchs, C., "National Space and the 'Network Society'", in: Contribution to the Conference "Internet Research 7.0: Internet Convergences", organized by the Association of Internet Researchers (AoIR), Brisbane, September 27 – 30, 2006.
⑤ Fuchs, C. and Horak, E., "Informational Capitalism and the Digital Divide in Africa", *Masaryk University of Law and Technology*, Vol. 1, No. 2, 2007, pp. 11 – 32.
⑥ Fuchs, C., "The Role of Income Inequality in a Multivariate Cross-national Analysis of the Digital Divide", *Social Science Computer Review*, Vol. 27, No. 1, 2009, pp. 41 – 58.

造成了各种形式的社会鸿沟；另一方面，对 ICT 的物理获取、使用和参与能力的不平等也可归因于经济（如金钱、财产）、政治（如权势、社会关系）、文化（如技能）资本的非对称配置，由此也造成了经济鸿沟、政治鸿沟和文化鸿沟。……现代社会的结构就是由不同资本的积累和不对称配置而造成的。

"社会复制"是研究者用以表达由结构性因素而导致群体性认知差异现象在背景相似的人群中被不断重复的一个重要术语。Hargittai[①] 研究发现，数字不平等就存在社会复制现象。他指出，由于社会复制的存在，人们对网络的使用能力和实际使用状况的不平衡导致社会不平等更趋恶化而非缓和。具体而言，对数字媒介使用的分化使那些已经在社会中占据优势地位的人群获得更多潜在的利益，从而进一步巩固和提升了他们的经济社会地位，而弱势群体却被拒之于优质资源获取的大门之外。由于人们对数字媒体的使用情况与其生活的社会环境之间存在密不可分的关系，因此，数字不平等是现有社会经济地位不平等在信息时代复制的结果。然而，Hargittai 也注意到，由于本领域研究尚处于"婴儿期"，缺乏纵向数据，对于 ICT 的使用对人们的"生活输出"（life outcomes）是否具有独立影响尚不得而知，因此，Hargittai 本人对于数字不平等社会复制的论述也心存疑虑。事实上，信息时代的社会不平等究竟是对现有社会结构的复制，抑或 ICT 独立地"制造"了信息时代的社会结构？对于这个问题的回答反映了理论视角的根本分歧，而就本领域研究的现状来看，对这个问题做出令人满意的回答为时尚早。

针对信息化对当代中国社会的影响，研究者也展开了一系列研究。例如，陈鹏[②]从社会结构的视角探讨了中国农村数字鸿沟问题。作者通过个案比较方法探讨了传统村庄（Y村）和工业化村庄（H村）的村民在占有和使用 ICTs 产品的实践过程中所形成的数字鸿沟问题，并针对数字鸿沟在不同社会结构条件下所表现出的实践形态及其社会文化意义进行

---

① Hargittai, E., "The Digital Reproduction of Inequality", in Grusky D. B., *Social Stratification: Class, Race, and Gender in Sociological Perspective*, Philadelphia: Westview Press, 2008, pp. 936 – 944.

② 陈鹏：《ICTs 产品的应用与中国农村的数字鸿沟——基于 Y 村和 H 村的个案比较研究》，《中国农业大学学报》2010 年第 4 期。

了解析。基于上述研究，作者提出 Y 村和 H 村所呈现出的中国农村数字鸿沟问题实质上反映了当代中国社会的一个基本特征，即社会结构的断裂。此外，Cartier、Castells 和邱林川[1]对中国城市化进程中的"跨域社会网络（translocal social network）"所导致的信息不平等和社会分层进行了研究。在此基础上，邱林川[2]提出，中下阶层是中国社会的主体，这一阶层包括普通百姓及各种弱势、被边缘化、或遭系统打压的群体。这一人群的社会经济地位较差，文化教育水平也较低，且常在政治权力关系中处于从属状态。但是，随着互联网和手机的普及，这一阶层的成员已加入到了中国的信息社会之中，从而形成"信息中下阶层"（information-have less），并认为信息中下阶层的大规模存在已经成为了十年来中国信息化建设中最为亮丽的一道新景观。作者提出，西方的理论与中国的现实虽然可以互为注解、相辅相成，但是，这仅仅是研究的步骤之一，而不是终点。重要的是要在考察中国实践的基础上，对理论所阐释的概念和假设进行比较、提炼和整合，只有这样才有望构建起相对完整的、能够适用于中国信息社会现状的理论体系。

虽然信息社会问题领域的研究者几乎从未以"社会认识"的名义对信息不平等现象加以讨论，但通过对以往研究的系统梳理发现，信息不平等与群体性认知不均衡之间的同质性至少体现在如下几个方面。

第一，信息社会阶层化的现象与存在认知差异的人群之间存在着对应关系。具体而言，处于不同信息贫富层级上的人群之间的差异显性地体现了群体性认知水平的差异。也就是说，在信息社会的背景下，信息富裕者代表着认知水平高的人群，而信息贫困者则指那些由主、客观原因造成群体性认知不完善（甚至缺失）的人群。在信息富裕者和贫困者之间，根据群体间认知水平的不同，可以划分出若干层次，从而构划了信息社会认知水平分层化的大致面貌。

第二，造成信息不平等的各种形式特征最终是通过内在的认知因素

---

[1] Cartier, C., Castells, M., et al., "The Information Have-Less: Inequality, Mobility, Translocal Networks in Chinese Cities", *Studies in Comparative International Development*, Vol. 40, No. 2, 2005, pp. 9–34.

[2] Qiu, J. L., *Working-class Network Society: Communication Technology, the Information Have-less in Urban China*, Cambridge: MIT Press, 2009.

而起作用的。大致而言,信息资源的可及性(accessibility)和可获得性(availability)是造成信息不平等的两个基础性条件。可及性主要指信息资源的物理分布。例如,在早期数字鸿沟的研究中,判断信息贫富状况的一个基本指标就是,用户能否接入(access)互联网。显然,如果用户周边不存在优质的信息源,则其陷入信息贫困的概率将大大增加。然而,以知识沟等名义展开的研究也表明,优质信息源的物理存在并不能保证信息富裕化。因此,用户的认知能力对于其信息贫富状况也存在显而易见的影响。如果用户从认知上能够有效地从信息源中汲取信息效用(information utility),则显然会在信息贫富分化中处于有利的一侧。这种因内在认知能力差异而导致信息贫富分化的现象表明,周边可及的信息源对于用户而言是否具有可获得性也是影响信息贫富状况的重要因素。信息源的可及性、可获性及其他与用户最终信息贫富状况相关联的因素最终被纳入了个人信息世界的理论框架,[1] 成为本书用以测度群体性认知差异的基本依据。关于个人信息世界及群体性认知差异的测度问题,将在本章后续部分展开。

第三,信息不平等的社会复制,事实上是群体性认知差异的外显化。例如,现有大量研究都表明,导致社会不平等的诸多因素(如教育、职业、收入等影响人们经济社会地位的因素)存在着代际传递效应。这种效应在信息不平等领域的表现是,经由诸多影响人们经济社会地位的因素由父代向子代传承时,人们在信息贫富分化中的位置就被"固定"了下来。因此,教育、收入、职业等因素在代际之间的传递,事实上造成了信息贫富状况的"社会复制"。例如,如果把教育事业视为一项系统性改善人们认知水平的社会制度安排,[2] 则与高教育水平人群相比,教育程度较低的人群平均认知水平相对较低,从而在信息贫富分化中更大可能处于不利的位置。也就是说,同一类型的人群因其所受教育的相似性,从而在认知水平方面存在很大程度的相似性,由此而使教育水平之间的代际差异最终演变为信息不平等。可见,随着造成社会分层的诸因素由父代向子代的传递,信息不平等现象也在不同代际之间发生了"社会复

---

[1] 关于个人信息世界概念框架及其测度,将在本章后续部分展开讨论。
[2] 关于教育的这种属性,已在本书第二章展开讨论。

制"。从这个意义上说,对信息不平等的社会复制,事实上是群体性认知差异的外在显现。

综上所述,信息社会问题的产生,在很大程度上可归因于社会认识方面的差异。当这种群体性认知差异是由于物理资源的不均衡分布而造成时,可称之为数字鸿沟;当这种群体性认知差异是由于个体教育水平之间的不均衡而造成时,可称之为知识沟;当这种群体性认知差异是由于具体信息通信技术方面的使用技能不均衡而造成时,可称之为数字不平等。正因为如此,本书将数字鸿沟、数字不平等、知识沟等研究均视为以信息不平等名义展开的群体性认知差异研究。

第二节　群体性认知不均衡现象的理论解析

一　解析信息不平等的两大理论视角

在信息社会背景下,信息资源分布不均以及人们对信息资源的使用状况差异是造成群体间认知不均衡发生的主要原因。因此,对群体性认知不均衡做出理论解析,首先需要对关于信息资源的分布及使用差距而造成的信息不平等相关的研究加以整合和梳理。

如同其他社会现象一样,信息不平等问题一经纳入研究者的视野,不同理论立场的研究者就对其进行了不同的解读。Lievrouw 和 Farb[①] 通过把"信息"与"公平"相结合进行分析,发现现有关于信息社会背景下的社会不平等研究可归结为两种视角:垂直或同质分层视角(vertical or hierarchical perspective)和水平或异质分层视角(horizontal or heterarchical perspective)。本书依据这种分类方法,对信息不平等领域的研究成果梳理如下:

(一)同质分层视角的信息不平等研究

同质分层视角的信息不平等研究,又称信息不平等研究的垂直视角,是指社会经济特征相似的人群在信息贫富分化中也处于相似的阶层。如,在数字鸿沟的研究中,信息获取与使用常常与人们的社会经济地位相联结,据此可以大体依据人群在社会、经济、文化等方面的共同特质(同质人群)

---

① Lievrouw, L. A., Farb S. E., "Information and Equity", *Annual Review of Information Science and Technology*, No. 37, 2003, pp. 499 – 540.

而将其划分为信息"穷人"和"富人"。同质分层视角一般把信息视作私有商品,认为人们社会经济地位的优劣决定其得到这种商品的多寡。

Lievrouw 和 Farb[①] 指出,同质分层视角是迄今为止信息不平等研究的主流。早期的同质分层信息不平等研究以针对信息穷人与富人的研究为代表,认为如同任何私有商品一样,拥有更多财富或其他方面社会优势的人更容易获取和使用信息,而且信息作为商品也可相互交换。此类研究至少可追溯到 Bernard Berelson 于 1949 针对美国图书馆使用情况展开的研究,在这项研究中,研究者发现人们的社会经济地位与其对图书馆的使用情况正相关。[②] 1975 年,Childers 和 Post 出版了《美国的信息穷人》一书,验证了信息贫困与经济和社会地位有关。[③] 在同质分层视角的研究中,最著名的当数 Tichenor,Donohue 和 Olien[④] 提出的"知识沟"假说。知识沟假说认为,信息流入社区时,会进一步增大经济社会地位优势人群与劣势人群之间的鸿沟,从而使现有的不平等更趋恶化。[⑤] Zweizig 等 1977 年针对图书馆用户展开的一系列研究表明,教育水平与图书馆使用情况密切相关,同时,教育水平与社会经济地位之间也存在着密不可分的关系,因此社会经济地位对图书馆使用存在着重大影响。[⑥] 由 Kagan 起草的"国际图联社会责任讨论组"报告中,强调了人们的富裕程度与信息获取之间的关系,这一报告把信息穷人定义为:[⑦](1)发展中国家的经济弱势人群;(2)地处通信和交通闭塞地区的农村人群;(3)文化和社

---

① Lievrouw, L. A., Farb S. E., "Information and Equity", *Annual Review of Information Science and Technology*, No. 37, 2003, pp. 499 – 540.

② Berelson, B., *The Library's Public*, New York: Columbia University Press, 1949.

③ Childers, T., & Post, J. A., *The Information Poor in America*, Metuchen, N. J.: Scarecrow Press, 1975.

④ Tiche Nor, P. J., Olien, C. N., DoNohue, G. A., "Mass Media Flow and Differential Growth in Knowledge", *Public Opinion Quarterly*, No. 34, 1970, pp. 159 – 170.

⑤ Ibid..

⑥ Zweizig, D., & Dervin, B., "Public Library Use, Users, Uses: Advances in Knowledge of the Characteristics and Needs of the Adult Clientele of American Public Libraries", in M. J. Voigt & M. H. Harris (eds.), *Advances in Librarianship*, No. 7, 1977, pp. 231 – 255.

⑦ Kagan, A., "The Growing Gap between the Information Rich and the Information Poor, Both Within Countries and between Countries", Acomposite Policy Paper of the Social Responsibilities Discussion Group, International Federation of Library Associations and Institutions. Retrieved November 21, 2000, from http://www.ifla.orgMYdglsrdg/srdg7.htm. (2011 – 09 – 08).

会贫困人口，特别是文盲、老人、妇女和儿童；（4）受到种族、教义和宗教歧视的少数民族；（5）身体残疾者。

随着信息不平等研究的深化，如何对其进行有效治理逐渐引起了社会的重视。公共图书馆作为服务公民信息需求的一项制度安排，在治理信息贫困的研究中被置于一个重要位置。Dela Pena McCook 认为图书馆员必须理解社会经济环境下的贫困，以便有效传递信息，实现图书馆在民主化进程中应有的功能。① 信息公平政策一直是美国图书馆协会（ALA）的一项基本宗旨，1999 年 ALA 年度报告指出，"图书馆非常需要重新定位自己在为贫困者提供各种资源过程中的角色"。② 不难看出，信息时代公共图书馆界对自己职业的定位是，为"社会经济环境下的贫困者"提供服务，以便促进社会信息贫富分化的消除，这显然是一种同质分层的立场。

在同质分层信息不平等的研究者中，Chatman 是一位引人注目的研究者。Chatman 通过对贫穷的老年女工、监狱中的犯人、低技能的工人进行深入访谈，发现社会和文化标准规制了这些人的信息行为，在这些弱势人群中形成了"小世界"，从而造成了信息贫困（Chatman；③④⑤⑥ Chatman & Pendleton⑦）。此外，研究者还发现性别（Harris，⑧ Shade⑨）、种族

---

① Dela Peiia McCook, K., "Poverty, Democracy and Public Libraries", in N. Kranich (ed.), Libraries: *The Cornerstone of Democracy*, Chicago: American Library Association. Retrieved January 2, 2002, from http://www.cas.usf.edu/lis/faculty/l'DandPL.html. (2011-09-08).

② Ibid..

③ Chatman, E. A., "Information, Mass Media Use and the Working Poor", *Library & Information Science Research*, No. 7, 1985, pp. 97-113.

④ Chatman, E. A., "The Information World of Low-skilled Workers", *Library & Information Science Research*, No. 9, 1987, pp. 265-283.

⑤ Chatman, E. A., *The Information World of Retired Women*, Westport: CT Greenwood Press, 1992.

⑥ Chatman, E. A., "Framing Social Life in Theory and Research", *New Review of Information Behaviour Research*, No. 1, 2000, pp. 3-17.

⑦ Chatman, E. A., & Pendleton, V. E. M., "Knowledge Gaps, Information-seeking and the Poor", *Reference Libraria*, No. 49-50, 1995, pp. 135-145.

⑧ Harris, R., "Service Undermined by Technology: An Examination of Gender relations, Economics and Ideology", *Progressive Librarian*, from http://www.libr.org/PU1O-11-Harris.html. (2011-09-08).

⑨ Shade, L. R., "A Gendered Perspective on Access to the Information Infrastructure", *The Information Society*, No. 14, 1998, pp. 33-44.

和语言等也对信息贫困的形成有着明显的影响，这种影响强化了社会经济地位同质群体在信息贫富分化层次中的同质性。

随着20世纪90年代以来的社会信息化程度的加深，数字鸿沟渐成同质分层视角信息不平等研究的主流。数字鸿沟研究一方面拓展了人们对信息社会问题的认识，另一方面因明显的技术决定主义倾向而遭到越来越多的批评。在此背景下，关注信息不平等问题的研究者进而转向数字不平等研究，试图通过把更多维度纳入信息不平等的研究之中，以克服数字鸿沟研究者以技术"有"和"无"二元对立判断信息贫富分化所造成的局限性。

同质分层视角的信息不平等研究有着显而易见的局限性。McCreadie和Rice[1]认为，同质分层视角的基点在于"马太效应"（Matthew Effect）。然而，对某种信息源和信息技术的拥有或获取并不意味着人们可以自动从中获益，只有当个体赋予其意义时，信息对个体才是有价值的。而个体能否赋予信息以意义并使之变得有用很大程度上依赖于其技能、经验和其他环境因素。据此，Lievrouw和Farb[2]分析认为，同质分层视角的缺陷是把信息的贫富等同于其他任何形式的贫富，认为信息的富有是有限而可以累积的，只需要测度某个人或某个群体比他人多使用了多少信息就能精确地反映信息的贫富差距。按这种逻辑推理，极低社会经济地位的个体或严重的社会弱势群体的信息获取与使用应该接近于零，反之，精英阶层则会越来越信息富有。显然，这种视角对信息资源在人们生活中扮演的复杂角色的把握是不完整的，其实质是把复杂问题进行了简单化处理。

站在群体性认知差异的角度，同质分层视角的研究对群体之间信息不平等的"社会复制"现象做出了较为充分的说明，但忽视了认知本身的动态性和可变性。也就是说，经济社会地位相似的群体由于"社会

---

[1] McCreadie, M., & Rice, R. E., "Trends in Analyzing Access to Information. Part I: Cross-disciplinary Conceptualizations of Access", *Information Processing & Management*, No. 35, 1999, pp. 45–76.

[2] Lievrouw, L. A., Farb S. E., "Information and Equity", *Annual Review of Information Science and TechNology*, No. 37, 2003, pp. 499–540.

复制"效应的存在，固然会很大概率在信息贫困分化中处于相似位置，但由于个体的认知并不必然决定于社会因素，因此，即便是处于经济社会地位不利地位的个体，也完全有可能通过个体的认知努力而实现信息富裕化，从而使经济社会地位同质的人群在信息贫富分化中表现出异质性。

（二）异质分层视角的信息不平等研究

与同质分层视角的信息不平等不同，异质分层视角（水平视角）的信息不平等研究认为，即使来自相同社区、种族或具有相同经济背景的人群，其信息需求和使用也存在着差异，即社会经济背景同质的人群其信息世界也很可能具有异质性。这种视角认为，信息不仅具有与其他商品类似的属性，而且是一种具有主观性和高度环境依赖性的无形的公共产品。这种产品的特性之一是不因使用而出现损耗。从异质分层的视角看，除非人们的有效参与，否则仅仅通过对信息服务和信息系统等物质资源的重新分配并不能解决信息不平等问题。据此，研究者的任务是洞察信息资源分配的方式与质量，以及人们是否使用和如何使用这些信息资源。而国家政策的目标应该是使每个人都可获取信息资源，并通过这些资源实现其个人目的，有效地参与社会。

Lievrouw 和 Farb[①]发现，与同质分层视角在信息不平等研究领域受到普遍认同形成鲜明对比的是，异质分层视角在很大程度上被忽视了。事实上，信息不平等问题研究中的异质分层视角可追溯到 20 世纪 70 年代。Dervin 和 Nilan[②] 对 1978 年以来信息行为的研究成果进行综述时发现，本领域的研究已转向用户中心范式，而这种转向正是异质分层视角信息不平等研究的源头。[③] 异质分层视角反对把信息视为客观

[①] Lievrouw, L. A., Farb S. E., "Information and Equity", *Annual Review of Information Science and Technology*, No. 37, 2003, pp. 499–540.

[②] Dervin, B., & Nilan, M., "Information Needs and Uses", *Annual Review of Information Science and Technology*, No. 21, 1986, pp. 3–33.

[③] Lievrouw, L. A., Farb S. E., "Information and Equity", *Annual Review of Information Science and Technology*, No. 37, 2003, pp. 499–540.

的物品。Dervin[①]指出，如果把信息视为客观物品，则根本无法解释在社会建构、环境依存、偶遇等情况下的无形信息，因此把信息从其特有的环境中分离出来是对其本质最大限度的扭曲和最无意义的解读，即便是凭直觉，把信息作为物品拥有和交换的观点也常常难以自圆其说。

异质分层视角植根于建构主义学说之中。站在建构主义的立场上，许多研究者对本领域的研究进行了反思。如，Dick[②]发现，图书馆与情报学领域的研究者从认识论的层次开始对信息到底是"被发现的"还是"被建构的"予以质疑。基于认识论的转向，Swanson[③]发现，许多研究者开始从对传统的由专家驱动的、自上而下设计的信息组织、存储和检索系统进行否定。Cole[④]指出，这种新的范式把信息重新定义为"至少在某种程度上是由用户建构的主观现象"。

异质分层视角在图书馆职业实践活动中也得到了回应。如，Mosco在加拿大国家图书馆关于接入、公平和网络的报告中指出，加拿大的社会和信息政策应该更关注于培育个体的能力与兴趣，"把传统的关于接入的定义（即把接入定义为特定硬件或软件技术获取）进行拓宽非常重要，更深层次地说，接入必须伴随着能力、智慧、社会和文化方可转变成人

---

① Dervin, B., "The Everyday Information Needs of the Average Citizen: A Taxonomy for Analysis", in M. Kochen & J. Donohue (eds.), *Information for the Community*, Chicago: American Library Association, 1976, pp. 19 – 38; Dervin, B., "Communication Gaps and Inequities: Moving Toward a Reconceptualization", *Progress in Communication Sciences*, No. 2, 1980, pp. 73 – 112; Dervin, B., "Information as a User Construct: The Relevance of Perceived Information Needs to Synthesis and Interpretation", in S. A. Ward & L. J. Reed (eds.), *Knowledge Structure and Use: Implications for Synthesis and Interpretation*, Philadelphia: Temple University Press, 1983, pp. 153 – 183.

② Dick, A. L., "Epistemological Positions and Library and Information Science", *Library Quarterly*, No. 69, 1999, pp. 305 – 323.

③ Swanson, D. R., "Historical Note: Information Retrieval and the Future of an Illusion", in K. Sparck Jones & P. Willett (eds.), *Readings in Information Retrieval*, San Francisco: Morgan Kaufmann, 1997, pp. 555 – 561.

④ Cole, C., "Operationalizing the Notion of Information as a Subjective Construct", *Journal of the American Society for Information Science*, No. 45, 1994, pp. 465 – 476.

们对信息高速公路的有效使用"。[1]

综上所述，从理论构建的角度看，异质分层视角的研究者所秉持的基本观点是，由于人们能否从信息中获益常常依赖于个体的建构能力，在信息技术扩散的背景下，即使社会经济地位同质的人群中也很可能因建构能力的差异而出现信息贫富分化，从而使"经济社会地位同质"的人群演化成"群体性认知水平异质"的人群。异质分层视角融合了现象学看待信息的主观视角、信息政治经济学对信息商品化的批判以及把社会正义视为公正而非绝对平等的理论视角。异质分层视角的信息不平等问题研究者不再把信息资源的分配作为解决信息不平等问题的唯一对策。很多研究者试图通过对个体获取与使用信息中所处的社会网络分析解释信息贫富分化，与此同时，社会资本、公共产品等概念也随之进入了本领域研究者（如，DiMaggio 等[2]，Putnam[3]，Wellman[4] 等）的视野。很多研究者发现，在人们的日常生活中社会网络不仅是一种强有力的信息源，而且起着过滤信息和把成员融入信息环境的功能。例如，Coleman[5] 发现，社会网络塑造了人们信息交流的特征和对信息的敏感度。Putnam[6] 认为，由于社会网络越大，则越能为个体提供重要信息源和社会资本，因而社会网络和社会资本能够使其成员获取更大的外部效益，得到高质量的公

---

[1] Mosco, V. (2000, February), "Public Policy and the Information Highway: Access, Equity and Universality", A Report to the National Library of Canada, Contract No. 70071 – 9 – 5107. Retrieved August 16, 2001, from http://www.carleton.edd-vmosco/pubpol.htm. (2011 – 10 – 08).

[2] DiMaggio, P., Hargittai, E. Neuman, W. R., & Robinson, J. P., "Social Implications of the Internet", *Annual Review of Sociology*, No. 27, 2001, pp. 307 – 336.

[3] Putnam, R. D., *Bowling Alone: The Collapse and Revival of American Community*, New York: Simon & Schuster, 2000.

[4] Wellman, B., Salaff, J., Dimitrova, D., Garton, L., Gulia, M., & Haythornthwaite, C., "Computer Networks as Social Networks: Collaborative Work, Telework, and Virtual Community", *Annual Review of Sociology*, No. 22, 1996, pp. 213 – 238.

[5] Coleman, J. S., *Social Capital*, In *Foundations of Social Theory*, Cambridge, Belknap Press, 1990, pp. 300 – 321.

[6] Putnam, R. D., *Bowling Alone: The Collapse and Revival of American Community*, New York: Simon & Schuster, 2000.

共产品。Anton 等,① Introna 等,② Lessig,③④ Serageldin,⑤ Spar,⑥ Stiglitz,⑦ Sy,⑧ van den Hoven⑨ 等都发现,许多类型的信息、技术系统、知识和文化遗产都是公共的而非私人产品。近十年来,从社会网络及社会资本角度对信息不平等问题进行的研究数量明显增加,其理论深度也得以不断深化。

同质分层和异质分层两种理论视角从不同角度对信息不平等进行了分析,然而,这两种视角之间绝非彼此隔绝、完全对立的。Lievrouw 和 Farb 指出,如果把信息平等作为一种社会目标,则同质和异质视角都应该得到充分观照。具体而言,信息不平等问题的解决需要同时关注如下因素:⑩（1）信息资源和信息技术的不均衡扩散将使现有的社会经济地位不平等趋于恶化,因此,解决信息不平等首先需要关注信息资源的均衡配置。（2）在人们缺乏认知准备的前提下,即使最均衡的信息资源配置

---

① Anton, A., Fisk, M., & Holmstrom, N., *Not for sale: Independent of Public Goods*. Boulder, CO: Westview Press. 2000.

② Introna, L. D., & Nissenbaum, H., *Shaping the Web: Why the Politics of Search Engines Matters*, The Information Society, No. 16, 2000, pp. 169 – 185.

③ Lessig, L., *Code and other laws of cyberspace*, New York: Basic Books, 1999.

④ Lessig, L., *The future of ideas: The fate of the commons in a Connected World*, New York: Random House, 2001.

⑤ Serageldin, I., "Cultural Heritage as Public Good: EcoNomic Analysis Applied to Historic Cities", In I. Kaul, I. Grunberg, & M. A. Stern (Eds.), *Global Public Goods: International Cooperation in the 21st century*, Oxford, UK: Oxford University Press, 1999, pp. 240 – 263.

⑥ Spar, D. L, "The Public Face of Cyberspace", In I. Kaul, I. Grunberg, & M. A. Stern (Eds.), *Global Public Goods: International Cooperation in the 21st Century*, Oxford, UK: Oxford University Press, 1999, pp. 344 – 363.

⑦ Stiglitz, J. E, "KNowledge as a Global Public Good", In I. Kaul, I. Grunberg, & M. A. Stern (Eds.), *Global Public Goods: International cooperation in the 21st century*, Oxford, UK: Oxford University Press, 1999, pp. 308 – 325.

⑧ Sy, J. H, "Global Communication for a more Equitable World", In I. Kaul, I. Grunberg, & M. A. Stern (Eds.), *Global Public Goods: International Cooperation in the 21st Century*, Oxford, UK: Oxford University Press, 1999, pp. 326 – 343.

⑨ van den Hoven J., "Distributive Justice and Equal Access: Simple vs. Complex Equality", In L. D. Introna (Ed.), *Proceedings of the Computer Ethics: Philosophical Enquiry (CEPE'98) Conference*, London: London School of EcoNomics and Political Science, 1998.

⑩ Lievrouw, L. A., Farb, S. E., "Information and Equity", *Annual Review of Information Science and TechNology*, No. 37, 2003, pp. 499 – 540.

也是无意义的，因此，必须为人们创造足够的学习机会。(3) 开放、开源的价值观与人们的信息获取和使用密切相关，应该倡导这些价值观。(4) 信息资源的提供及相关政策的制定应深深地植根于人们的生活环境之中。(5) 社会生活环境如何形塑了人们的信息需求和兴趣应该引起足够关注。站在社会认识论的视角，以群体性认知不均衡性为视角对信息不平等问题展开的研究，正是对上述两个理论视角的整合，也是对社会科学领域最近二三十年中整体性研究趋势的响应。①

二 信息不平等的实质

基于对相关研究及其理论视角的梳理，本书从本质上将信息不平等归结为一种由群体性认知不均衡而导致的信息社会问题。

所谓群体性认知不均衡，主要指由于不同人群由于对信息资源的获取与使用方面存在的差距而导致的社会性认知不均衡现象。这种认知不均衡性，比认知心理学领域所界定的"认知失衡"现象边界更宽、内涵更广。在认知心理学的理论框架下，认知失衡现象主要指当现有的知识无法解释新出现的现象时，认知主体面临的认知不平衡现象。这种不平衡性，常常通过认知主体的努力（同化、顺应）而实现平衡化。与此不同，本书中所谓群体性认知不均衡性，主要指由于文化资源②在社会中的不均衡分布，以及认知主体对这些资源的不均衡利用而造成群体间认知结果的差异。在信息社会的语境下，群体性认知不均衡涵盖了信息不公平、信息不平等、信息贫富分化等概念。本书的立场是，群体性认知不均衡现象之所以发生，是由于社会中部分人群因客观或主观条件的局限而无法有效获取以知识信息等核心的文化资源，从而导致这一人群与社会其他人群之间出现"精神（或文化）贫富状况"差异化的现象。在群体性认知不均衡的两端，分别形成了"精神（或文化）富裕人群"和

---

① 于良芝、刘亚：《结构与主体能动性：信息不平等研究的理论分野及整体性研究的必要》，《中国图书馆学报》2010年第1期。

② 在本书中，使用了"信息资源"、"文化资源"及"记录资源"等多个术语，这些术语在本质上是完全一致的。使用"信息资源"一词主要是为了适应已有理论和研究中的惯用提法；使用记录资源则是为与社会认识论中的提法相一致。但按照本书后续的理论框架，文化资源的涵盖能力更强，更适合于本研究建构的理论框架。

"精神（或文化）贫困人群"。

总之，心理学视域下的认知失衡与本书中的认知不均衡之间的差异主要表现在，认知失衡重在对认知主体内在的建构活动的发生动力进行阐释，而认知不均衡性旨在对认知主体最终认知结果的差异做出描述。同时，认知不均衡性现象既可能发生于个体层面，也可能发生于群体层面：个体层面的认知不均衡不仅包括了认知主体在其认知发展过程中所面临的认知失衡现象，而且也涵盖了认知主体认知水平最终的差异本身；群体层面的认知不均衡则主要指因认知结果的相似性而出现的认知主体中"人以群分"的现象。

就"社会智力"的获得而言，个体层面的认知活动具有基础性意义。这是因为，人类知识的创新和发展，首先是通过个体认知努力（如科学家的研究活动）而实现的。个体认知成果经过一定社会标准的评判（如同行评审），并得到社会认可，才能成为社会认知结构中的组成要素。可见，即使是社会认识本身，其主要发展动力仍然源自个体（而不是群体）的认知努力。也就是说，个体认知失衡具有驱动个体付出认知努力的功能，是一种促进社会认识丰富化的基础性力量；而群体性认知不均衡本身并不具备促进认知发展的功能，只是对不同人群之间整体认知差异的描述，是因个体认知结果相似性而做出的一种分类。在本书中，群体性认知不均衡，意味着社会中一部分人被排斥在主流社会的"精神潮流"之外，无法有效分享社会文化发展的成果，甚至无法有效参与具有文化（或知识、信息）"门槛"的社会活动。

需要注意的是，群体性认知与科学哲学家所关注的群体协作型认知行为[①]也有着本质上的区别。群体性认知不均衡重在说明认知资源在不同人群中的分布状况及其后果，群体协作型认知行为则旨在说明科学共同体之间基于共同的价值标准和研究旨趣而展开的相互协作促进认知发展的行为。前者重在说明，部分人群的"平均"认知水平低于社会总体的认知水平，从而在社会的文化环境中处于不利位置；后者重在说明，个体之间互相协作以促进人类认知成果的丰富化。同时，从认知结果看，

---

① 群体协作型认知行为是托马斯·库恩所提出的一个概念，详见［美］托马斯·库恩《科学革命的结构》（第四版），金吾伦、胡新和译，北京大学出版社2012年版，第157页。

个体的认知努力促进了其认知结构的完善化,而当个体认知结果得到社会认可并最终被接纳为社会认知结构的必要成分时,社会的认知结构也得以完善。一方面,应该注意到社会认知结构的完善化最终有赖于个体以及个体间协作的认知努力,因此,个体与社会认知之间具有同构性,可以基于个体认知发展理论对社会认识的获得机制加以理解。另一方面,必须注意虽然个体与社会在认知发展上具有同构性,但个体认知失衡与群体认识不均衡的性质却完全不同。信息不平等现象,在本质上是一种发生于信息社会的群体性认知不均衡现象,这种现象与促进人类知识生长的群体协作型认知行为之间存在着质的差别。

三 个人信息世界概念的提出

迄今为止,关于群体性认知不均衡现象的研究事实上已遍布于图书馆情报学、社会学、新闻传播学等诸多领域。但这些以信息不平等、信息贫富分化等名义展开的研究,常常倾向于把个体的经济社会地位作为判断其认知结构群体性归属的根本标准,因此所回答的是"社会经济地位方面如何贫穷才算信息贫困",而不是"信息贫困者到底在信息(而不是经济)方面有多穷"的问题。[①] 换言之,这些研究所揭示的所谓信息贫困,并非群体性认知结构不完善而导致的精神(或文化)贫困,而是经济社会地位方面的贫困。例如,现有针对信息贫富分化问题(如数字鸿沟)的研究者常常把信息贫困的形成归因于技术的接入(如,第一道数字鸿沟),也有部分研究者在对信息贫困现象进行解释时引入了技能、使用状况等更加复杂的因素(如,第二道数字鸿沟)。此类研究的一个重要特征是,在对信息时代的社会分层进行分析前,已经预设了经济社会地位的差异导致了群体间知识结构完善性的差异。因此,这类研究事实上只是把现有的按照经济社会地位进行划分的社会结构进行了简化,提取其中与"信息社会"相关的因素(如 Internet 的接入),并按照这些指标对信息时代的社会结构进行了描述,将其称为"信息贫富分化"。如,数

---

① Yu, L. Z. , "How Poor Informationally are the Information Poor? Evidence from an Empirical Study of Daily and Regular Information Practices of Individuals", *Journal of Documentation*, Vol. 66, No. 6, 2010, pp. 906 – 933.

字鸿沟的研究者一般以 ICT 的 "有"（have）和 "无"（have not）作为判断个体位于鸿沟有利的一侧还是不利的一侧的标准，而 ICT 的 "有" 和 "无" 显然是一个反映经济社会地位的指标。另外，也有一些研究者试图通过对 ICT 拥有状况进行更加复杂的层级划分，以期更 "精确" 地揭示信息贫富分化。例如，Cartier、Castells 和邱林川在 ICT 的 "有" 和 "无" 之间加入 "信息中下阶层"（information have-less），[1] 以描述信息化背景下的中国社会分层。然而，即使对现有各社会阶层的 ICT 接入状况揭示得足够全面、完整，其划分的结果所得出的往往是社会经济的分化而不是群体性认知结构的差距。

于良芝[2]认为，现有信息不平等研究中，对信息贫困的描述存在着诸多不足。如，对复杂的信息贫困现象进行了简化处理，假定因为人们经济社会地位贫困，所以信息贫困。出现这种状况的一个很重要的原因是，本领域缺乏专门针对信息贫困定义的经验研究，从而也无法提出一个具有足够包容力和解释力的概念。这一状况导致本领域的研究者常常有针对性选取边缘人群作为 "信息贫困" 的研究对象，从而使其研究结论出现偏差。

显然，基于群体性认知不均衡性视角，正确揭示信息不平等现象需要从信息主体的角度，而不是经济社会地位的角度解析信息贫富分化和信息不平等。这要求本领域的研究者跨越结构与能动性二元对立的视角，从整体性角度理解群体性认知不均衡的根源。正是在这一背景下，于良芝通过对中国城乡居民的信息实践活动进行多年的经验研究，发现了个人信息世界的存在。个人信息世界概念的提出旨在从整体性立场揭示信息不平等，以回答 "信息贫困者在信息方面（而不是经济或社会地位方面）有多穷" 这一信息贫富分化研究的关键问题。

总之，现有信息不平等研究思路的局限性一再表明，信息不平等研

---

[1] Cartier, C., Castells, M. et al., "The Information Have-Less: Inequality, Mobility, Translocal Networks in Chinese Cities", *Studies in Comparative International Development*, Vol. 40, No. 2, 2005, pp. 9 – 34.

[2] Yu, L. Z., "How Poor Informationally are the Information Poor? Evidence from an Empirical Study of Daily and Regular Information Practices of Individuals", *Journal of Documentation*, Vol. 66, No. 6, 2010, pp. 906 – 933.

究者应该积极响应社会科学领域整体性的研究趋势。整体性的研究思路需要研究者使用新的概念，以便更加完整地描述信息不平等现象，从而在跨越二元对立的层次上，探究信息不平等和信息贫困等群体性认知结构失衡现象发生的根源。"个人信息世界"的概念正是在这样的背景下，作为整体性解析信息不平等现象的基础概念而提出的。

自2003年开始，在三个相互关联的课题的支撑下，于良芝针对中国北方地区居民的信息实践及信息贫困状况等现象进行了一系列经验研究，调研对象包括56位城市居民，20位东北地区木材加工厂的务工者和中国北方农村270位农民。①②③ 在对上述田野调查所获取的证据进行归纳和演绎的基础上，构建了个人信息世界的概念框架，并应用这一框架对信息贫困现象进行了分析。

于良芝在对经验数据进行归纳式编码并对其进行归类和分析后，发现了三组彼此存在关联，且共同揭示信息不平等现象的概念要素：第一，信息实践的类别，具体分为目的性实践、知觉性实践、无意识的实践三类；第二，信息实践的边界，具体包括空间、时间、知识三个方面；第三，信息和信息源，具体分为物理上可及的、物理及知识上可获取的、惯用的或基础性的、资产化的四个层次。于良芝认为，上述要素相对完整地界定了个人作为信息主体的活动领域，其综合差距与其他单维差距相比较，可以更准确地揭示信息不平等。通过对哲学领域"生活世界"概念的参考，于良芝把这一领域称为"个人信息世界"。在此基础上，进而把信息实践界定为个人信息世界的动力，把信息实践的边界界定为个人信息世界的边界，把信息实践的客体对象（信息和信息源）界定为个人信息世界的内容，从而最终构建了个人信息世界三要素八维度的概念框架。

---

① Yu, L. Z., "Information Worlds of Chinese Farmers and Their Implications for Agricultural Information Services: A Fresh Look at Ways to Deliver Effective Services", Paper Presented at the World Library and Information Congress: 76th IFLA General Conference And Assembly, Gothenburg, Sweden, August 10-15, 2010, http://www.ifla.org/files/hq/papers/ifla76/85-yu-en.pdf. (2012-09-20)

② Yu, L. Z., "Towards a Reconceptualization of the Information Worlds of Individuals", Journal of Librarianship and Information Science, No. 10, 2011, pp. 1-16.

③ 于良芝：《"个人信息世界"——一个信息不平等概念的发现与阐释》，《中国图书馆学报》2013年第1期。

个人信息世界的内容要素指的是信息主体活动的对象，其中包括可及信息源（available information sources）、可获信息源（accessible information sources）、惯用信息源（habitual information sources）[①]和信息资产（information assets）四个维度。按照个人信息世界概念框架，个人信息世界中存在的、可以作为信息实践对象的内容可被分为不同层次。首先是信息主体在物理上可及的信息源。其次是存在于信息主体从事信息活动的空间之内、他（她）有时间获取和利用的、能够被其认知所处理的信息源，即可获取信息源。再次是可获取信息源中被信息主体常规性利用的那些种类，这些信息源不仅对于信息主体而言在物理、时间及知识上是可及的，而且也是他（她）的利用习惯可及的，这部分资源被称为惯用信息源。最后是那些确实被信息主体利用过的信息产品及其产生的认知结果，由于这些资源经过了信息主体的利用，与信息主体发生了认知上的亲密接触，从而至少在一定程度上对信息主体记忆而言具有了可及性，这部分资源及其产生的结果被称为信息资产或资产化的信息。

基于对经验数据的分析，于良芝发现，由空间、时间和知识（intellectual sophistication）三个维度所构成的边界划定了个人信息世界的范围，决定其大小。空间指有意识的信息活动（也就是下文所说的知觉性和目的性信息实践活动）所发生的场所。不同个体间个人信息世界空间边界的差异很可能表现在量和质两个方面：所谓量的方面的差异是指，信息主体开展信息活动的场所的多样性；而所谓质的方面的差异，则是指信息主体开展信息活动的场所与社会性信息活动的关联度。时间边界指的是个人在日常生活和工作中有意识地分配给信息活动的时间。知识水平则指个人信息活动可以达到的智力和知识水平。通常情况下，知识不同则人们实际上可以获取的信息源也会有所不同，由此限定了信息主体的信息体验或经历，并导致其出现不同。总之，空间、时间、知识三者作为信息主体个人信息世界的边界，同时限定了个人获取信息、提取信息价值、积累信息资产的可能性，并由此限定了个人信息世界的内容及信

[①] 在于良芝教授的著述中，也把惯用信息源称为基础性信息源。考虑到这两种称呼之间并没实质性区别，本书中将使用惯用信息源这一术语。

息主体的经历和体验。①

个人信息世界理论认为，个体在日常生活和工作中所开展的信息实践具有目的性信息实践、知觉性信息实践和无意识信息实践三种类型，个人信息世界的形成、维护和发展正是通过信息主体的实践而实现的，而知觉性和目的性信息实践则构成了个人信息世界发展变化的基本动力。所谓无意识的信息实践，指的是个体开展的不以信息生产、获取或利用为目的，但却有可能偶发地引起信息获取行为的实践活动。在这类信息实践中，信息或信息源是潜在的客体存在，但个人的实践活动却有另外的目标，因此，这类信息实践中缺乏信息主体的自觉。知觉性信息实践通常指个人为了实现一般的信息目标（例如，为了增长见识或为了在某一方面保持知晓度）而开展的信息实践活动，或者应他人的要求或邀请而参与的信息实践活动。在这类信息实践中，信息主体意识到自己正在从事特定的信息活动，但并没有把这一活动与特定问题、行动、决策等具体目标相关联起来。目的性信息实践通常指信息主体为了解决具体问题、支持某种决策或行为、填补具体的认识空白而主动开展的信息实践活动。

综上所述，基于田野调查所获得的证据，于良芝把个人信息世界定义为：由空间、时间、知识三个边界限定的信息主体活动领域，在这里，信息主体通过其信息实践从物理世界、客观知识世界、主观精神世界的信息源中获取信息，汲取信息效用，积累信息资产。②

总之，整体性研究思路需要研究者使用新的概念更完整地描述信息不平等现象，以支持此方面的研究在跨越二元对立的层次上，探究信息不平等和信息贫困现象发生的根源。"个人信息世界"的概念正是在这样的背景下，作为对信息不平等现象进行整体性研究的基础概念被提出的。

---

① Yu, L. Z., "Towards a Reconceptualization of the "Information Worlds of Individuals"", *Journal of Librarianship and Information Science*, No. 10, 2011, pp. 1–16.

② 于良芝：《"个人信息世界"——一个信息不平等概念的发现与阐释》，《中国图书馆学报》2013年第1期。

四 个人信息世界视域下的群体性认知不均衡

于良芝①②基于个人信息世界的构念，从如下三个维度对信息贫困的主客观根源进行了解析。这些解析虽然围绕信息不平等现象而展开，但却实质性地论及了群体性认知不均衡的根本原因。

（1）从可获信息资源维度看信息贫困。

如前所述，可获信息源（accessible information resource）是个人信息世界的一个重要维度。从这个维度看，信息贫困之所以发生，是因为个体缺乏对信息资源加以有效使用的自由和机会。在具体的信息实践活动中，人们常常表现出如下特征：第一，即使大量信息资源处于人们有效获取的范围之内，其中的许多资源也未被使用；第二，人们通常倾向于使用他们以前用过的信息资源，不愿意尝试新的；第三，物理上的可及性并不自动把信息资源加入基础信息源中，除非向人们展示了这些信息资源的相关性和有用性（即将这些信息源与个体的认知行为相关联），这些资源才有可能被转化进入个人信息世界；第四，人与人之间的基础信息源及其对每种资源的使用情况都存在着差异，正是这些差异，造成了人们认知不均衡的分化。总之，从可获信息源的维度来看，信息贫困者缺乏把海量的、正在快速增长的信息资源吸纳到自己基础信息源的自由和（或）机会。也就是说，信息贫困者常常无法把出现在他们生活世界中的很多可及的（available）信息资源变成可获取的（accessible）信息资源，进而局限了自己基础信息资源的范围，从而最终导致了信息贫困。

（2）从信息实践维度看信息贫困。

个体的信息实践（information practice）活动发生于社会生活、娱乐、日常工作等各种场合。田野调查表明，不同个体的日常信息实践不仅在

---

① Yu, L. Z., "How Poor Informationally are the Information Poor? Evidence from an Empirical Study of Daily and Regular Information Practices of Individuals", *Journal of Documentation*, Vol. 66, No. 6, 2010, pp. 906–933.

② Yu, L. Z., "Information Worlds of Chinese Farmers and Their Implications for Agricultural Information Services: A Fresh Look at Ways to Deliver Effective Services", Paper Presented at the World Library and Information Congress: 76th IFLA General Conference And Assembly, Gothenburg, Sweden, August 10–15, 2010, http://www.ifla.org/files/hq/papers/ifla76/85-yu-en.pdf. （2012–09–20）

类型和信息源选择顺序和偏好上存在着差别,其信息实践特征也存在着明显差别,表现如下。第一,空间特征不同。即,从个体信息实践发生的位置和环境来看,有些个体倾向于在信息密集的环境中进行信息实践,而另外一些个体的信息实践则更多发生于信息缺乏的环境中。第二,时间特征不同。即,从个体投入信息实践中的时间比例来看,有些个体在非信息活动中"零星"地进行信息实践,有些个体的信息实践则持续不断地发生于工作与非工作环境之下。第三,认知特征不同。即,从个体在信息实践中所表现的知识水平来看,不同个体因文化素养、数字运算能力、信息分析技能,尤其是批判性思维和话语分析的能力不同,其信息实践也存在着很大差异。总之,时间、空间、知识形成了个人信息世界的边界,直接决定了个人信息世界的大小,从而限定了信息资源之于个体的可获取性(accessibility),进而影响信息主体的信息贫富状况。

(3) 从信息资产维度看信息贫困。

正如个人信息世界理论框架所阐释的,个人信息资产(information assets)是个体通过对其基础信息源内外资源的使用而积累的"信息成果"(informational outcomes)。个人信息资产的积累不仅包括人们的知识和技能的改变,也包括个体信息实践过程中所处理的信息资源的规模。在信息社会的背景下,信息资产使个人的生活获得了"赋能"(empowerment)。所谓"赋能",指个体在面对现实问题时,能够有所作为的一种状况。"赋能"之于个人生活的重要性,通常在个体面对困境时的所作所为中体现得更为明显。田野研究发现,很多个体既无法回忆起过去所遇到的困难,也无法对未来可能遭遇的困难予以预见。对他们而言,生活在循规蹈矩地自动进行,因而基本不需要信息对其进行干预。即使部分生活中存在困难的个体,也仍然无法意识到信息在此局面中的角色,更没有意识到可以应用信息去改变不利的生活状况。据此可以看出,信息贫困者至少在一定程度上是因为信息资产的贫乏而陷入无力改变现状的状态之中。信息贫困者对生活只有较低的预期且被动而无助。据此可推想:过往的生活经验使信息贫困者很少能够理解在其生活情境中信息的价值,关于信息源有限的了解使其难以确认信息源的有益性,信息搜索和获取技能的匮乏使其信息获取常常依赖于他人的帮助。简言之,由于缺乏信息资产,个体无法应对信息方面的问题并采取相应行动,从而导致了信息贫困的发生。

由于个人信息世界的概念框架以解释信息贫困现象为初衷,因此,于良芝教授围绕个人信息业务概念框架展开的理论建构没有涉及个体的认知问题。然而,无论是信息源从可及到可献,还是信息资产的形成,无不与个体的认知活动等紧密关联。从这个角度看,个人信息世界对信息不平的现象发生主管观根源的剖析,事实上也适应于群体间认知不均衡现象所具有的这种复杂性,将社会认识引信信息社会问题的研究才显得如此必要而紧迫。个人信息概念框架的提出,为基于总体性研究只得展开对群体间认知不均衡现象的研究做了铺垫,① 也为丰富和完善社会认识层次率的理论体系提供了契机。

五 个人信息世界与社会认识论之间的理论关联

任何信息社会问题最终都将在公民的信息实践活动中得到体现。个人信息世界概念框架的提出,正是试图立足于个体的信息实践,从整体性的理论视角,对信息社会背景下的信息贫富分化及其理论机理做出解读。由于个人信息世界概念框架提出时日尚浅,迄今为止还很少有研究者直接通过个人信息世界差距解析信息社会问题的产生。但很多研究者从信息时代公民特质的角度,对公民的信息实践何以导致信息社会问题的产生进行了解析。这些解析,最典型地反映了个人信息世界与社会认识论之间的理论关联。具体体现在以下几个方面。

第一,信息时代的公民权研究表明,个人信息世界与群体性认知差异之间存在着明显的理论关联。着眼于解析信息时代的公民特质,Wong 等[②]从社会学的角度对信息社会背景下的公民权(citizenship)进行了分析。Wong 等认为,在 ICT 深刻影响社会发展的前提下,公民必须具有一种新的权利——e 公民权。这种公民权确保公民能够参与由 ICT 驱动的信息社会。信息社会的公民尤其要能够从 Internet 上获取数量惊人、增长迅

---

① 周文杰:《基于个人信息世界的信息分化研究》,博士学位论文,南开大学,2013 年。
② Wong YCL, Chi, K. Fung, J. and Lee, V., "Digital divide and social inclusion: policy challenge for social development in Hong Kong and South Korea", *Journal of Asian Public Policy*, Vol. 3, No. 1, 2010, pp. 37 – 52.

速的信息，能够运用网络空间与他人交流，能够通过正确的渠道向政府和商业经营者表达自己的意见。国家在公民有效行使 e 公民权的过程中承担着重要的责任，IT 素养是整个文化知识素养的一部分，使公民具备应用信息技术的能力应该在政府工作的日程中得到优先安排。也就是说，e 公民权是公民能否有效参与信息社会基本前提，而保障公民的 e 公民权则是政府的重要职责。换言之，在信息社会中，存在一部分人因个人信息世界的贫乏而使其 e 公民权无法得到保障，从而被信息社会所排斥的现象。因此，群体性认知的不均衡也可以理解为个人信息世界贫富状况不同的人群之间，在参与信息社会能力方面（即 e 公民权）的差异。从这个意义上说，e 公民权的存在，表明了个人信息世界与群体性认知不均衡之间清晰的理论关联。这种理论关联的进一步经验验证，将在本书后续章节陆续展开。

第二，公民对信息社会参与程度的相关经验证据，在很大程度上证实了个人信息世界与群体性认知之间的关联。例如，Young[1] 在对儿童使用 Internet 的行为进行了实证研究后发现，Internet 已进化为一种重要的认知工具，据此，可划分出三种特质的公民：参与型公民（participant citizen）、工具导向型公民（tool-mediated citizen）和自适应型公民（adaptive citizen）。对参与型公民而言，Internet 在向其反映本社区以及更大范围社会事务的同时，使其具备参与社区或社会事务的能力，基于 Internet 而实现文化意识的形成与社会知识的传播都是此类特质的表现。工具导向型公民特质表现在公民对信息获取工具的选择特征和技术应用的熟练程度方面，这种特质是由 Internet 的设计和结构决定的。自适应型公民特质揭示了公民如何融入网络环境中，例如，在网络环境下公民如何聚焦于自己的目标并不断进行自我调节。Young 提出，当代公民特质正是人类和 ICT 工具互动的结果，技术与人类长期相互作用的最终结果是对社会结构产生影响。显然，上述三类公民特质事实上正是三个认知层次不同的群体，而造成三个群体之间差异的最终原因，是其信息实践能力与结果的差异。如果把信息实践视为人们个人信息世界的一种外在表现，则三类

---

[1] Young, K., "Toward a model for the study of children's informal Internet use", *Computers in Human Behavior*, No. 24, 2008, pp. 173–184.

公民特质所代表的群体性认知差异正是个人信息世界贫富状况不同人群之间差异的一个具体体现。因此，上述研究中所获取的关于公民参与信息社会程度的经验证据，在很大程度上证实了个人信息世界与社会认知层次（或称群体性认知居民）之间的关联。

本书的一个基本立场是，群体性认知差异是社会认识在某一时间点上整体图景的反映。也就是说，社会认知具体表现为在特定的时点上，不同人群之间认知由低向高逐次分布的一种状态。群体性的认知结果，正是社会智力的具体体现。回顾社会认识论的理论本源，在《书目理论的基础》一文中，谢拉等为社会认识论设立了四种"基本假设"。[1] 结合本书第四章所构建的社会认识层次论框架，可以基于这四个假设对个人信息世界与社会认识论之间的理论关联做出进一步解读：

假设一，个体获得"认识"与其直接环境（或所接触的环境）部分相联系。在信息社会背景下，信息源构成了个体获得认知的基本环境条件，而图书馆作为记录资源的集散中心，堪称信息环境的精华之地。根据此假设，只有个体周边存在其可以获取的信息源，个体的"认识"方有可能获得发展。在个人信息世界的概念框架之下，与个体获得认识相关联的环境因素被称为可及信息源。基于可及信息源，个体通过信息实践，汲取信息效用，将其转化为可获信息源，并纳入惯用信息源之中，最终形成个体的信息资产。惯用信息源的范围与信息资产的多寡，正是决定个人信息世界贫富的最关键因素。从这个意义上说，社会认识论的第一个假设恰恰对应着个人信息世界概念框架的第一个维度，而无论是社会认识论关于信息环境的假设，还是个人信息世界关于可及信息源的定义，其实都指向了图书馆职业所"藏"的记录资源，从这个意义上说，谢拉关于社会认识论的第一个假设体现了图书馆职业关于"藏"的逻辑。

假设二，人类的传播工具使个体具备进入超越其个人经验但能够为其所理解的总体环境中。信息源由可及到可获需要借助一个传播工具。按照个人信息世界的概念框架，可获信息源的存在，只是个体走向信息富裕化的一个必要而不充分的条件。社会认识论的这个假设表明，个体

---

[1] Margaret E. Egan and Jesse H. Shera, "Foundation of a Theory of Bibliography", *The Library Quarterly*, Vol. 22, No. 2, 1952, p. 132.

能否将个人信息世界概念框架中所述的可获信息源变得可及，并从中汲取信息效用（information utility），将直接决定其能够超越个人的经验而进入更高的认知层级。具体而言，图书馆职业通过知识服务，实现了为个体基于图书馆这个知识的传播工具而超越其个人经验而理解人类的总体认知成果创造了条件。从这个意义上说，谢拉关于社会认识论的第二个假设体现了图书馆职业关于"用"的逻辑。

假设三，作为诸多个体异质性知识的融合，社会从整体上超越了个体知识。图书馆职业以知识资源的收集、整序和提供利用为使命。换言之，社会认识的整体面貌之所以能够得以展现，在于通过图书馆职业的努力，经过一定的社会标准，从而将异质性的个体性知识纳入整体性的社会认知结构之中。显然，经过整序的社会整体的认知结构要优于任何个体的认知结构，社会整体的认知结构也大于任何个体知识的简单相加之和。这种社会知识结构优于任何个体知识结构的现象，事实上体现了图书馆职业关于知识资源的整序与知识组织的逻辑。

第三，社会性的理智行为超越个体行为。作为社会认识发展制度设计的组成部分，包括图书馆职业在内的教育、文化、科学等系统共同保障和促进了社会认知水平的提升。随着社会认知水平由低向高的逐次发展，每个层级上的群体性认知都超越了个体的认知水平，最终使社会智力从整体上高于个体智力。正是由于社会智力高于个体智力，因此具有充分认知保障的社会理智行为超越了个体行为。从这个意义上说，社会需要一个系统化的制度体系，来保障社会认知高级化，因此，社会理智行为高于个体理智行为体现了图书馆职业得以存在的制度逻辑。

综上所述，个人信息世界概念与社会认识论之间存在着非常紧密的理论关联。由于个人信息世界概念框架具有清晰的维度结构，因此，这种理论关联的存在，为基于个人信息世界而对社会认知现象进行测度提供了可能。

第三节 群体性认知不均衡的测度

既然群体发生认知不均衡是一种普遍存在的社会现象，则这种现象一定可以通过科学的方法得以有效测度。在信息社会的语境下，以数字鸿沟、数字不平等、信息贫富分化等名义展开的研究虽然不直接针对群体性认知不均衡现象，却客观上为群体性不均衡的测度提供了启示。

一 数字鸿沟的主要测量模型

数字鸿沟（digital divide）及与此相关的信息不平等问题是信息化世界中的一个焦点问题。在很大程度上，对数字鸿沟的研究代表了从整体（或者说从社会）角度对信息贫富分化特征进行的描画。

经济合作与发展组织（OECD）对数字鸿沟的定义指出，"（数字鸿沟）是指不同社会经济水平下，个体间、家庭间、机构间和地理区域间在获取信息通信技术（ICT）和使用 Internet 开展各种活动的机会方面的鸿沟"。[①]韩国数字机会促进署（KADO）把数字鸿沟分为两种类型：（1）垂直鸿沟，又称第一层次鸿沟，是指信息技术的使用者和非使用者之间的鸿沟，反映机会平等问题；（2）水平鸿沟，又称第二层次鸿沟，是指信息技术使用者之间的鸿沟，反映了社会整合问题。[②]为使数字鸿沟测度的指标具体可测，英国、美国、日本等国都对数字鸿沟的定义进行了操作化，较为典型的操作性定义有，数字鸿沟是：

——个体在家中使用 Internet 的鸿沟；
——个体在任何场所使用 Internet 的鸿沟；
——家庭 PC 拥有的鸿沟；
——个体 PC 获取的鸿沟；
——家庭 Internet 接入的鸿沟；
——宽带网络接入的鸿沟。

[①] "How to Measure the Digital Divide? KADO Invites You to Explore the IT World of Your Dreams", 2004, http://www.itu.int/osg/spu/ni/digitalbridges/presentations/02-Cho-Background.pdf (2011-6-16).

[②] Ibid..

由这些操作性定义可以看出，在数字鸿沟测度领域，尽管不同国家及国际组织基于自身的理念及条件选择了不同的测度指标，从而形成了形形色色的指数，但总体而言，迄今为止对数字鸿沟的测度指标体系都是围绕ICT展开和设计的。换言之，在通常情况下，ICT的扩散与影响被视为数字鸿沟在测量层面的操作化。截至2007年，有研究者整理出关于ICT测度方面的模型达37个（见表5-1）。[①] 2008年以来，各种新的测量模型仍然在不断产生，其中国际电讯联盟（ITU）研制的IDI具有较高代表性和认可度。

表5-1　截至2007年全球部分重要数字鸿沟测度模型

序号	模型	机构
1	The 2006 e-readiness rankings	Economist Intelligence Unit（EIU），2006
2	E-commerce readiness assessment guide	Asian Pacific Economic Corporation（APEC），2000
3	Risk E-Business: Seizing the Opportunity of Global E-Readiness	McConnell，2000
4	A Three-Country ICT Survey for Rwanda, Tanzania and Mozambique	Swedish International Development Cooperation Agency（SIDA），2001
5	A framework for measuring national e-readiness	Bui, Sankaran and Sebastian，2003
6	World Telecommunication Development Report	ITU，2003
7	Digital Opportunity Index	ITU，2005
8	Digital Access Index	ITU，2002
9	A New Indicator of Technological Capabilities for Developed and Developing Countries（ArCo）	Archibugi，2004
10	Knowledge Assessment Methodology	WB，2005

[①] Hanafizadeh, P., Hanafizadeh, M. R., Khodabakhshi, M., "Extracting Core ICT Indicators Using Entropy Method", *Information Society*, Vol. 25, No. 2, 2009, pp. 36-47.

续表

序号	模型	机构
11	Methodological Challenges of Digital Divide Measurements	Vehovar, Sicherl, and Dolnicar, 2006
12	Readiness Guide for Living in the Networked World	CSPP, 1998
13	Networked Readiness Index (NRI)	WEF, 2001
14	Information Society Index	International Data Corporation (IDC), 2000
15	Republic of Armenia: ICT Assessment	USAID, 2000
16	Performance Indicators on ICT Use in Education project	UNESCO, 2006
17	European Community- BISEReEurope Regions Benchmarking Report	European Community, 2004
18	Information Society Indicators	United Nations, 2005b
19	Core ICT indicators	United Nations, 2005a
20	Gaps and Bits: Conceptualizing Measurements for Digital Divide/s	Barzilai-Nahon, 2006
21	Measuring the digital divide: a framework for the analysis of cross country differences	Corrocher and Ordanini, 2002
22	United Nations Global E-government Survey 2003	United Nations, 2003
23	Southern African Development Community (SADC) e-Readiness Review and Strategy	SADC, 2002
24	Technology Achievement Index (TAI) United Nations DevelopmentProgramme	(UNDP), 2001
25	European Commission-List ofeEurope Benchmarking indicators	European Commotion, 2000
26	Nordic Council of Ministers-Indicators for the Information Society in the Baltic Region (2005)	Nordic Council of Ministers, 2005
27	ICT development indices	UNCTAD, 2003
28	From the Digital Divide to Digital Opportunities	ORBICOM, 2003
29	Defining and measuring e-commerce: a status report	OECD, 1999

续表

序号	模型	机构
30	Guide to Measuring the Information Society	OECD, 2005a
31	Key ICT Indicators OECD,	OECD, 2005b
32	ICT access and use by households and individuals: revisedOECD model survey	OECD, 2005c
33	Information technology indicators for a healthy community	City of Seattle, 2000
34	International Survey of Electronic Commerce	World Information Technology and Services Alliance (WITSA), 1999
35	An evaluation of e-readiness assessment tools with respect to information access: Towards an integrated information rich tool	Mutula, 2006
36	Readiness for the Networked World, A Guide for Developing Countries	CID, 2000
37	eEurope 2005: Benchmarking Indicators	e-Europe, 2005

资料来源：笔者根据 Payam Hanafizadeh（2009）等的数据整理。[①]

迄今为止，全球发展的大量数字鸿沟测度模型大致可以分为社会视角和个体视角两个类型。

二 社会视角的数字鸿沟测度

（一）国际电讯联盟（ITU）：从数字获取指数（DAI）到 ICT 发展指数（IDI）的进化[②][③]

在数字鸿沟的测度领域，ITU 研制的各种指数具有较高的解释能力和广泛的国际认可度，ITU 的指数常被作为基准，用以衡量特定国家或区域

[①] 周文杰：《定检分化中的信息业界：因外数字鸿沟测度模型述评》，《中国信息界》2011 年第 12 期，第 71—77 页。

[②] "Measuring the Information Society: The ICT Development Index", 2010, http://www.itu.int/ITU-D/ict/publications/idi/2010/index.html (2011-6-16).

[③] Ibid..

的信息贫富分化现状。到目前为止，ITU 最新的测量工具是 ICT 发展指数（IDI）。但 IDI 并非一朝形成，这一指数整合了此前 ITU 几乎所有产生过影响的指标。

1. 数字获取指数（DAI）

2003 年，ITU 研制了数字获取指数（DAI），用以测量单个国家获取和使用 ICT 的能力。DAI 涵盖了五个领域：基础设施、负担能力、知识、ICT 质量和实际使用能力。ITU 应用 DAI 对 2002 年全球 178 个国家和地区 8 项指标进行了测量，并对 1998—2002 年 40 个国家和地区的 ICT 各项测度指标进行了比较，在此基础上，形成了引起世界各国政府及相关机构广泛兴趣的 2003 年度 DAI 报告。但 DAI 报告只发布了一次后，ITU 便开始对这一指标体系进行修正和完善，从而产生了新的指数——ICT – OI。

2. ICT 机会指数（ICT – OI）

2005 年，ITU 和 Orbicom 决定把 DAI 和 Orbicom 的 Infostate 指数融合，创制了 ICT 机会指数（ICT Opportunity Index，ICT – OI）。整合后的第一版 ICT – OI 在 2005 年世界信息社会高峰论坛（World Summit on the Information Society，WSIS）上发布，升级版的 ICT – OI 于 2007 年发布。ICT – OI 的基本目标是监测全球数字鸿沟并跟踪国家内及国家间历时的数字化发展水平。ICT – OI 基于的概念框架是通过区分不同的信息密度（info-density，包括 ICT 基础设施和技能）和信息使用（info-use，包括 ICT 领会和使用强度），形成包含 10 个指标组的 4 个亚指数（sub-indices），每个亚指数可用以独立判断不同地区 ICT 的强弱程度。ICT – OI 研制的一个基本理念是把数字鸿沟视为一个相对概念，通过计算测量对象与参照国家、参照年份的 ICT – OI 指数的比较值，确认特定"数字国家"（infostate）的发展变化。然而，ICT – OI 不是一个基准指数，而是一个追踪国家或地区 ICT 历时发展状况及相互关系的指数。这个指数的一个明显缺点在于，其测度值依赖于别的国家（参照国家）的相关值，从而难以获得确定的结果以进行历时比较。

3. 数字机会指数（DOI）

2005 年，为回应 WSIS 日内瓦计划，ITU 创制了数字机会指数（Digital Opportunity Index，DOI）。正式版的 DOI 于 2006 年发布，并在 2007 年

发布了升级版。DOI 的主要目的是测量国家从 ICT 中获取潜在利益的机会（或称数字机会），其指标主要涵盖了三个领域：机会、基础设施和应用状况。DOI 的 11 项指标中有 9 项与"ICT 测量与发展合作伙伴"（the Partnership on Measuring ICT for Development）核心指标相一致，这些指标包括了对新技术（如固定和移动宽带网络）以及价格（也被称为机会，反映对 ICT 技术的负担能力）的测度。DOI 采用了和 DAI 相类似的计算方法，通过获取测量的绝对数值，进行历时的对比并计算国际指数。

4. 走向整合的 ITU 指数与 ICT 发展指数（IDI）的形成

自 2006 年起，要求 ITU 对上述各种指数进行整合，并形成一个基准指数的呼声日高。经计算，ICT - OI 和 DOI 之间的相关系数达 0.94，这是由于两者的指标都与国家的收入水平有着密切的关系，所不同的只是计算方法：ICT - OI 的计算需要对应参照国家或地区，以描述一个所测量国家或地区的实际信息化进程；而 DOI 则只是简单地计算每个国家的绝对指数，并进行国家间不同年度指数值和等级的比较。因此，从 2007 年起，ITU 开始对 ICT - OI 和 DOI 进行整合，以研发一个综合指数。经过充分的讨论，ITU 最终形成了一个"向信息社会进化"的三阶段模型（见图 5 - 1）。

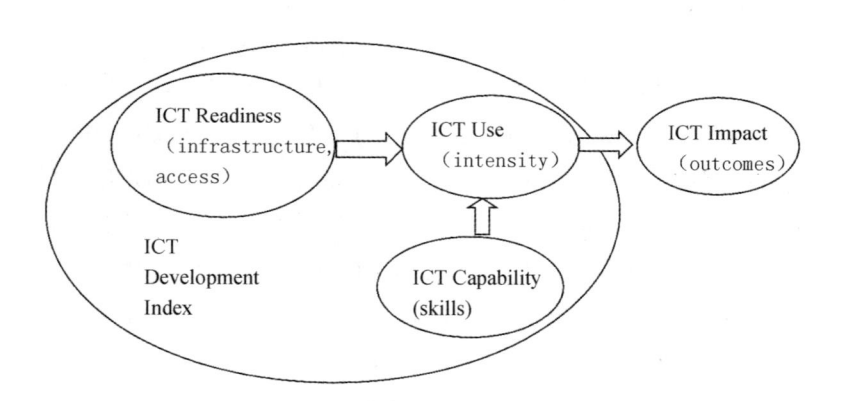

图 5 - 1　ITU 提出的向信息社会进化的三阶段模型

在上述模型的基础上，ITU 参照专家意见，并应用主成分分析等手段，于 2009 年完成了指数的整合并最终形成了 ICT 发展指数（ICT Development Index，IDI）。IDI 的指标体系主要涵盖如下三个领域：（1）ICT 基础设施和获取。包括每百户居民固定电话头数，每百名居民移动电话持有率，每位 Internet 用户国际互联网的带宽（bit/s）或 Internet 交换点数（IXPs），家庭拥有电脑比率，家庭拥有上网条件的比率。（2）ICT 的使用及其密度。包括每百位居民 Interne 使用比率，每百位居民固定宽带 Internet 接入率，每百位居民移动宽带接入率。（3）ICT 技能和有效使用 ICT 能力。包括成人非文盲率，高中入学率，第三级教育机构（相当于我国大专以上）入学率。

IDI 最终权重的计算方法如表 5 - 2 所示。自 2009 年起，ITU 每年发布一次 IDI，使之成为当前国际社会认可度较高的一种信息社会测度指数。

表 5 - 2　　　　　　　　　　IDI 指标权重

ICT access	Ref. Value	%	
1. Fixed telephone lines per 100 inhabitants	60	20	40
2. Mobile cellular telephone subscriptions per 100 inhabitants	150	20	
3. Iternational Internet bandwidth (bit/s) per Internet user	100000 *	20	
4. Proportion of households with a computer	100	20	
5. Proportion of households with Internet access at home	100	20	
ICT use	Ref. Value	%	
6. Internet users per 100 inhabitants	100	33	40
7. Fixed broadband Internet subscriptions per 100 inhabitants	60	33	
8. Mobile broadband subscriptions per 100 inhabitants	100	33	
ICT skills	Ref. Value	%	
9. Adult Literacy rate	60	33	20
10. Secondary gross enrolment ratio	150	33	
11. Tertiary gross	100000 *	33	

资料来源：ITU。

（二）联合国（UN）：信息社会指标（Information Society Indicators）[①]

联合国相关机构于 2005 年发布的信息社会指标的测量维度如下：

[①] United Nations,"Information Society Indicators", New York, 2005, http：//www. escwa. un. org（2011 - 06 - 16）.

1. 基本获取

这一指标从整体上反映国家的信息基础设施和发展潜力。所涉及的主要是 ICT 设施中基本电信设施的扩散，有意愿使用 ICT 工具的人群中 Internet 的接入量。电视和通信卫星也被包括在这个项目之中，因为它们提供了 Internet 之外的其他信息扩散。这一维度的测量指标包括：每百人固定电话头数，每百人移动电话拥有数，居民固定采用月租费，本地电话 3 分钟的通话费用，商务电话月租费，每百人电视拥有数，每百人 PC 拥有数，每百人 Internet 服务器数，每百人 Internet 接入数，人均 Internet 宽带，每千人 Internet 拥有数。

2. ICT

此部分既可被视为接受度（readiness）指标，也可被视为授权度（enabling）指标，或者作为强度指标。在本指标体系中，ICT 被作为授权度指标进行测量。包括：ICT 覆盖的总劳动人口的性别比例，在进出口中 ICT 的比例，ICT 的附加值（与总价值相比增加的比例）。

3. 强度

即基础设施的安装和使用之间的关系。对 ICT 在信息社会使用的强度反映了特定国家向信息化目标转化的程度。核心指标用以测度 ICT 对社会、商业和经贸的直接影响，之后的指标测度了间接影响。包括：家庭因素（家庭每月 Internet 接入支出，家庭拥有 Internet 的比例，家庭拥有 PC 的比例，不同性别个体初次接触 Internet 时的年龄，个体在活动中使用 Internet 情况），商业因素（商用 PC 的比例，商用 Internet 接入比例，拥有商业网站的比例，员工使用 PC 的比例，员工使用 Internet 的比例，从 Internet 接到订单的比例，从 Internet 发出订单的比例，拥有内联网的比例，从 Internet 上接到订单的价值），教育因素（高中以下学校生机比，高中以下学校学生用于学习的 Internet 接入比例，高等教育机构 ICT 及相关领域注册学生数，高中以下学校合格的 ICT 教师比例，高等教育机构中在线学习课程的开设率）。

与 IDI 相比，这一指标体系把测度的触角力度伸得更深一些，这当然有助于了解更加全面的 ICT 扩散信息，但同时也增加了大范围实施这项测度的难度，这也许是这一指标体系无法得到像 IDI 那样高的认可度的一个重要原因。

(三) 经济合作与发展组织 (OECD): ICT 主要指标 (Key ICT Indicators, KII)[①]

OECD 是一个较早开始关注对信息社会进行测度的机构,其内设部门——信息社会指标工作组 (WPIIS) 的许多工作都具有开创性的意义,为后来其他国家和组织进行信息社会测度奠定了基础。[②] KII 的主要测度指标如下:每百人的固定线路接入和通道,每百人移动电话拥有量,Internet 总接入量,每百人宽带接入量,有线电视接入量,家用计算机接入 Internet 量,商用 Internet 人数,工业中在 Internet 上完成的销售量,ICT 相关职位的数量,电话服务年收入,ICT 价值增殖在总价值增殖中的比重,特定 ICT 企业中研究和发展的费用,ICT 专利比例,ICT 商业和贸易总量,前 50 位电信公司和 IT 企业,人均 ICT 获益率,ICT 投入对 GDP 增长的贡献率。

三 个体视角的数字鸿沟测度模型

由于传统的数字鸿沟测量方法着眼于 Internet 的使用、家庭 PC 的拥有量及 Internet 的接入率等"硬件鸿沟",而没有涵盖应用方面的"软件鸿沟"(如个体使用计算机或 Internet 方面的能力),因而,传统的测量指数存在如下缺点:(1) 仅仅关注了极端团体 (ICT 最富有团体与最贫困团体)之间的差异,忽视了中间团队,因而无法描绘数字鸿沟的整体图景;(2) 每个数据使用了不同的区域概念,特别是收入、社会地位等,很难进行跨国比较。据此,韩国数字机会促进署 (KADO) 认为,在数字鸿沟的测度中,需要发展一种复合的测量:将物质条件的获取、个体信息能力和信息资源应用状况合成为一个指数。根据这一理念,KADO 创制了个人信息指数 (PII) (见如图 5-2)。[③]

---

① OECD, "Key ICT Indicators", http://www.oecd.org (2011-6-16).
② 陈建龙、胡磊、于嘉:《国内外宏观信息化测度的发展历程及比较研究》,《情报科学》2008 年第 9 期。
③ "How to Measure the Digital Divide? KADO Invites You to Explore the IT World of Your Dreams", 2004, http://www.itu.int/osg/spu/ni/digitalbridges/presentations/02-Cho-Background.pdf (2011-6-16).

社会认识层次论

```
                    Personal Information Index
         ┌──────────────────┼──────────────────┐
   Personal Access Index   Personal Capacity   Personal Application Index
     (weighted average)    (weighted average)    (weighted average)
```

| Accessibility | Computer/Internet Specification | Tool Diversificatio | Awareness Indicator | Computer Literacy | Internet Literacy | Quantitative Utilization | Quantitative Utilization |

| PC/Internet Use Accessibility | PC Type Internet Speed (High/Low) | IT Necessity/Importance Awareness | Computer Literacy | Internet Literacy | Computer Internet Using Time | No. of Registered Sites | Degree of Helping Daily Life | Recommended S/W Contents Utilization |

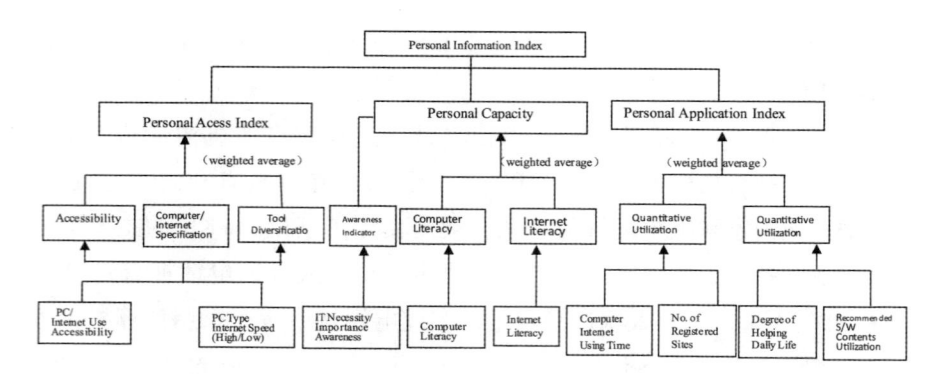

图 5-2 PII 指标框架

与智商（IQ）或自尊等关注个体的测度相类似，PII 可以计算出每位受测者的得分。然后由个体平均得分构成团体分，进行团体间比较。PII 中各维度的权重及分值如表 5-3 所示：

表 5-3 PII 的指标体系及权重

Grand-category	Category	Sub-category
Access（0.3）30 points	Ownership of IT devices（0.2）6 points	PC ownership（0.4）2.4 points Home Internet connection（0.4）2.4 points Ownership of wireless Internet devices（0.2）V1.2 points
	Availability of IT devices（0.6）18 points	Availability of PC when needed（0.17）3 points Ease of access PC（0.33）6 points Availability of the Internet when needed（0.17）3 points Ease of access to the Internet（0.33）6 points
Capacity（0.2）20 points	Quality of IT devices（0.2）6 points	Quality of PC（0.5）3 points Quality of Internet connection（0.5）3 points
	Capacity to use computer V（0.5）10 points	Ability to use eight computer-related items 10 points
	Capacity to use the Internet V（0.5）10 points	Ability to use eight computer-related items V（1）10 points

续表

Grand-category	Category	Sub-category
Utilization (0.5) 50points	Quantity of usage (0.6) 30 points	Usage of PC/the Internet (0.7) 21 points Average hours of usage PC/Internet (0.3) 9 points
	Quality of usage (0.4) 20 points	Usefulness on five areas of InternetVactivities (0.5) 10 pointsVUsage of needed Internet/computer activities (0.5) 10 points

Source: KADO. Survey for the measurement of the digital divide in 2004 (cited in ITU2005. p. 95). The points indicate the maximum possible points of the categories/sub-categories.

目前，把个人的信息能力放在数字鸿沟的语境下进行考察，是一个"热门"的论题。但是，囿于现有主要数字鸿沟测度机构（如ITU）的基本理念，PII以及与此相类似的测度产生的影响及其认可度还相当有限。

四 数字鸿沟测度模型的局限性

尽管承载了揭示信息世界贫富分化真实图景的厚望，迄今用以测度和描述信息世界的各种手段在解释能力及适用性等方面仍受到了广泛的质疑。现有的数字鸿沟的测度指标体系中，大量指标因忽视了技术扩散的特定社会或个体情境而被冠之以"技术决定主义"（technological determinism）的称号。而且，这些测度手段也面临着自身无法克服的矛盾，"（现有）数字鸿沟的研究，一方面认为数字鸿沟的出现是不可避免的，并将随着（ICT）接受水平的提高而趋于弥合；另一方面却认为（随着ICT的扩散），不平等将持续存在并可能趋于加剧"。[1] 而在个体层面，试图揭示个人信息贫富状况的测度同样遭遇各种挑战。站在改善现有窘境的立场上，致力于信息不平等的研究者与测度工具的设计者都亟待新的理论视角的诞生。

---

[1] Joo-Young Jung JLQaY-CK,"Internet Connectedness and Inequality: Beyond the Divide", *Communication Research*, No. 28, 2001, p. 507.

追根溯源，对信息不平等的测度分歧的最终根源在于对信息社会背景下个体认知能力和信息交流本身的不同理解与阐释。例如，当把信息交流视为一个信源经信道到信宿的物流过程时，研究者很容易假定客观的物质条件就是造成信息贫富分化的决定性因素。显然，这个假定引导信息贫富分化的测度走向了技术决定主义。但是，很多经验数据表明，即使完全具备了信息交流的物质条件，信息贫富分化仍然相当明显，[1]这显然是技术决定主义倾向的观点所无法解释的。

20世纪70年代以来，不断有学者反思个体认知因素在信息交流中的作用，具有代表性的，是Dervin及其同事提出的"意义建构理论"（Sense-Making）。"按照意义建构理论的概念体系推论，我们至少可以将信息贫困大致理解为一部分人不能有效获取和利用信息以填补意义建构的空白，而将信息不平等理解为不同人群在信息获取、信息利用、填补空白等方面的能力差距……关注这种差距无疑可以挖掘意义建构理论对信息贫困与信息分化研究的价值。"[2] 无疑，意义建构理论为重新审视信息贫富分化问题提供了一个新的启示：在操作层面，基于意义建构理论，信息贫富分化的测度似乎应该寻求一种转向——从单纯测度ICT或其他客观呈现的指标，到兼顾测度嵌入客观结构中个体的主观认知行为与能力。

数字鸿沟的测度，从一定程度上揭示了信息社会中新型的贫富分化现象。然而，由于鲜明的技术决定主义倾向，数字鸿沟的测度无法对群体性认知不均衡现象做出有效的揭示。基此，群体性认知不均衡需要一种跨越结构与主观能动性，从整体性角度展开的测度理论和工具个人信息世界量表正是在这种背景下诞生的。

五 个人信息世界量表

前文已经论述了个人信息世界概念与社会认识论之间的理论关

---

[1] Lee YCWCKLJYCFVWP, "Digital Divide and Social Inclusion: Policy Challenge for Social Development in Hong Kong and South Korea", *Journal of Asian Public Policy*, No. 3, 2010, pp. 37–52.

[2] 于良芝、刘亚：《结构与主体能动性：信息不平等研究的理论分野及整体性研究的必要》，《中国图书馆学报》2010年第1期。

联。事实上，个人信息世界概念框架的一个主要贡献，恰恰在于为测度抽象的社会认识现象提供了具有可操作性的工具——个人信息世界量表。

（一）《个人信息世界量表》的结构

如前所述，个人信息世界理论是作为考察信息不平等的基础性概念而提出的。自 2003 年以来，于良芝教授基于三项相互关联的课题，先后访谈了大量城乡居民。田野研究所获得的证据不仅为个人信息世界概念的提出与完善提供了条件，也为测度个人信息世界的贫富程度提供了依据。《个人信息世界量表》的编制正是基于上述研究成果而实现的。具体而言，根据于良芝[①]）的相关研究，个人信息世界由内容、边界和动力三个要素构成，因此，《个人信息世界量表》包括对这三方面各维度的测度。

首先，本量表对于个人信息世界内容的测量包括信息主体的可获（available）信息源、可及（accessible）信息源、基础信息源和信息资产四个层次。具体而言，在对可获信息源和可及信息源的测量方面，本量表提名一些有代表性的物质和人际的信息源供受访者选择。在对基础信息源和信息资产的测量方面，本量表则不仅提名信息源，而且依据知识信息的类别对每种信息源进行了进一步区分，并请受访者报告其对每种信息源使用的频率。

其次，本量表对于个人信息世界边界的测量是通过时间、空间和知识三个维度进行的。在时间维度的测度方面，本量表要求受访者报告自己每天花在信息搜索、阅读/浏览、参观、学习等信息获取活动的时间，并据此衡量其个人信息世界时间边界的大小。在空间维度的测度方面，本量表首先提名一系列信息活动场所，请受访者选择自己在过

---

① Yu, L. Z., "How Poor Informationally are the Information Poor? Evidence from an Empirical Study of Daily and Regular Information Practices of Individuals", *Journal of Documentation*, Vol. 66, No. 6, 2010, pp. 906 – 933; Yu, L. Z., "Information Worlds of Chinese Farmers and Their Implications for Agricultural Information Services: A Fresh Look at Ways to Deliver Effective Services", Paper Presented at the World Library and Information Congress: 76th IFLA General Conference And Assembly, Gothenburg, Sweden, August 10 – 15, 2010, http://www.ifla.org/files/hq/papers/ifla76/85-yuen.pdf (2012 – 09 – 20); Yu, L. Z., "Towards a Reconceptualization of the Information Worlds of Individuals", *Journal of Librarianship and Information Science*, No. 10, 2011, pp. 1 – 16.

去一年中开展过信息搜索、阅读/浏览、参观、学习等信息获取活动的场所,据此判断其个人信息世界空间边界的范围。对于知识维度,本量表设计三类问项,分别考察了受访者的语言水平、信息搜索技能和批判思维能力。

依据个人信息世界理论,目的性信息实践、知觉性信息实践和无意识信息实践体现了个人信息世界发展变化的动力。因此,本量表对于受访者的个人信息世界动力的强弱程度,是通过考察其在上述三种信息实践中对阅读、上网、看电视和与人交流四种信息获取途径的使用频繁程度测量的。

(二)《个人信息世界量表》的问项设计

在本量表中,动力、信息资产、时间和知识维度均采用类似李克特量表式设计,由受访者直接在不同层级的项目上进行选择;可及信息源、可获信息源、基础信息源和空间维度采用"有/无"式设计,由受访者根据实际情况做出选择(见本书附录1,《个人信息世界量表》)。

(三)《个人信息世界量表》赋分规则

本量表通过专家调查的方式,对量表所涉及的信息源及信息实践之于个人信息获取的重要性进行了加权。2012年6月,课题组向熟悉信息问题研究的10位专家发放问卷,收回有效问卷9份。经过计算,制定了本量表的赋分规则表,并据此对量表中的原始问项进行了赋分。赋分完成后,把每个维度上的得分进行了无量纲化处理,使其转换成一个满分为100分的分值(见本书附录2,《〈个人信息世界量表〉赋分规则》)。

(四)《个人信息世界量表》的信度

1. 检验方法及样本

本量表首先采用了重测法进行信度检验,以南开大学商学院2011级本科生为测试对象,于2012年6月12日进行了第一次预测试,2012年6月28日进行了第二次预测试,两次测试共得到可以匹配的样本27个。为进一步确认本研究的信度,本研究还分别计算了全体问项和8个维度的Cronbach's Alpha系数。

2. 各维度重测得分的差异性与相关性

通过重测,研究者获得了27个样本在《个人信息世界量表》各维度中的得分。为考察前后测之间的差异程度，研究者对前后测得分进行了配对样本的 t 检验。检验结果表明，所有变量在前后两次测度中的得分均不存在显著差异。① 本研究进而分析了各变量前后测得分的相关性。分析发现，《个人信息世界量表》各维度在两次测试中的得分均在 0.01 水平（双侧）上显著相关，相关系数如下：可获信息源维度为 0.737，可及信息源维度为 0.589，基础信息源维度为 0.664，信息资产维度为 0.831，时间维度为 0.773，空间维度为 0.784，知识维度为 0.9，动力维度为 0.554。

总之，无论是通过差异性还是相关性来衡量，本量表都具有较满意的重测信度。

3. Cronbach's Alpha 检验结果

在对《个人信息世界量表》的全部问项进行了一致性检验后发现，其 Cronbach's Alpha 系数为 0.909。对照现有统计标准，② 可以确认本量表具有较高的内部一致性。

（五）《个人信息世界量表》的效度

1. 检验方法及样本

根据 Elfreda Chatman 的研究，由于社会和文化标准规制人的信息行为，在特定人群中会形成"小世界"，从而造成了信息贫困③。本研究参照 Chatman 的标准，选择天津市西青区一个建筑工地的农民工为调查对象。在该工地共发放问卷 60 份，收回有效问卷 59 份。在问卷发放过程

---

① 本部分关于前后测得分差异显著性的 t 检验使用了于良芝教授 2012 年 11 月在南开大学商学院信息资源管理系组织的"信息资源管理论坛"上的相关数据分析结果。

② Cronbach's Alpha 的可信程度的参考范围：信度≤0.30：不可信；0.30＜信度≤0.40：初步的研究，勉强可信，0.40＜信度≤.050；稍微可信，0.50＜信度≤0.70：可信[最常见的信度范围]，0.70＜信度≤0.90：很可信〔次常见的信度范围〕，0.90＜信度：十分可信。

③ Chatman, E. A., "Information, Mass Media Use and the Working Poor", *Library & Information Science Research*, No. 7, 1985, pp. 97 – 113; Chatman, E. A., "The Information World of Low-skilled Workers", *Library & Information Science Research*, No. 9, 1987, pp. 265 – 283; Chatman, E. A., *The Information World of Retired Women*, Westport: CT Greenwood Press, 1992; Chatman, E. A., "Framing Social Life in Theory and Research", *New Review of Information Behaviour Research*, No. 1, 2000, pp. 3 – 17; Chatman, E. A., & Pendleton, V. E. M., "Knowledge Gaps, Information-seeking and the Poor", *Reference Libraria*, No. 49 – 50, 1995, pp. 135 – 145.

中,研究者注意到问卷发放地是一个非常典型的"小世界":由于研究者为受访者提供了一份小礼品,在第一个工地发放过程中受访者积极性很高。研究者在第一个工地发放40余份问卷,历时2小时(由于需要不断向受访者解释问卷的内容,因此耗时较长)。之后,来到200米外的另一个工地发放问卷,发现这里的农民工完全没有听到关于隔壁工地填写问卷领取礼品的消息。进一步交谈发现,第一个工地的务工者全部来自同一村落,他们与邻近工地的农民工基本上没有交流。据此认为,将这个群体与南开大学的学生群体进行比较,可有效揭示本量表的效度。

2. 检验结果

通过对南开大学学生和西青区农民工得分进行独立样本的 t 检验发现(见表5-5),南开大学的学生在各维度上的得分均显著的高于西青区农民工。作为一所全国重点大学,南开大学的学生需要具备很强的学习能力。从整体上说,南开大学的学生代表着一个信息相对富裕的人群;而根据上文所述 Chatman 关于信息贫困的"小世界"的描述,建筑工地上的农民工从整体上更符合信息贫困人群的特征。如表5-4所示,南开大学学生在各个维度上的得分的均值均高于西青建筑工地的农民工,进一步观察表5-4发现,上述两个群体之间在各维度上的得分的差异均极其显著($p<0.001$),因此,本量表很好地契合了信息贫困研究领域现有研究的理论发现,能够有效地区分不同人群的个人信息世界的丰富程度,有着良好的效度。

表5-4　　　　南开大学学生与西青农民工各维度均值比较

《个人信息世界量表》的维度	受访人群	N	均值	标准差
可及信息源(available information sources)	大学生	59	12.46	3.303
	农民工	59	5.27	3.814
可获信息源(accessible information sources)	大学生	59	11.46	3.186
	农民工	59	3.73	3.745
基础信息源(basic information sources)	大学生	59	69.12	16.859
	农民工	59	34.63	21.746

续表

《个人信息世界量表》的维度	受访人群	N	均值	标准差
信息资产（information assets）	大学生	59	131.20	41.714
	农民工	59	53.78	36.546
空间（space）	大学生	59	11.36	5.848
	农民工	59	4.46	4.485
时间（time）	大学生	59	2.20	0.610
	农民工	59	1.12	0.745
知识（intellectual sophistication）	大学生	59	39.49	6.358
	农民工	59	14.22	8.092
动力（dynamics）	大学生	59	81.08	11.542
	农民工	59	39.68	28.452

资料来源：周文杰：《基于个人信息世界的信息分化研究》，南开大学博士学位论文，2013年。

表5-5　　　　南开大学生与西青农民工各维度的 t 检验

维度	均值方程的 t 检验		
	t	df	Sig.（双侧）
动力	10.359	76.586	0.000
可及信息源	10.941	116	0.000
可获信息源	12.073	116	0.000
基础信息源	9.629	116	0.000
信息资产	10.723	116	0.000
空间	7.190	108.691	0.000
时间	8.657	116	0.000
知识	18.862	116	0.000

资料来源：周文杰：《基于个人信息世界的信息分化研究》，南开大学，博士学位论文，2013年。

个人信息世界概念框架虽为测量群体性认知不均衡而提出，但因其维度与认知水平紧密相关，所以在衡量群体性认知不均衡的过程中具有很好的适用性。正是基于这种状况，本书后续对群体性认知差异的实证研究主要借助于个人信息世界量表而完成。

第六章

群体性认知差异的实证调查

第一节 数据来源

本章的目的是站在信息贫富分化的视角下,对信息社会中广泛存在的群体性认知差异现象展开实证解析。本部分的数据来自2012年的一项社会调查。这项调查选择了6座城市作为施测地点,在这些城市发放并回收了6048份问卷。具体如下。

一 调查的区域选择

本次调查对于研究地点的选择参照了分层抽样的相关标准,选取了位于我国华南、华北、西北和东北等不同区域的东莞、天津、太原、阳泉、兰州和大连为问卷发放城市。这些城市中既有工业高度发达的沿海城市,也有经济欠发达的内地城市;既有人口超过千万的特大型城市,也有人口规模相对较小的中小型城市;既有直辖市、省会城市等区域中心城市,也有普通城市。

考虑到研究得以实施的便利性和可能性,本次调查在问卷发放地(除东莞市外)采用了方便取样,即,由研究者根据可能的条件和研究的便利性在各城市选取了问卷发放地点与人群。为提高样本的代表性,研究者尽量选择多样化的地点发放问卷,以尽可能提高受访人群的代表性与异质性。

由于本次调查不仅关注城市成年人群个人信息世界分化的现状,而且也关注信息贫富分化的干预和治理,因此本研究特意选择了一个信息化程度较高,公共文化事业相对发达的沿海城市——广东省东莞市作为参照性案例，考察了公共图书馆及社会阅读活动之于信息贫富分化治理的实际作用。为达成研究目的，本研究在东莞市采取了严格的分层抽样，在图书馆外发放问卷 1500 份，回收问卷 1278 份；在东莞地区图书馆的各总分馆中向以方便取样的方式向到馆读者发放并收回问卷 1500 份。东莞市图书馆外受访者的分层抽样按照如下步骤进行：首先，根据《2011 年东莞市国民经济和社会发展统计公报》所公布的东莞市人口总量与分布，依照全市 34 个街区和科技园区在全市人口中的比重对样本人群进行了分配，计算得出了各街区应发放的问卷数量。其次，按照全市人口结构中的性别、职业和年龄比例，进一步计算了各街区中不同性别、年龄和文化受访者的数量。再次，考虑到东莞本地的产业分布情况，对各街区受访者的所在的部门进行了进一步分层抽样控制，计算了各街区来自机关、企业、社区等不同社会部门的受访者数量。最后，根据上述各步计算的样本数量与比例，在东莞全市发放了问卷。

按照上述方案，本次调查最终在 6 座城市回收了 6048 份问卷。样本发放地及回收详情如表 6-1 所示。

表 6-1　　　　　　　　　问卷发放地点与回收问卷的数量

发放地点	回收问卷数	发放地点	回收问卷数
大连政府部门及下属机构	95	天津某家饰市场	50
大连理工大学	67	天津某私营企业	52
大连机车厂	149	中国大戏院（天津）	70
大连私营企业	65	天津某证券公司	40
大连星海旺座（写字楼）	91	兰州铁路新村街道	397
大连某小学（发放给学生家长）	318	兰州某中学（发放给学生家长）	440
天津中豪大厦（商住楼）	99		
天津中医学院	91	阳泉新华东街某社区	66
南开大学商学院物业管理人员	20	阳煤集团某机械厂	209
天津越秀路街道某三个社区	272	阳泉某技工学校	36
天津某餐馆	78	太原市某妇幼保健院	50

续表

发放地点	回收问卷数	发放地点	回收问卷数
天津某教堂	25	太原市某医院	90
天津师范大学教学楼	33	太原市某政府下属部门	60
南开大学二主楼	54	太原市某中学（发放给学生家长）	73
天津市某研究院	39	东莞图书馆及其各分馆内	1500
农业部某科研所（天津）	141	东莞各街区*	1278
合计			6048

* 东莞共有 32 个街区，本研究按照严格的分层抽样方案，对这些街区不同类型单位（政府机构、工厂、公司、社区）中的不同人群（年龄、性别、受教育程度等）进行了调查，抽样的步骤见上文，详细抽样方案见附件。这部分数据的分析详见本书第七章。

二 数据整理与清洗

如上所述，本研究在 6 座城市共计发放并收回问卷 6048 份。根据研究设计，东莞图书馆内发放的 1500 份问卷将仅仅用于分析公共图书馆在信息贫富分化治理中的作用。因此，在对城市成年人群信息分化状况的分析中，本研究实际使用了 4548 份问卷。针对这部分问卷，本研究采用如下步骤进行了数据整理与清洗：

首先，剔除缺项过多的问卷 243 份。

其次，由于本研究的目标人群是成年人群，因此剔除年龄小于 17 岁或年龄为缺项的问卷 130 份。

再次，由于本研究的目标人群是城市人群，因此剔除来自农民工的问卷 107 份。

最后，为保证问卷质量，本研究在问卷中设置了一组"测谎"题目，具体为：剔除在第 4 题"您在日常工作或生活中是否有机会从以下渠道获取信息"中未选择"互联网"，但在第 15 题（下表①至④代表信息搜索过程的复杂程度，您在搜索日常生活和工作/学习所需信息时，最高曾达到哪种程度）中选择了"利用百度或谷歌的简单搜索页面"、"利用百度或谷歌的高级搜索页面"和"利用百度/谷歌以及专业数据库的高级搜索功能"中任何一项的问卷 700 份。这一组"测谎"题目之所以成立，是因为在日常工作或生活中没有机会从互联网获取信息者，不会存在使用网络搜索引擎的可能性。

通过上述数据整理与清洗，最终用于数据分析的有效问卷数为 3368 份。本研究针对图书馆外人群问卷的有效率为 74%。

针对在东莞图书馆及其各分馆发放的问卷，本次调查采用了下述数据整理方法：首先，剔除了年龄为缺项或受访者年龄小于 17 岁的问卷。其次，剔除在问卷第 4 题"您在日常工作或生活中是否有机会从以下渠道获取信息"和第 13 题"过去一年您在以下哪些场所开展过信息搜索、阅读/浏览、参观、学习等信息获取活动"中未选择"实体或虚拟的图书馆"一项的受访者。这一组"测谎"题目之所以成立，是因为本组问卷已经是针对在馆读者发放的，因此，不存在受访者日常工作或生活中无法从图书馆获取信息的情况。经上述"测谎"项目控制及剔除后，本研究共得到完全符合本研究需要的问卷 393 份。

第二节 基于聚类的群体性认知差异现象分析

一 概况

如前所述，本次调查所获得的用于分析城市人群个人信息世界贫富分化状况的问卷 4548 份。经过数据整理与清洗后，本研究最终用于数据分析的有效问卷数为 3368 份，受访者的人口统计学特征如图 6-1 所示：

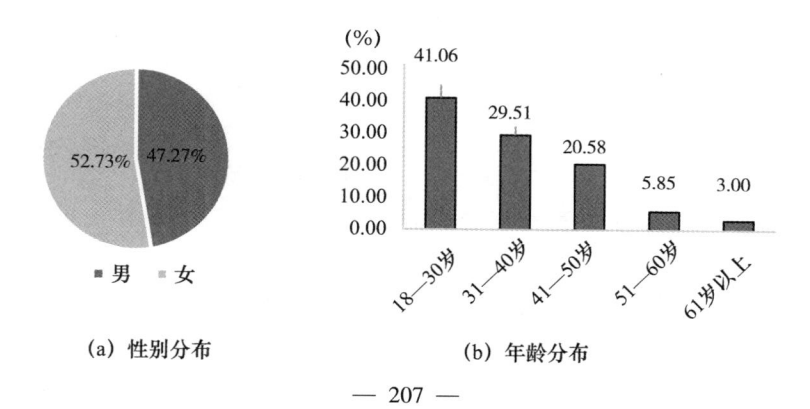

(a) 性别分布：男 47.27%，女 52.73%

(b) 年龄分布：18—30 岁 41.06%，31—40 岁 29.51%，41—50 岁 20.58%，51—60 岁 5.85%，61 岁以上 3.00%

(c) 民族分布

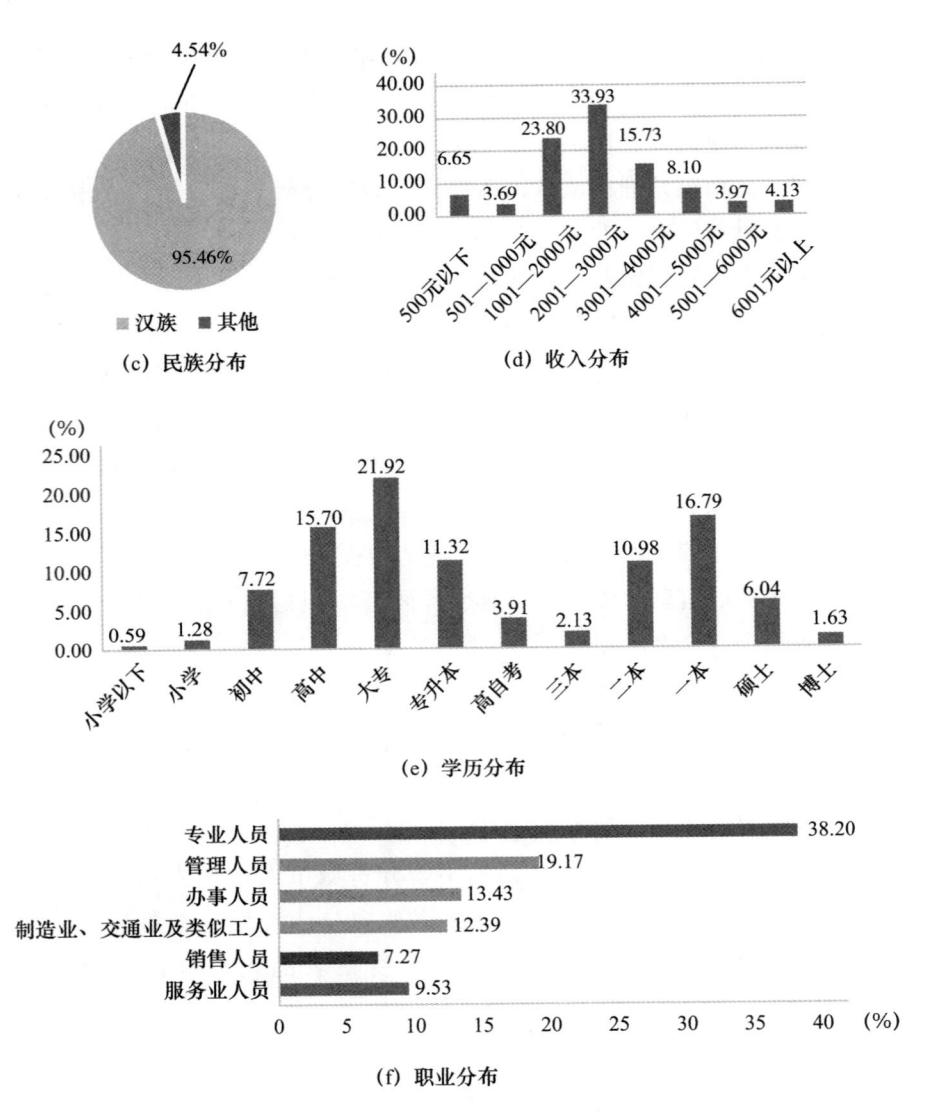

(d) 收入分布

(e) 学历分布

(f) 职业分布

图 6-1　有效问卷受访者的人口统计学特征

由图 6-1 可见，本次调查中受访者性别比例基本平衡，不同类型民族、年龄、收入和受教育程度的人群都有所涉及，这从整体上说明本次调查获取的样本具有良好的代表性，预示着本研究的结论将具备较理想的外部效度。但本次调查也发现，不同年龄、职业和受教育程度的受访者对于问卷填写的认真程度不同，导致不同年龄、职业和受教育程度受访者的问卷在数据整理与清洗过程中被剔除掉的比例不同，从而使本研究所获得的有效问卷受访者的人口统计学特征与能观察到的现实情况有一定出入。尽管如此，由于受访者是否被剔除本身具有随机性，这种随机性虽然有可能从一定程度上削弱了本研究样本的代表性，但不会从根本上对研究效度产生影响。

二 聚类分析结果

根据研究设计，本次调查将通过快速聚类的方法，对城市成年人群个人信息世界的贫富状况进行测量，并据此考察城市人群中的群体性认知差异。由于本次调查进行聚类分析的目的是基于个人信息世界的贫富衡量群体性认知不均衡，因此本次调查所实施的聚类分析追求对于样本人群的"细分"。即，本次调查更倾向于接受能够把样本群体个人信息世界的贫富情况划分得更细，但同时又能反映不同组别之间个人信息世界各要素差异的聚类结果。根据此目的，本次调查设定不同组数，分别进行了快速聚类。

本次调查首先尝试把样本聚合为三类。如表6-2所示，三个聚类在受访者个人信息世界各维度上的得分区别比较明显，各维度得分均值的排序也非常一致。但进一步分析发现，在所聚合的三类中，个人信息世界各维度得分均值最低组的样本数为930人，而得分均值最高组样本数为889人，两者共计1819人，占有效样本的54%。如上文所述，出于对样本人群的"平均"认知水平进行细分的需要，本次调查需要尽量精确地确定不同人群在"平均"认知水平方面的差异。但由于表6-2中所显示的"极高认知水平"人群和极低认知水平人群所占比重过高，也就是说，受访者多数人被归入认知水平高或低两组，而处于中间状态的受访者却很少。这一聚类结果显然与认知水平在人类总体呈"中间大、两头小"的分布不一致。因此，聚合为三类并非本次调查所期望的理想结果。

表6-2　　　　　　　　聚合为三类时的最终聚类中心

	聚类		
	1	2	3
动力	65.95	43.39	74.12
可及信息源	7.79	4.77	10.56
可获信息源	6.33	3.82	9.06
基础信息源	67.13	30.58	81.74
信息资产	106.85	47.88	174.82
空间	5.18	2.83	8.02
知识	20.97	12.46	26.82
时间	2.96	2.18	3.48

资料来源：本次调查整理。

进而，尝试把样本聚合为四类后发现，各组间得分区别较明显且各维度得分均值排序一致（见表6-3）。而且聚合为四类时，低认知水平组（各维度得分均值最低）有样本627人，高认知水平组（各维度得分均值最高）有样本530人，低认知水平组与高认知水平组的受访者占样本数量的34.4%，而认知水平处于居中位置的两组人数达2204人，占全部样本的65.58%。由此可见，聚合为四类时，城市成年人群的群体性认知状况明显呈"中间大，两头小"的分布，这更符合现实生活中对群体性认知不均衡现象的观察：低认知水平者和高认知水平者都仅占总体人群的少数，而大量人群集中于正常的认知水平。因此，与聚合为三类相比，聚合为四类更能实现细分人群"平均"认知状况的目标，且样本分布更加合理。

表6-3　　　　　　　　聚合为四类时的最终聚类中心

	聚类			
	1	2	3	4
动力	76.18	68.89	61.79	37.11
可及信息源	11.17	8.93	6.62	4.27
可获信息源	9.86	7.27	5.36	3.44

续表

	聚类			
	1	2	3	4
基础信息源	83.96	75.05	55.86	24.06
信息资产	191.07	131.10	84.58	38.11
空间	8.55	6.19	4.37	2.40
知识	28.01	23.36	18.59	10.38
时间	3.57	3.16	2.76	1.99

资料来源：本次调查整理。

遵循上述分析逻辑，进而尝试把样本聚合为五类。如表6-4所示，当样本聚合为五类时，不同维度平均得分的排序并不一致。例如，第2组在动力维度上高于第5组，但在可获信息源维度上却低于第5组。由此可见，把样本聚合为五类难以有效区分受访者的群体性认知差异状况。

表6-4 聚合为五类时的最终聚类中心

	聚类				
	1	2	3	4	5
动力	35.70	77.44	31.98	72.21	75.25
可及信息源	4.35	9.20	7.12	6.64	11.13
可获信息源	3.43	7.42	6.18	5.30	9.80
基础信息源	24.22	75.04	68.08	53.88	84.04
信息资产	38.65	132.06	110.22	81.12	191.58
空间	2.40	6.35	5.06	4.34	8.50
知识	10.45	23.87	19.93	18.46	28.02
时间	1.99	3.22	2.86	2.74	3.58

资料来源：本次调查整理。

总之，基于研究目的，最终把有效样本聚合为四类。后文对群体性认知差异的分析都将基于这四个类别而展开。

为对上述四个平均认知水平不同人群有一个概括的了解，本次调查分别考察了不同性别、民族、年龄、职业、收入和受教育程度的受访者在这四组人群中的分布。具体如图6-2所示。

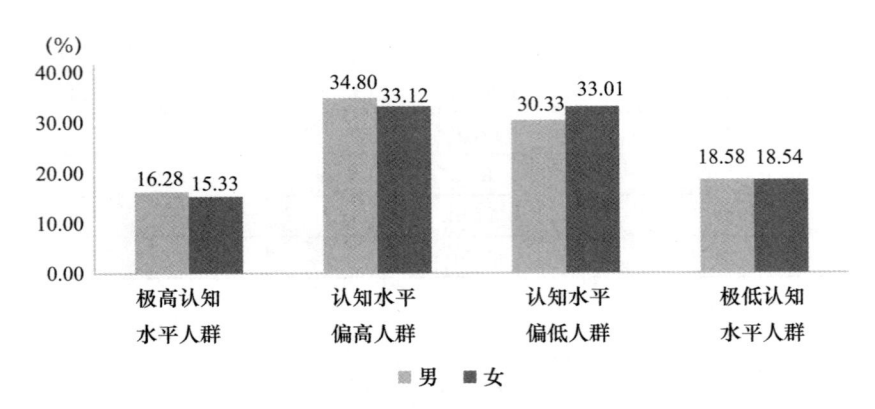

图6-2 四类人群的性别比例

极高认知水平人群：男 16.28，女 15.33
认知水平偏高人群：男 34.80，女 33.12
认知水平偏低人群：男 30.33，女 33.01
极低认知水平人群：男 18.58，女 18.54

由图6-2可见，在低认知水平人群，不同性别的两组人群人数比例非常接近。在高认知水平人群，不同性别人群的比例差异也非常小（男性信息富裕者仅比女性高0.95个百分点）。而在处于认知水平居中的两组中，不同性别人群虽略有差异，但差异值都较小。可以看出，不同性别人群在个人信息世界分化差序格局中贫富分化所体现的群体性认知不均衡现象之间的差别并不大。

图6-3显示了在群体性认知状况不同的四类人群中"汉族"和"其

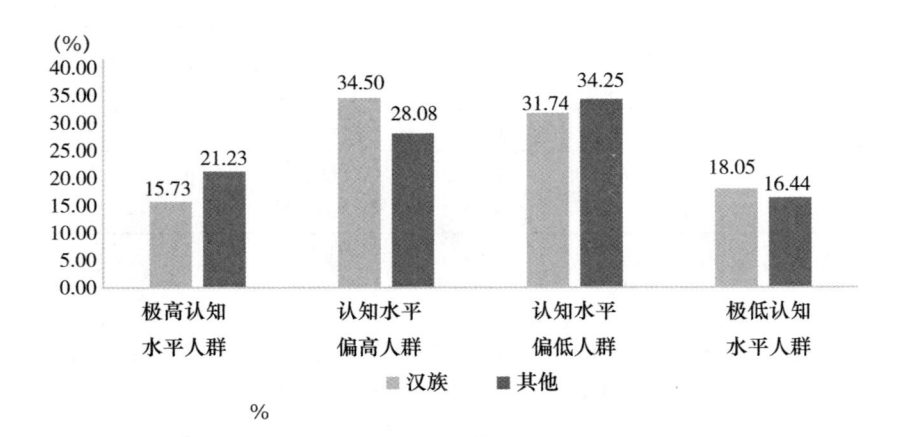

图6-3 四类人群的民族比例

极高认知水平人群：汉族 15.73，其他 21.23
认知水平偏高人群：汉族 34.50，其他 28.08
认知水平偏低人群：汉族 31.74，其他 34.25
极低认知水平人群：汉族 18.05，其他 16.44

他民族"的人数比例。由图6-3可以看出，在相对而言处于认知水平相对较低的两组人群中，汉族与其他民族的人数比例非常接近。在认知水平相对较高的两个人群中，汉族与其他民族之间的人数比例有一定差异且表现出一种相反的趋向：高认知水平人群中的其他民族比例更高，认知水平偏高人群中的汉族比例却更高。

为进一步确认平均认知水平不同的各组人群在性别、民族两个方面的特征。本次调查进而对这两个因素的人数分布比例进行了卡方检验。[①]观察表6-5发现，就性别和民族两个变量而言，不同性别和年龄的受访者在不同认知水平各人群中的人数比例分布也比较接近。通过卡方检验也发现，不同性别和民族的受访者在群体性认知状况不同的各组中的分布无显著差异。这从一个侧面表明，受访者不同的性别和民族属性对于人们在群体性认知差异中的位置并无明显的解释能力。但需要注意的是，根据研究目的，本次调查在选择样本时，并没有考虑我国"其他民族"人群的实际分布特征，即，本次调查所涉及的"其他民族"是指居住于非少数民族聚居地城市成年人中的汉族人口。因此，在本次调查中，"民族"这个变量不是要对我国的各民族人群中的群体认知状况进行考察，而是为了控制城市中群体性认知状况不同的成年人群中在民族这个变量上的差异。

表6-5　不同性别和民族人群在不同认知水平人群中人数分布的卡方检验结果

		极高组	偏高组	偏低组	极低组	合计
不同性别受访者在不同认知水平人群中的人数分布（Chi-square = 4.518，P = 0.211）						
性别	女	217	451	378	217	1263
	男	226	458	466	235	1385
不同民族受访者在不同认知水平人群中的人数分布（Chi-square = 2.902，P = 0.407）						
民族	汉族	412	857	781	417	2467
	其他民族	31	52	63	35	181

[①] 在本研究的后续部分，研究者将对城市成年人群信息贫富状况与各种主客观因素之间关系进行多元回归分析，本部分卡方检验的结果还将被用以在回归分析时进行多元回归分析中自变量的筛选（详见第七章第一节），根据这部分研究的需要，在进行卡方检验时研究者进一步剔除了自变量缺项较多的720份问卷。因此，本部分用于卡方检验的样本数为2648个。

由图6-4可见，在极低认知水平组，不同年龄段的人群分布呈明显的阶梯状：61岁以上的人群中，有46.53%的受访者处于认知水平严重偏低的状态；而在18—30岁的人群中，认知水平严重偏低者仅占12.3%。进而观察认知水平极高人群发现，61岁以上人群中认知水平极高者所占比重较小，而60岁以下的各年龄段人群中，认知水平极高者分布相对均匀。总之，基于对图6-4的分析可看出，年龄越大的城市成年人位于低认知水平的比例越高。

图6-5显示了不同职业的从业者在群体性认知差异中的分布。从处于极低认知水平组的各职业人群来看，制造业、交通业及类似工人所占比重最高，而专业人员所占比重最低。可见，相对而言，工人更容易沦于信息贫困，而专业人员则较少有可能处于信息贫困的境地。进而观察极高认知水平人群的职业分布发现，管理人员与专业人员的认知水平比例比较接近，且这两类人群中的极高认知水平者都高于其他各种职业的人群，而服务业人员和各类工人中的极高认知水平者所占比例较低。据此可以看出，制造业、交通业及类似工人中极低认知水平者所占比重较大，而专业人员和管理人员则更有可能处于高认知水平状态。

现有研究表明，收入是一个影响群体性认知差异的重要变量。观察图6-6发现，剔除无收入群体后，群体性认知水平随着收入水平的提高而提高。即，高收入群体中高认知水平者所占比重更高，而低收入群体中低认知水平者所占比重更高。唯一例外的是，无收入人群中的低认知水平者所占比重较小，而在高认知水平人群中所占比重较大，这是因为

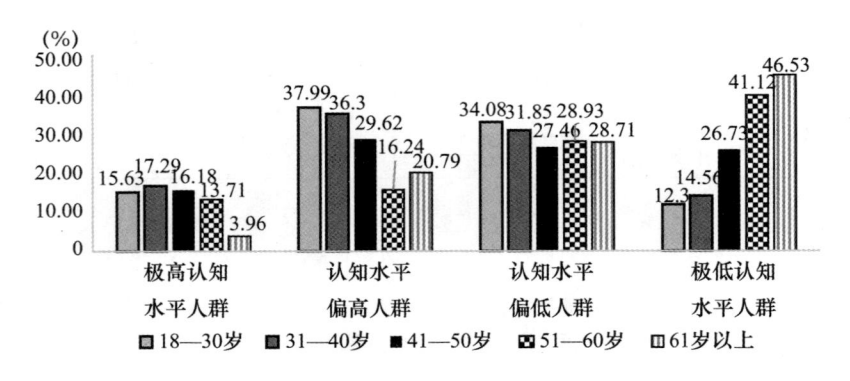

图6-4 四类人群的年龄分布

本次调查样本中，无收入群体主要由大学生构成。显然，大学生群体虽然没有收入，但因其在知识信息获取中的相对优势，更有可能在群体组织认知差异中处于有利的位置。

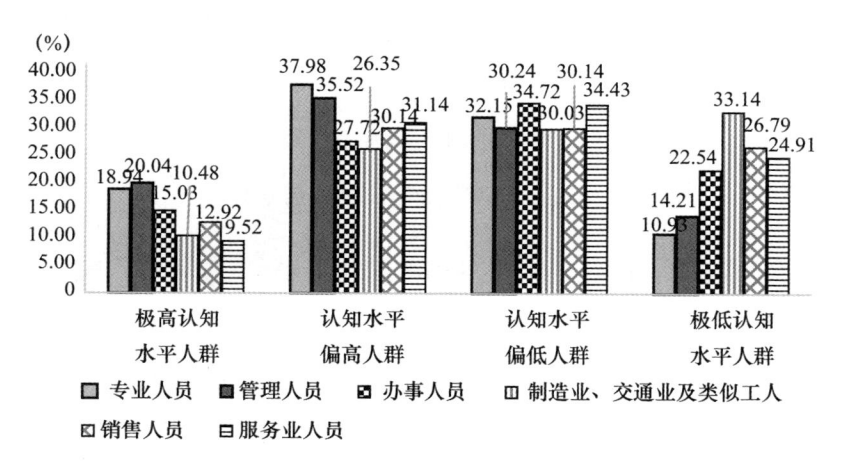

图6-5 四类人群的职业分布

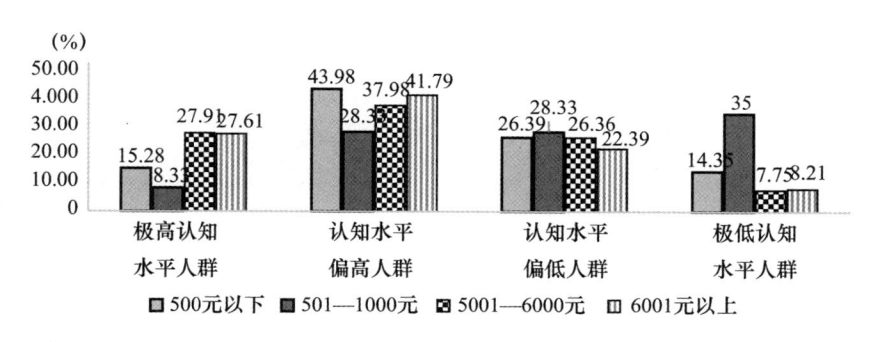

图6-6 四类人群的收入分布

教育经历潜在地影响着人们知识信息获取的能力与认知水平。观察图6-7发现，不满小学的人群中认知水平极低者高达68%，而博士水平的受访者中仅有2%。反之，高达48%的博士水平受访者属认知水平极高人群，而不满小学、初中和高中水平的受访者中的极高认知水平者都相对较低。总之，从整体上看，随着教育水平的提升，认知水平较低者的比重逐步下降，而认知水平较高者的比重呈上升态势。

表6-6显示了在年龄、职业、收入和教育水平方面具有不同特征的

社会认识层次论

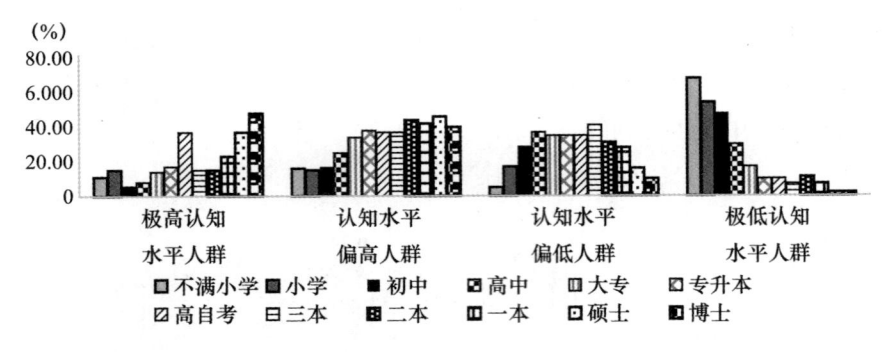

图6-7 四类人群的教育经历分布

人群在平均认知水平不同的各人群中的分布状况。分析发现，不同年龄、职业、收入水平和教育程度的人群在群体性认知差异中的分布存在着显著差异。由此可见，这些变量对人们在信息认识差异和群体性认知不均衡方面有着比较明显的影响。

表6-6 不同年龄、职业、收入和教育经历人群在群体性认知差异中人数分布的卡方检验结果

		极高组	偏高组	偏低组	极低组	合计
不同年龄受访者在群体性认知状况不同人群的人数分布（Chi-square = 164.077，P = 0.000）						
年龄	18—30 岁	168	378	356	120	1022
	31—40 岁	151	319	266	105	841
	41—50 岁	98	176	163	136	573
	51—60 岁	22	23	41	60	146
	61 岁以上	4	13	18	31	66
不同职业受访者在群体性认知状况不同人群的人数分布（Chi-square = 128.863，P = 0.000）						
职业	专业人员	202	405	333	110	1050
	管理人员	102	180	149	65	496
	办事人员	54	104	117	71	346
	制造业、交通业及类似工人	36	82	99	103	320
	销售人员	26	61	59	44	190
	服务业人员	23	77	87	59	246
不同收入受访者在群体性认知状况不同人群的人数分布（Chi-square = 137.68，P = 0.000）						

续表

		极高组	偏高组	偏低组	极低组	合计
收入	500元以下	1	3	4	12	20
	501—1000元	8	22	26	26	82
	1001—2000元	75	194	235	140	644
	2001—3000元	148	327	318	171	964
	3001—4000元	86	177	131	68	462
	4001—5000元	55	88	71	21	235
	5001—6000元	35	46	30	8	119
	6001元以上	35	52	29	6	122

不同教育水平受访者在群体性认知状况不同人群的人数分布（Chi-square = 431.891，$P = 0.000$）

		极高组	偏高组	偏低组	极低组	合计
受教育水平	不满小学	2	2	1	7	12
	小学	6	4	7	13	30
	初中	12	36	56	91	195
	高中	32	101	154	117	404
	大专	87	211	220	111	629
	专升本	55	126	116	33	330
	高自考	21	43	41	9	114
	三本	8	21	24	5	58
	二本	43	125	84	28	280
	一本	96	157	112	34	399
	硕士	57	65	26	3	151
	博士	24	18	3	1	46

另外，本次调查还进一步考察了受教育年限与受访者群体性认知状况之间的关联（见表6-7），分析发现：就均值而言，认知水平高者受教育年限也较长；就极值而言，接受了很高或很低程度教育的受访者既可能出现在高认知水平人群中，也可能出现在低认知水平的人群中。教育年限与群体性认知差异之间这种有序的关联表明，这个变量对于人们在群体性认知差异中所处地位的解释有一定的价值。

表6-7　　　　　　　　受访者受教育年限的描述性统计

	N	极小值	极大值	均值	标准差
极高组	443	3	23	16.53	3.124
偏高组	909	3	23	15.92	2.720
偏低组	844	3	23	15.04	2.769
极低组	452	3	23	13.10	3.441
总数	2648	3	23	15.26	3.139

资料来源：本次调查整理。

三　小结

通过上述对受访者个人信息世界分化差序与其人口统计学特征的关联分析，本次调查发现，群体性认知状况不同的群体从总体上具备如下典型特征：

（1）高认知水平人群的典型人口学特征：年龄在31—50岁之间，职业为管理人员和专业人员，收入在5000元以上且有过博士或硕士水平的教育经历。

（2）低认知水平人群的典型人口学特征：年龄在61岁以上，职业为制造业、交通业或类似工人，收入在501—1000元之间，仅有不满小学的文化程度。

不难看出，基于个人信息世界的差异而对城市成年人群平均认知状况做出的判断，与前人的研究有着较高的一致性。例如，由Kagan起草的"国际图联社会责任讨论组"报告中，把"信息穷人"定义为：[①] ①发展中国家的经济弱势人群；②地处通信和交通闭塞地区的农村人群；③文化和社会贫困人口，特别是文盲、老人、妇女和儿童；④受到种族、教义和宗教歧视的少数民族；⑤身体残疾者。本次调查的发现与现有研究的结论之间的这种契合，从一个侧面证明了基于个人信息世界的测度而分析群体性认知不均衡所具有的理论效度。

但是，也必须注意到，尽管经济社会地位与群体性认知不均衡之间

---

① Kagan, A., "The Growing Gap between the Information Rich and the Information Poor, Both Within Countries and between Countries", Acomposite Policy Paper of the Social Responsibilities Discussion Group, International Federation of Library Associations and Institutions, August, 1999. Retrieved November 21, 2000, http://www.ifla.orgMYdglsrdg/srdg7.htm. (2012-03-03)

存在着关联，但这并不意味着群体性认知不均衡是基于经济社会地位划分的社会层级的一种"克隆"，更不意味着可以把按照现有的经济社会地位界定的穷人与富人直接对应其在群体性认知不均衡层级中的地位。正如前文对现有研究的评析中所提到的，从理论视角来看，对于群体性认知不均衡的完整解释需要跨越结构与主观能动性的理论鸿沟，从整体性、多维度的视角展开；从对社会群体性认知不均衡实际状况的把握来看，需要通过人们在认知水平（而不是经济）方面的贫富程度来衡量其信息贫富状况，进而判断其在社会整体认知水平中的位置。从这个意义上说，在以往的研究中，经济社会地位与信息分化之间的关联一方面为研究者提供了把握和解析群体性认知不均衡的契机，但另一方面，也从很大程度上"误导"了人们对群体性认知不均衡的理解。

此外，上述关于经济社会地位与人口学特征之间的关联的陈述仅仅是基于描述性统计而做出的，据此并不能完全确认受访者性别、年龄、职业、收入、教育经历等因素与群体性认知不均衡之间的实际关系。

第三节　不同认知水平人群个人信息世界的特征

上一节中，展示了基于样本人群个人信息世界测度结果的聚类分析，识别出了四个平均认知水平存在差异的人群。站在社会认识层次论的立场上，这些人群之间的个人信息世界贫富状况的差异，代表着社会中广泛存在的群体性认知不均衡现场，不同人群在个人信息世界测量中的得分，也正是对群体性认知差异的直观体现。为此，本节中，将以前述四个聚类的人群为分析对象，对各类人群在个人信息世界各维度上的得分展开深入解析，以便从整体上对不同认知水平人群的特征做出描述。

一　高认知水平人群个人信息世界的特征

如前文所述，通过对个人信息世界的测度与聚类分析，本研究发现，城市成年人群中存在着四个边界清晰、差异明显的信息贫富分化层级本书称为平均认知水平存在差异的四个人群。前文通过对这四类人群的统计分析，发现平均认知水平不同的人群不仅在年龄、收入、职业及教育经历等方面具有一些典型特征，而且在其个人信息世界的内容、边界和动力等要素上都存在着显著的差异。出于深入认识处于群体性认知不均衡各层次中各类人群个人信息世界特征的目的，本研究将从受访者信息获取的动力、可及信息源、可获信息源、基础信息源、信息资产以及其个人信息世界的空间、时间、知识维度入手，分别对平均认知水平不同的人群个人信息世界的特征进行深入分析。本节将通过对高认知水平人群动力、内容和边界三要素的分析，概述其个人信息世界的特征。

（一）高认知水平人群个人信息世界内容要素的特征

第一，几乎全部高认知水平者对互联网既具有可及性又具有可获性。

根据个人信息世界理论，可及信息源、可获信息源、基础信息源和信息资产四个维度构成了信息主体个人信息世界的内容要素。如表6-8所示，互联网是高达98.6%的高认知水平者的可及信息源，进而观察表6-9发现，互联网对于98.3%的高认知水平者来说具有可获性。由此可见，互联网不仅是几乎全部高认知水平者的可及信息源，同样也是这个人群最重要的可获信息源。

这一结果与现有关于数字鸿沟或数字不平等研究的发现保持了一致。如，"第一代数字鸿沟"研究的代表——美国商务部关于数据鸿沟的定义与调查发现，[1] 更高的网络接入率（即本研究所述的以网络为"可获信息源"）使用户处于数字鸿沟/数字不平等的优势一侧。也正如"第二代数字鸿沟"[2] 的研究者所发现的，信息富裕人群也因具备了较高的网络使用技能（即本研究所述的以网络为"可及信息源"），从而在数字鸿沟/数字不平等中处于有利一侧。

---

[1] U. S. Department of Commerce (ESA & NTIA), *Falling Through the Net: Toward Digital Inclusion*, Washington, D. C.: Author, 2000.

[2] Becker, H. J., "Who's Wired and Who's Not: Children's Access to and Use of Technology", *Children and Computer Technology*, Vol. 10, No. 2, 2000, pp. 44-75; Warschauer, M., "Technology and School Reform: A View from Both Sides of the Track", *Educational Policy Analysis Archives*, Vol. 8, No. 4, 2000, pp. 11-19; Warschauer, M., Knobel, M. and Stone, L., "Technology and Equity in Schooling: Deconstructing the Digital Divide", *Educational Policy*, Vol. 18, No. 4, 2004, pp. 62-88; Goode, J., Estrella R. and Margolis J., "Lost in Translation: Gender and High School Computer Science", in W. Aspry and J. M. Cohoon (eds), *Women and Information Technology: Research on Underrepresentation*, Cambridge, M. A.: MIT Press, 2006, pp. 89-113; Ching, C., Basham, J. and Jang, E., "The Legacy of the Digital Divide", *Urban Education*, Vol. 40, No. 4, 2005, pp. 394-411.

表 6-8 高认知水平者的可及信息源 （单位：%）

受访者周边五公里内的信息源	占比	受访者生活或工作地周围可提供信息的人员	占比
互联网	98.6	乡镇/街道及以上政府工作人员	69.2
书店/报刊亭的书籍报刊	78.1	大学老师或其他研究人员	67.5
图书馆/图书室的书籍报刊	69.2	某领域实践专家（如律师、医生、农技员）	63.6
政府信息公开点展示的文件、通报等	38.5	记者	25.1
数据库	30.9		

第二，高认知水平者对知识富集型人际信息源的可获比率相对较高。

由表 6-8 可见，政府工作人员、研究人员和专家是 60% 以上高认知水平者的可及信息源。但进一步分析表 6-9 发现，在上述三类人际信息源中，研究人员和专家对于高认知水平者仍具有较高比例的可获性。但与此相对照，尽管政府工作人员作为高认知水平者可及信息源的比例较高（69.2%），但作为可获信息源的比例却相对较低（38.9%）。这种现象表明，就对各人际信息源的可获性而言，高认知水平者从专业知识丰富的专家型资源中获得所需要知识信息的人数比例更高。

表 6-9 高认知水平者的可获信息源 （单位：%）

在日常工作或生活中获取信息的渠道	占比	在日常工作或生活中获取信息的渠道	占比
互联网	98.3	大学老师或其他研究人员	52.5
图书馆/图书室的书籍报刊	68.1	某领域实践专家（如律师、医生、农技员）	44.3
书店/报刊亭的书籍报刊	67.2	政府人员	38.9
数据库	29.1	记者	15.1
政府信息	40.8		

第三，高认知水平者更倾向于把"知识富集型"物质和人际信息源

作为基础信息源。

基础信息源是对个体在日常信息实践中惯常获取信息途径的直观反映。由表6-10可以看出，对于高认知水平者而言，其基础信息源的范围非常广泛：无论是传统信息源（如各类图书、杂志、报纸、电视节目），还是新型信息源（如各类网站）以及各种人际信息源（如研究人员、领域专家或政府人员等）作为高认知水平者基础信息源的比例都很高。分析表6-10发现，"知识或专业类"物质信息源是几乎全部高认知水平者的基础信息源。进而对表6-10所示的人际信息源可见，更多高认知水平者也倾向于把研究人员和专家作为基础信息源，而这些人际信息源显然也具有"知识富集"的特征。由此可见，就高认知水平者所惯常使用的信息源而言，无论是物质信息源还是人际信息源，这一人群都更倾向把"知识富集型"信息源作为其基础信息源。

表6-10　　　　　高认知水平者的基础信息源　　　　（单位：%）

过去半年阅读过的图书		过去半年读过的杂志文章		过去半年读过的报纸栏目	
类别	占比	类别	占比	类别	占比
知识或专业类	98.9	知识类	97.9	新闻或时政类	99.2
实用类	96.8	实用类	97.7	知识或专业类	98.3
故事类	90.8	新闻类	98.3	实用类	94.9
政策法规类	81.7	故事类	89.6	故事类	90.6
过去半年用过的网站		过去半年看过的电视节目		过去半年向哪类人咨询过信息	
类别	占比	类别	占比	类别	占比
知识或专业性	98.1	新闻或时政性	97.2	大学老师或其他专职研究人员	51.1
新闻或时政性	98.3	知识或专业性	94.9	某领域专家（如律师、医生等）	38.3
实用性	98.1	故事性	89.6	乡镇/街道及以上政府人员	34.0
政府机构	85.3	实用性	79.6	记者	14.2
故事性或游戏性	72.5				

第四，绝大多数高认知水平者具备使用有"技能门槛"的信息源

（如搜索引擎）的能力。

信息资产的丰富程度是个人信息世界内容最重要的体现之一。由表6-11可见，高认知水平者在信息资产维度上比较鲜明的特征是，97%的高认知水平者在过去一年使用过网络搜索引擎，过去半年内88.7%的高认知水平者使用了5个以上的知识或专业类网站，90%的高认知水平者使用了5个以上的实用性网站，91.4%的高认知水平者使用了5个以上的新闻时政类网站。显然，无论是搜索引擎还是对各类网站的使用，都需要人们具备一定的技能。从这个意义上说，高认知水平者的认知水平高的重要体现是其对具有"技能门槛"的信息源的使用能力较强。

表6-11　　　　　　　高认知水平者的信息资产　　　　　　（单位：%）

过去半年阅读图书的类别与数量		占比	过去半年阅读杂志文章的类别与数量		占比	过去半年阅读报纸栏目的类别与数量		占比
故事类	少于5本	48.9	故事类	少于5篇	32.8	故事类	少于5个	42.9
	5—10本	25.4		5—10篇	24.8		5—10个	32.9
	10本以上	25.8		10篇以上	42.3		10个以上	24.2
知识类或专业类	少于5本	29.4	知识类或专业类	少于5篇	12.5	知识类或专业类	少于5个	17.1
	5—10本	36.1		5—10篇	37.6		5—10个	45.3
	10本以上	34.5		10篇以上	49.9		10个以上	37.6
实用类	少于5本	43.5	实用类	少于5篇	17.8	新闻或时政类	少于5个	9.9
	5—10本	30.8		5—10篇	32.8		5—10个	25.3
	10本以上	25.7		10篇以上	49.4		10个以上	64.8
政策法规类	少于5本	61.0	新闻或时政类	少于5篇	12.3	实用类	少于5个	21.5
	5—10本	21.5		5—10篇	25.0		5—10个	38.2
	10本以上	17.6		10篇以上	62.8		10个以上	40.4
过去半年使用过网站的类别与数量		占比	过去半年看过电视节目的类别与数量		占比	过去半年咨询过信息的人群及次数		占比
故事或游戏性	少于5个	49.0	故事性	少于5个	54.7	政府人员	少于5人	68.1
	5—10个	20.8		5—10个	32.2		5—10人	18.0
	10个以上	30.2		10个以上	13.1		10人以上	13.9

续表

过去半年使用过网站的类别与数量		占比	过去半年看过电视节目的类别与数量		占比	过去半年咨询过信息的人群及次数		占比
知识或专业性	少于5个	11.3	知识或专业性	少于5个	57.1	大学教师等研究人员	少于5人	52.6
	5—10个	29.2		5—10个	32.2		5—10人	19.3
	10个以上	59.5		10个以上	10.7		10人以上	28.1
实用性	少于5个	10.0	实用性	少于5个	67.8	向领域专家（如律师、医生）	少于5人	63.3
	5—10个	26.9		5—10个	20.6		5—10人	18.4
	10个以上	63.1		10个以上	11.6		10人以上	18.3
新闻时政类	少于5个	8.6	新闻时政电视类	少于5个	42.3	记者	少于5人	87.5
	5—10个	24.0		5—10个	37.5		5—10人	8.9
	10个以上	67.4		10个以上	20.2		10人以上	3.7
政府机构网站	少于5个	33.2	过去一年使用过网络搜索引擎					97.0
	5—10个	30.5	过去一年使用过计算机检索的图书馆藏书目录					53.4
	10个以上	36.3	过去一年使用过专业/行业数据库					29.4

资料来源：本研究整理。

（二）高认知水平者个人信息世界边界要素的特征

第一，大多数高认知水平者每天用于信息搜寻的时间在1—5小时之间。

表6-12展示了高认知水平者在时间维度上的特征。分析表6-12可见，高认知水平者中每天花费1—3小时用于信息搜寻的人数比例最高，3—5小时的人数比例次之，合计高达69.1%的高认知水平者每天用于信息搜寻的时间在1—5小时之间。从整体来看，90%以上的高认知水平者每天花在信息搜索、阅读/浏览、参观、学习等信息获取及利用上的时间在1小时以上。而无论是每天花很少时间（1小时以下）或很多时间（10小时以上）的人在高认识水平人群中都仅占很小比例。

表6-12　　高认知水平者个人信息世界的时间边界　　（单位：%）

每天花在信息搜索、阅读/浏览、参观、学习等信息获取及利用的时间	所占百分比
几乎没有	1.2
1小时以下	8.7
1—3小时	43.8

续表

每天花在信息搜索、阅读/浏览、参观、学习等信息获取及利用的时间	所占百分比
3—5 小时	25.3
5—10 小时	12.0
10 小时以上	9.1

第二,高认知水平者的有意识信息实践活动更多地发生于"知识富集型"的信息空间里。

依照个人信息世界理论,个人信息世界的空间指有意识的信息活动(即下文所说的知觉性和目的性信息实践活动)发生的场所。① 由表6-13可见,在各类信息空间中,图书馆、课堂或培训场所等场所作为高认知水平者信息实践发生空间的比例最高。显然,相对于其他信息空间而言,图书馆及课堂等场所知识信息更为富集。特别值得注意的是,36.8%的高认知水平者将旅行工具作为信息获取的空间,这表明,平均认知水平在空间维度上的重要表现是,这一群体具有把社会的非信息场所建构或转化成个人信息场所的特点。

表6-13　　　　高认知水平者个人信息世界的空间边界　　　（单位：%）

过去一年进行过信息搜索、阅读/浏览、参观、学习等信息获取及利用活动的场所			
场所	占比	场所	占比
实体或虚拟图书馆	57.7	旅行途中（汽车、火车等）	36.8
课堂或培训场所	56.8	实体或虚拟博物馆/展览馆	33.2
书店/报刊亭	46.6	车站	19.1
会议场所	45.5	地铁	11.5

第三,高认知水平者语言能力普遍较强,对网络搜索引擎的依赖程度高,且具有较高的批判思维能力。

分析表6-14发现,高认知水平者的语言使用能力较强且呈多样化。

---

① 于良芝:《"个人信息世界"——一个信息不平等概念的发现与阐释》,《中国图书馆学报》2013年第1期。

表现在，69%的高认知水平者能够使用中文阅读专业学术文献，这表明高认知水平者对母语的应用水平较高。同时，86.2%以上的人可以用外语进行或简单或复杂的阅读，这说明大部分高认知水平者具备了一定的外语阅读能力。

由表6–14可看出，无论是对生活信息还是工作信息的获取，绝大多数高认知水平者都依赖于网络搜索引擎。表现在，96.4%的高认知水平者通过网络搜索引擎获取生活信息，而这一人群通过网络搜索引擎获取工作信息的比例更是高达97.2%。此外，分析表6–14发现，尽管高认知水平者的生活和工作信息来源都高度依赖于网络搜索引擎，但信息获取的目的不同，对搜索引擎的功能使用的复杂程度不同：当需要生活方面的信息时，多数高认知水平者使用相对较简单的搜索功能（如51.1%的高认知水平者利用百度或谷歌的简单搜索页面搜索日常生活所需要信息）；但在获取工作/学习方面的信息时，高认知水平者使用的信息搜索复杂程度明显提高，表现在65.7%的高认知水平者为获取工作/学习所需要的信息，使用了网络搜索引擎的高级搜索页面甚至专业数据库的高级搜索功能。

表6–14　　　　　高认知水平者个人信息世界的知识边界　　　　（单位：%）

项目与指标		占比	项目与指标		占比
中文阅读水平	什么也看不懂	0.8	英文（或其他语言）阅读水平	什么也看不懂	13.8
	能看懂简单小故事	3.2		能看懂简单小故事	47.7
	能看懂报纸上的大部分文章	27.1		能看懂报纸上的大部分文章	24.7
	能看懂某一方面专业性学术著作	69.0		能看懂某一方面专业性学术著作	13.8
日常生活中信息搜索的复杂程度	向他人询问或委托他人代查	3.6	工作/学习中信息搜索的复杂程度	向他人询问或委托他人代查	2.8
	利用百度或谷歌的简单搜索页面	51.1		利用百度或谷歌的简单搜索页面	31.4
	利用百度或谷歌的高级搜索页面	27.6		利用百度或谷歌的高级搜索页面	31.2
	利用百度/谷歌以及专业数据库的高级搜索功能	17.7		利用百度/谷歌以及专业数据库的高级搜索功能	34.5

第六章 群体性认知差异的实证调查

续表

项目与指标		占比	项目与指标		占比
对知识/专业性报纸栏目的批判思维能力	理解其字面内容	26.5	对新闻或时政性报纸栏目的批判思维能力	理解其字面内容	26.5
	探究其言外之意	45.1		探究其言外之意	45.1
	对其证据、观点/结论、逻辑、有用性进行批判分析	28.3		对其证据、观点/结论、逻辑、有用性进行批判分析	28.3
对知识/专业性电视节目的批判思维能力	理解其字面内容	27.3	对新闻或时政性电视节目的批判思维能力	理解其字面内容	30.6
	探究其言外之意	39.4		探究其言外之意	40.9
	对其证据、观点/结论、逻辑、有用性进行批判分析	33.3		对其证据、观点/结论、逻辑、有用性进行批判分析	28.5
对知识/专业性网站的批判思维能力	理解其字面内容	25.4	对新闻或时政性网站的批判思维能力	理解其字面内容	31.5
	探究其言外之意	38.4		探究其言外之意	39.8
	对其证据、观点/结论、逻辑、有用性进行批判分析	36.2		对其证据、观点/结论、逻辑、有用性进行批判分析	28.7

此外，高认知水平者更倾向于对所接受的信息进行批判性分析与思考。由表6-14可见，无论是对来自报纸、电视节目还是网络的信息，70%以上的高认知水平者并不是简要地理解其字面内容，而是探究其言外之意，或者对这些信息进行批判性分析。而且，高认知水平者对于来自各类报纸、电视和网络等不同信息源的信息进行各种不同深度分析的人数比例也大体接近（如对来自不同信息源的信息，均有30%以上的受访者探究其言外之意或进行了批判性分析）。这表明，高认知水平者对于来自不同信息源的信息进行批判性分析的现象具有一定的稳定性。

（三）高认知水平者个人信息世界动力要素的特征

分析表6-15发现，从动力维度看，高认知水平者的个人信息世界具有如下特征。

第一，整体而言，高认知水平者个人信息世界的动机更强、主动程度相对更高。

由表6-15可见，半数以上的高认知水平者无论在有意识信息实践还是无意识信息实践中,对"阅读"和"上网"两种信息获取途径的使用频率都很高。由于阅读和上网是两种需要信息主体付出认知努力的信息源,而如前文所述,人们为信息获取而付出努力的程度常常与其动机水平相关联,由此可见,高认知水平者在信息实践中动机更强,因此其信息获取的主动程度也相对较高。

第二,无论是在有意识(目的性、知觉性)还是无意的信息实践中,大部分高认知水平者更倾向于通过网络信息源获取所需信息。

如表6-15所示,有77.1%高认知水平者在目的性信息实践(为了解决生活工作中的特定问题)中高频率地(经常)通过上网获取信息,这一比例在知觉性信息实践(为了增长见识/了解动态)中为78.7%,在无意识信息实践(为了休息休闲)中则为65.6%。在三类信息实践中,通过高频率上网而获取信息在对各类信息渠道的使用频率中均最高。由于网络信息源具有"交互"性,据此可见,高认知水平者更倾向于通过交互的方式,有的放矢地获取自己所需要的信息。

第三,在目的性信息实践中,高认知水平者不仅更倾向于高频率地使用网络信息源,也倾向于通过频繁地人交流以获取所需要的信息。

具体表现是,如表6-15所示,在目的性信息实践中,68.2%的高认知水平者通过经常与人交流而获取所需信息。因而,对于高认知水平者而言,在目的性信息实践中,除通过经常上网获取信息外,这一人群也倾向于通过频繁地与人交流获得解决问题的信息。反之,有33.7%的高认知水平者"很少"通过电视这一传统的休闲信息源来满足自己在目的性信息实践中的信息需求,而"经常"通过看电视而获取目的性信息实践所需信息者仅有26.4%。因此,这些信息获取渠道对于高认知水平者的目的性信息实践活动而言,重要程度较低。

第四,在知觉性信息实践中,高认知水平者更青睐知识信息含量富集的信息源。

如表6-15所示,在知觉性信息实践中,64.4%的高认知水平者倾向于通过频繁地阅读以获取信息,仅次于对网络信息源的使用,可见,阅读信息源对于高认知水平者的知觉性信息实践来说也很重要。反之,只有41.2%的高认知水平者通过电视这一传统的休闲型媒体获取知觉性信息实践所需要的信息。因此,高认知水平者较少使用休闲型媒体进行知觉性信息实践，而更倾向于使用知识信息富集的信息源。

第五，在无意识的信息实践中，高认知水平者所使用的信息源具有多样性的特征。

由表6-15可以看出，在无意识的信息实践（为了休息休闲）中，高认知水平者对阅读、看电视和与人交流这三类信息源使用的比例分别为48.9%、46.75和53.2%，三者比较接近。据此可见，高认知水平者除对网络信息源的频繁使用比例较高外，对其他信息源的使用比例都较接近，其无意识信息实践具有多样性的特征。本研究认为，正是这种多样化使用信息源的特征，使高认知水平者在无意识信息实践中"偶遇"所需信息，获取信息效用的可能性大大增加，从而促进了其个人信息世界的丰富化。

表6-15　　　高认知水平者个人信息世界的动力特征　　　（单位：%）

信息获取动机、渠道与频率		占比	信息获取动机、渠道与频率		占比	信息获取动机、渠道与频率		占比
为了解决生活工作中的特定问题而阅读	很少	8.5	为了增长见识/了解动态而阅读	很少	5.8	为了休息休闲而阅读	很少	10.5
	有时	42.1		有时	29.9		有时	40.6
	经常	49.4		经常	64.4		经常	48.9
为了解决生活工作中的特定问题而上网	很少	4.2	为了增长见识/了解动态而上网	很少	5.1	为了休息休闲而上网	很少	9.2
	有时	18.7		有时	16.2		有时	25.2
	经常	77.1		经常	78.7		经常	65.6
为了解决生活工作中的特定问题而看电视	很少	33.7	为了增长见识/了解动态而看电视	很少	18.8	为了休息休闲而看电视	很少	16.6
	有时	39.9		有时	40.1		有时	36.7
	经常	26.4		经常	41.2		经常	46.7
为了解决生活工作中的特定问题而与人交流	很少	4.7	为了增长见识/了解动态而与人交流	很少	5.4	为了休息休闲而与人交流	很少	8.2
	有时	27.0		有时	33.0		有时	38.5
	经常	68.2		经常	61.6		经常	53.2

（四）小结

基于对不同信息实践活动中受访者对各类信息源使用频繁的比较分析，本研究发现，高认知水平者的个人信息世界具有如下特征：

就内容要素而言，几乎全部高认知水平者对互联网具有可及性（availability）和可获性，而且对知识富集型人际信息源的可获比率高。同时，这一人群更倾向于把"知识富集型"物质和人际信息源作为基础信息源，并具备使用有"技能门槛"的信息源（如搜索引擎）的能力。

就边界要素而言，大多数高认知水平者每天用于信息搜寻的时间在1—5小时之间，高认知水平者的有意识信息实践活动更多地发生于"知识富集型"的信息空间里。此外，高认知水平者语言能力普遍较强，对网络搜索引擎的依赖程度高，且具有较高的批判思维能力。

就动力要素而言，整体而言，高认知水平者在信息实践中的动机更强、主动程度相对更高，且大部分高认知水平者更倾向于通过网络信息源获取所需信息。在目的性信息实践中，高认知水平者不仅倾向于高频率地使用网络信息源方面，倾向于通过频繁地人交流以获取所需要的信息。在知觉性信息实践中，高认知水平者更青睐知识信息含量富集的信息源。在无意识的信息实践中，高认知水平者所使用的信息源具有多样性的特征，从而增大其"偶遇"所需要信息并获取信息效用的可能性。

二 认知水平居中者个人信息世界的特征

如前所述，基于个人信息世界的聚类分析，本研究发现，在城市成年人中存在着四个平均认知水平不同的人群。上一节对高认知水平者的个人信息世界特征进行了分析，本节将针对平均认知水平居于中间位置的人群进行分析，考察这个人群个人信息世界的特征。尽管认知水平偏高组与偏低组本身存在着一定程度的差异，但从社会整体人群来看，二者都处于群体性认知不均衡的居中位置，因此，本节将对这两组人群进行合并分析。

（一）认知水平居中者个人信息世界内容要素的特征

第一，互联网对八成以上的认知水平居中者具有可及性和可获性。

如表6-16和表6—17所示，对于认知水平居中者而言，互联网对84.1%的人具有可及性，对82.2%的人具有可获性。可见，在各类物质信息源中，互联网是认知水平居中者使用的最重要的信息源。此外，由表6-16可见，一半左右的认知水平居中者把书店、图书馆作为可及和可获信息源，表明这些信息源对于认知水平居中者个人信息世界的丰富化也具有比较重要的作用。

表6-16　　　　　　认知水平居中者的可及信息源　　　　（单位：%）

周边五公里内的信息源	占比	周围可提供信息的人员	占比
互联网	84.1	乡镇/街道及以上政府工作人员	55.3
书店/报刊亭的书籍报刊	65.6	大学老师或其他研究人员	43.9
图书馆/图书室的书籍报刊	57.4	某领域实践专家（如律师、医生、农技员）	39.2
政府信息公开点展示的文件、通报等	21.9		
数据库	11.1	记者	9.9

第二，认知水平居中者对各类人际信息源使用比例都较低，相对而言，对研究人员具有可获性的人数比例较高。

如表6-16和表6—17所示，尽管有40—55%的认知水平居中者对于政府工作人员、研究人员或专家具有可及性，但这些信息源中，仅有25%以下的信息源对认知水平居中者而言具有可获性。由此可见，在实际的信息实践中，认知水平居中者对各类人际信息源的使用比例都较低。对照表6-16和表6-17发现，政府工作人员作为认知水平居中者可及信息源的比例较高（55.6%），在本研究所涉及的各类人际信息源中居首位，但只有22%的认知水平居中者把政府工作人员作为可获信息源，低于把研究人员作为可获信息源的比例（23.6%）。总之，就对于各类人际信息源的可获性而言，"大学老师或其他研究人员"这一信息源对于认知水平居中者的重要程度相对较高，而其他信息源的可获比例均较低。

表6-17　　　　　　认知水平居中者的可获信息源　　　　（单位：%）

在日常工作或生活中是否有机会从以下渠道获取信息	占比	在日常工作或生活中是否有机会从以下渠道获取信息	占比
互联网	82.2	研究人员	23.6
书店/报刊亭的书籍报刊	53.0	政府人员	22.0
图书馆/图书室的书籍报刊	49.9	专家	18.3
政府信息	19.7	记者	3.9
数据库	9.8		

第三，知识类或新闻类信息源是认知水平居中者最重要的基础信

息源。

如表 6 - 18 所示，就受访者对《个人信息世界量表》所包含的各类信息源近半年来的使用情况而言，"知识或专业类"或"新闻或时政类"信息源居于各类信息源使用比例的首位。由此可见，认知水平居中组中的较多人更重视从知识类或新闻类信息源获取信息。这一特点与前文所述高认知水平组有一定相似性，但就人数比例而言，对上述两类信息源使用的认知水平居中者少于高认知水平者。与本研究从认知水平居中者可获信息源上观察到的现象相类似，认知水平居中者对人际信息源的使用的总体人数比例较低，但知识富集型人际信息源（如研究人员或专家）的使用比例仍相对高于其他信息源。

表 6 - 18　　　　　　认知水平居中者的基础信息源　　　　（单位：%）

过去半年阅读过的图书		过去半年读过的杂志文章		过去半年读过的报纸栏目	
类别	占比	类别	占比	类别	占比
知识或专业类	87.1	知识类	81.5	新闻或时政类	89.0
实用类	77.5	新闻类	81.1	知识或专业类	74.7
故事类	71.5	实用类	74.8	实用类	72.0
政策法规类	39.8	故事类	72.7	故事类	66.7
过去半年用过的网站		过去半年看过的电视节目		过去半年向哪类人咨询过信息	
类别	占比	类别	占比	类别	占比
新闻或时政性	82.1	新闻或时政性	88.2	大学老师或其他专职研究人员	20.7
实用性	82.0	故事性	84.8	某领域专家（如律师、医生、农技员）	20.1
知识或专业性	82.0	知识或专业性	76.4	乡镇/街道及以上政府人员	18.6
故事性或游戏性	56.8	实用性	62.3	记者	3.3
政府机构	49.7				

第四，绝大多数认知水平居中者具备基本的网络信息获取技能，但对"高技术门槛"信息源的使用能力较低。

如表 6 - 19 所示，91.5% 的认知水平居中者在过去一年使用过网络搜索引擎。这表明,绝大多数认知水平居中者具有网络信息搜寻能力。但也必须注意到,尽管大量的认知水平居中者能够从搜索引擎获取信息,但与高认知水平者相比较,认知水平居中者对"高技术门槛"的信息源(如图书馆 online catalog 或数据库)使用比例较低。这表明,认知水平居中者虽然也能够从网络获取信息,但这个人群中的大部分人仅仅掌握了基本的网络信息获取技能。

表6-19　　　　　　　　　认知水平居中者的信息资产　　　　　　（单位:%）

过去半年阅读图书的类别与数量		占比	过去半年读过杂志文章的类别与数量		占比	过去半年读过报纸栏目的类别与数量		占比
故事类	少于5本	72.9	故事类	少于5篇	63.5	故事类	少于5个	72.7
	5—10本	16.2		5—10篇	18.9		5—10个	19.5
	10本以上	10.9		10篇以上	17.6		10个以上	7.8
知识或专业类	少于5本	73.9	知识类	少于5篇	64.7	知识或专业类	少于5个	64.2
	5—10本	20.3		5—10篇	21.7		5—10个	27.9
	10本以上	5.8		10篇以上	13.6		10个以上	7.8
实用类	少于5本	79.7	实用类	少于5篇	67.5	新闻或时政类	少于5个	45.0
	5—10本	16.6		5—10篇	23.0		5—10个	27.4
	10本以上	3.7		10篇以上	9.5		10个以上	27.6
政策法规类	少于5本	86.2	新闻类	少于5篇	54.4	实用类	少于5个	60.9
	5—10本	11.2		5—10篇	21.0		5—10个	26.0
	10本以上	2.6		10篇以上	24.6		10个以上	13.1
过去半年用过网站的类别与数量		占比	过去半年看过电视节目的类型与数量		占比	过去半年咨询过信息的人群及次数		占比
故事性或游戏性	少于5个	63.0	故事性	少于5个	61.0	乡镇/街道及以上政府人员	少于5人	80.9
	5—10个	14.9		5—10个	32.4		5—10人	10.2
	10个以上	22.1		10个以上	6.6		10人以上	8.8
知识或专业性	少于5个	49.8	知识或专业性	少于5个	79.0	大学老师或其他专职研究人员	少于5人	79.5
	5—10个	26.1		5—10个	18.8		5—10人	7.7
	10个以上	24.2		10个以上	2.2		10人以上	12.8
实用性	少于5个	45.9	实用性	少于5个	81.6	某领域专家(如律师、医生、农技员)	少于5人	79.2
	5—10个	27.2		5—10个	15.5		5—10人	11.9
	10个以上	26.9		10个以上	2.9		10人以上	8.9

续表

过去半年用过网站的类别与数量		占比	过去半年看过电视节目的类型与数量		占比	过去半年咨询过信息的人群及次数		占比
新闻或时政性	少于5个	42.8	新闻或时政性	少于5个	69.9	记者	少于5人	97.3
	5—10个	24.4		5—10个	24.3		5—10人	2.1
	10个以上	32.8		10个以上	5.8		10人以上	0.6
政府机构	少于5个	71.1	过去一年是否使用过网络搜索引擎					91.5
	5—10个	17.7	过去一年是否使用过计算机检索的图书馆藏书目录					29.9
	10个以上	11.1	过去一年是否使用过专业/行业数据库					12.9

(二) 认知水平居中者个人信息世界边界要素的特征

第一,近一半认知水平居中者每天用于信息搜寻的时间为 1—3 小时。

如表 6-20 所示,有 45.7% 的认知水平居中者每天用于信息搜寻的时间为 1—3 小时,在本问项中比例最高。另外,累计有 27.5% 的认知水平居中者每天用于信息搜寻的时间小于 1 小时,累计有 74.2% 的认知水平居中者每天用于信息搜寻的时间小于 3 小时。可见,大部分认知水平居中者每天的信息搜寻时间小于 3 小时。

表 6-20　　　　认知水平居中者个人信息世界的时间边界　　　（单位:%）

每天花在信息搜索、阅读/浏览、参观、学习等信息获取及利用的时间	占比
几乎没有	3.5
小于等于 1 小时	24.0
大于 1 小时,小于等于 3 小时	45.7
大于 3 小时,小于等于 5 小时	17.5
大于 5 小时,小于等于 10 小时,	7.0
大于 10 小时	2.2

第二,认知水平居中者的有意识信息实践活动发生于"知识富集型"信息空间的比例相对较高。

与前文对高认知水平人群个人信息世界空间维度的分析所获得的发现相类似，表6-21显示，在各类信息空间中，图书馆、课堂或培训等场所作为高认知水平人群信息实践的空间的比例相对较高。由于图书馆及课堂等场所相对于其他信息源来说知识信息更为富集，据此认为，高认知水平人群更倾向于把知识富集型信息场所作为自己信息实践的空间。但同时也必须注意到，尽管把知识富集型信息源的作为认知水平居中者信息空间的比例在本研究所涉及的各类信息场所中最高，但也仅占这一人群的不足40%。因而，尽管认知水平居中者与高认知水平人群在信息空间上具有相似性，但认知水平居中者对这类信息场所的使用比例却明显低于高认知水平人群。

表6-21　　认知水平居中者个人信息世界的空间边界　　（单位：%）

过去一年进行过信息搜索、阅读/浏览、参观、学习等信息获取及利用活动的场所	占比
课堂或培训场所	39.9
实体或虚拟图书馆	36.6
书店/报刊亭	34.5
会议场所	23.2
旅行途中（汽车、火车等）	22.4
实体或虚拟博物馆/展览馆	14.6
车站	13.6
地铁	7.1

第三，认知水平居中者具有一定的语言应用能力，对网络搜索引擎的依赖程度较高，但对其复杂功能使用能力有限，此外，这一人群还具有一定的分析和批判思考能力。

分析表6-22发现，认知水平居中者具有一定的语言使用能力。表现在，50.8%的认知水平居中者能够使用中文阅读专业学术文献，同时，只有26.8%的人完全不懂外语，这说明大部分认知水平居中者具备了一定的母语或外语应用能力。

表 6-22　认知水平居中者个人信息世界的知识边界　　（单位：%）

项目与指标		占比	项目与指标		占比
中文阅读水平	什么也看不懂	1.3	英文（或其他语言）阅读水平	什么也看不懂	26.8
	能看懂简单小故事	4.4		能看懂简单小故事	53.7
	能看懂报纸上的大部分文章	43.6		能看懂报纸上的大部分文章	14.1
	能看懂某一方面专业性学术著作	50.8		能看懂某一方面专业性学术著作	5.4
日常生活中信息搜索的复杂程度	向他人询问或委托他人代查	9.7	工作/学习中信息搜索的复杂程度	向他人询问或委托他人代查	8.6
	利用百度或谷歌的简单搜索页面	62.6		利用百度或谷歌的简单搜索页面	49.2
	利用百度或谷歌的高级搜索页面	18.0		利用百度或谷歌的高级搜索页面	26.6
	利用百度/谷歌以及专业数据库的高级搜索功能	9.8		利用百度/谷歌以及专业数据库的高级搜索功能	15.6
对知识/专业性报纸栏目的批判思维能力	理解其字面内容	50.8	对新闻或时政性报纸栏目的批判思维能力	理解其字面内容	51.7
	探究其言外之意	31.8		探究其言外之意	34.7
	对其证据、观点/结论、逻辑、有用性等进行批判分析	17.4		对其证据、观点/结论、逻辑、有用性等进行批判分析	13.6
对知识/专业性电视节目的批判思维能力	理解其字面内容	50.6	对新闻或时政性电视节目的批判思维能力	理解其字面内容	53.4
	探究其言外之意	34.5		探究其言外之意	32.4
	对其证据、观点/结论、逻辑、有用性等进行批判分析	14.9		对其证据、观点/结论、逻辑、有用性等进行批判分析	14.2
对知识/专业性网站的批判思维能力	理解其字面内容	48.5	对新闻或时政性网站的批判思维能力	理解其字面内容	53.8
	探究其言外之意	34.2		探究其言外之意	33.9
	对其证据、观点/结论、逻辑、有用性等进行批判分析	17.3		对其证据、观点/结论、逻辑、有用性等进行批判分析	12.3

由表6-22可看出，与高认知水平人群相类似，无论是对于生活信息还是工作信息的获取，绝大多数认知水平居中者都依赖于网络搜寻引擎。表现在，90.3%的认知水平居中者通过网络搜索引擎获取生活信息，而这一人群通过网络搜索引擎获取工作信息的比例也高达91.4%。但与高认知水平人群不同的是，认知水平居中者在对生活或工作所需要信息的获取中，对网络搜索引擎的复杂功能使用比例差别不大。

此外，一半左右的认知水平居中者对所接受的信息具有一定的批判分析能力。由表6-22可见，无论是对来自报纸、电视节目还是网络的信息，50%左右的认知水平居中者仅仅理解其字面内容，另有约五成的人探究其言外之意，或者对这些信息进行批判性分析。可见，虽然认知水平居中者的批判思维能力低于高认知水平人群，但这一人群也对所获信息具有一定的批判分析能力。

（三）认知水平居中者个人信息世界动力要素的特征

首先，较高比例的认知水平居中者倾向于使用网络信息源获所需信息，从而获得其个人信息世界变化发展的动力。表现在，无论是在有意识（目的性、知觉性）还是无意识信息实践中，认知水平居中者都对网络信息源使用比例都较高。如表6-23所示，认知水平居中者目的性信息实践中经常使用网络信息源的比例达64.5%，在知觉性信息实践中这一比例为65.4%，在无意识信息实践中这一比例则为55.7%，在三类信息实践对各类信息源频繁使用的比例中均为最高值。

表6-23　　　　认知水平居中者个人信息世界的动力特征　　　（单位：%）

信息获取动机、渠道与频率		占比	信息获取动机、渠道与频率		占比	信息获取动机、渠道与频率		占比
为了解决生活工作中的特定问题而阅读	很少	19.3	为了增长见识/了解动态而阅读	很少	13.2	为了休息休闲而阅读	很少	21.8
	有时	53.6		有时	49.5		有时	47.0
	经常	27.1		经常	37.3		经常	31.1
为了解决生活工作中的特定问题而上网	很少	6.9	为了增长见识/了解动态而上网	很少	6.5	为了休息休闲而上网	很少	10.8
	有时	28.6		有时	28.1		有时	33.6
	经常	64.5		经常	65.4		经常	55.7

续表

信息获取动机、渠道与频率		占比	信息获取动机、渠道与频率		占比	信息获取动机、渠道与频率		占比
为了解决生活工作中的特定问题而看电视	很少	32.3	为了增长见识/了解动态而看电视	很少	18.2	为了休息休闲而看电视	很少	16.7
	有时	44.8		有时	47.3		有时	43.8
	经常	23.0		经常	34.5		经常	39.5
为了解决生活工作中的特定问题而与人交流	很少	5.9	为了增长见识/了解动态而与人交流	很少	8.3	为了休息休闲而与人交流	很少	14.0
	有时	36.1		有时	43.6		有时	44.4
	经常	57.9		经常	48.1		经常	41.6

其次，在各类信息实践中，认知水平居中者也倾向于通过频繁地与人交流以获取所需要的信息。如表6-23所示，在三类信息实践活动中，认知水平居中者除频繁使用网络信息源外，还频繁地通过与人交流获取所需要的信息。表现在，在各种信息实践中，通过经常与人交流而获取所需要信息的认知水平居中者比例在40%—60%之间，在各类信息获取渠道中，仅次于通过频繁上网而获取此类信息。

（四）小结

总之，认知水平居中者个人信息世界具有如下特征。

就内容要素而言，多数认知水平居中者对互联网具有可及性（availability）和可获性，但对各类人际信息源使用比例都较低。此外，较高比例的认知水平居中者把知识类或新闻类信息源作为基础信息源，而且绝大多数认知水平居中者具备基本的网络信息获取技能。

就边界要素而言，从时间边界来看，近半数认知水平居中者每天用于信息搜寻的时间为1—3小时；从空间边界来看，认知水平居中者的有意识信息实践活动发生于"知识富集型"的信息空间的比例相对较高；从知识边界来看，认知水平居中者具有一定的语言能力，对网络搜索引擎的依赖程度较高但对复杂功能使用能力有限，具有一定的批判思维能力。

就动力要素而言，较高比例的认知水平居中者倾向于通过网络信息源获取所需信息，从而使其个人信息世界获得变化发展的动力。而且，在各类信息实践中，认知水平居中者也倾向于通过频繁地人交流以获取所需要的信息。

三 低认知水平人群个人信息世界的特征

前文的分析揭示了在信息分化中处于有利一端的高认知水平人群和认知水平居中人群个人信息世界的特征。为全面把握群体性认知不均衡的全貌，本节将对低认知水平人群个人信息世界的特征也进行探析。

（一）低认知水平人群个人信息世界内容要素的特征

首先，低认知水平人群对高质量信息源的可及和可获程度均很低。

如表6-24所示，就可及信息源而言，六成左右的低认知水平者周边五公里无法获得诸如互联网及图书馆等高质量、专业化的信息源。进一步分析表6-24发现，从可获信息源维度看，仅有38.3%的人有机会从互联网获取信息，而能够从图书馆这一社会设计的信息空间获取信息的认知水平者仅有28.2%。这进一步表明，周边不存在而且也无法从高质量的信息源获取信息，是大多数认知水平者个人信息世界贫困化的一个重要原因。与本研究对高认知水平者在可及和可获信息源维度上的特征相对应，低认知水平者个人信息世界的上述特征事实上与现有数字鸿沟/数字不平等的研究发现是一致的，即，wqa认知水平者对网络等高质量信息源的低接入率和有限的使用能力，导致了这个人群处于数字鸿沟/数字不平等的不利一侧。

表6-24　　　　　低认知水平者的可及信息源　　　　（单位：%）

受访者周边五公里内的信息源	占比	受访者生活或工作地周围可提供信息的人员	占比
书店/报刊亭的书籍报刊	42.5	乡镇/街道及以上政府工作人员	38.3
互联网	40.8	大学老师或其他研究人员	22.5
图书馆/图书室的书籍报刊	36.2	某领域实践专家（如律师、医生、农技员）	15.2
政府信息公开点展示的文件、通报等	14.8	记者	4.1
数据库	5.1		

同时，由表6-24和表6-25也可看出，就人际信息源而言，八成左右的低认知水平者周围没有专业研究人员及特定领域的专家，而高达九成以上的低认知水平者没有机会从研究人员或专家处获得信息。显然，低认知水平者不仅缺乏对高质量物质信息源的可及性和可获性，也难以从专业研究人员及专家等知识富集型人际信息源中获得信息，这正是低认知水平者在可及和可获信息源维度上的基本特征。

表6-25　　　　　　低认知水平者的可获信息源　　　　（单位：%）

在日常工作或生活中有机会从以下渠道获取信息	占比	在日常工作或生活中有机会从以下渠道获取信息	占比
互联网	38.4	乡镇/街道及以上政府工作人员	14.4
书店/报刊亭的书籍报刊	28.4	大学老师或其他研究人员	8.0
图书馆/图书室的书籍报刊	28.2	某领域实践专家（如律师、医生、农技员）	5.9
政府信息公开点展示的文件、通报等	13.4	记者	1.1
数据库	4.0		

其次，就基础信息源而言，低认知水平者更倾向于使用信息源的休闲娱乐功能而非从中获取知识信息。

如表6-26所示，在图书、杂志文章、报纸栏目、网站和电视节目等诸多信息源中，低认知水平者对知识或专业类信息源的使用频率均较低。反之，在多数信息源中，故事类信息源使用比例相对较高。可见，就基础信息源而言，低认知水平者更倾向于使用信息源的休闲娱乐功能而非从中获取知识信息。这种现象不仅存在于低认知水平者对物质信息源的使用中，从这个人群对人际信息源的惯常使用情况来看，低认知水平者向研究人员或专家咨询问题的比例也很低。概括而言，认知水平较低人群在基础信息源上的表现是个体对基础信息源的使用通常是进行休闲娱乐活动，而非进行知识信息的获取。

表6-26　　　　　　　　低认知水平者的基础信息源　　　　（单位：%）

过去半年阅读过的图书		过去半年读过的杂志文章		过去半年读过的报纸栏目	
类别	占比	类别	占比	类别	占比
故事类	37.2	故事类	32.7	新闻或时政类	46.9
实用类	31.3	新闻类	30.5	故事类	28.1
知识或专业类	30.8	知识类	22.3	实用类	20.4
政策法规类	9.1	实用类	18.3	知识或专业类	19.3
过去半年用过的网站		过去半年看过的电视节目		过去半年咨询过信息的人群	
类别	占比	类别	占比	类别	占比
新闻或时政性	31.3	故事性	60.9	乡镇/街道及以上政府人员	13.1
实用性	23.8	新闻或时政性	47.5	大学老师或其他专职研究人员	7.5
故事性或游戏性	23.4	实用性	32.2	某领域专家（如律师、医生、农技员）	5.3
知识或专业性	22.2	知识或专业性	30.9	记者	0.8
政府机构	7.3				

（二）低认知水平者存在信息资产贫乏与"信息自觉"缺失的特征

低认知水平者在信息资产方面的贫困表现在如下三个方面。首先，从整体上看，低认知水平者对各类信息源使用的频率都相对较低。由表6-27可见，在本研究所涉及的所有信息源中，低认知水平者近半年内使用少于5次的比例都很高。其次，低认知水平者对知识富集类信息源的使用频率尤其低。如表6-27所示，高达80%以上的低认知水平者半年内使用知识类或专业类图书、杂志、报纸栏目、网站、电视节目的次数少于5次。最后，从人际信息源来看，低认知水平者缺乏主动地从他人处获得有用信息的意识。其表现是，低认知水平者对各类人际信息源的使用频率也很低。例如，由表6-27可见，过去半年中，90%以上的低认知水平者就自己面临的信息问题咨询任何一个人群的次数都小于5人。本研究认为，从个人信息世界的信息资产维度来看，低认知水平表现为信息主体"信息自觉"的缺失，即，低认知水平者由于缺乏发现自己信息需求的意识和能力，因此从一定程度上丧失了积极地获取信息的动机，从而导致了其个人信息世界的贫困化。

表6-27　低认知水平者的信息资产　（单位：%）

过去半年阅读过图书的类别与数量		占比	过去半年读过杂志文章的类别与数量		占比	过去半年读过报纸栏目的类别与数量		占比
故事类	少于5本	78.5	故事类	少于5篇	78.0	故事类	少于5个	78.4
	5—10本	13.7		5—10篇	14.6		5—10个	15.3
	10本以上	7.7		10篇以上	7.3		10个以上	6.3
知识或专业类	少于5本	89.1	知识类	少于5篇	83.6	知识或专业类	少于5个	78.5
	5—10本	8.8		5—10篇	9.3		5—10个	16.5
	10本以上	2.1		10篇以上	7.1		10个以上	5.0
实用类	少于5本	86.2	实用类	少于5篇	83.5	新闻或时政类	少于5个	54.4
	5—10本	9.7		5—10篇	10.4		5—10个	23.8
	10本以上	4.1		10篇以上	6.1		10个以上	21.8
政策法规类	少于5本	87.7	新闻类	少于5篇	72.3	实用类	少于5个	70.3
	5—10本	10.5		5—10篇	12.0		5—10个	18.0
	10本以上	1.8		10篇以上	15.7		10个以上	11.7
过去半年用过的网站类型与数量		占比	过去半年看过电视节目的类别与数量		占比	过去半年咨询过信息的人群及次数		占比
故事性或游戏性	少于5个	55.1	故事性	少于5个	51.0	乡镇/街道及以上政府人员	少于5人	90.7
	5—10个	19.7		5—10个	39.3		5—10人	3.8
	10个以上	25.2		10个以上	9.7		10人以上	5.5
知识或专业性	少于5个	67.6	知识或专业性	少于5个	78.9	大学老师或其他专职研究人员	少于5人	92.7
	5—10个	12.9		5—10个	16.5		5—10人	4.3
	10个以上	19.4		10个以上	4.6		10人以上	3.0
实用性	少于5个	67.1	实用性	少于5个	82.7	某领域专家（如律师、医生、农技员）	少于5人	95.4
	5—10个	10.7		5—10个	15.3		5—10人	2.5
	10个以上	22.1		10个以上	2.0		10人以上	2.1
新闻或时政性	少于5个	56.6	新闻或时政性	少于5个	73.8	记者	少于5人	99.6
	5—10个	16.8		5—10个	20.5		5—10人	0.4
	10个以上	26.5		10个以上	5.7		10人以上	0
政府机构	少于5个	71.7	过去一年使用过网络搜索引擎					61.1
	5—10个	10.9	过去一年使用过计算机检索的图书馆藏书目录					7.7
	10个以上	17.4	过去一年使用过专业/行业数据库					3.3

（三）低认知水平者个人信息世界边界要素的特征

首先，半数以上的低认知水平者每天用于信息搜寻的时间在 1 小时或 1 小时以下。

由表 6-28 可见，从时间维度看，低认知水平者每天花在信息获取与利用方面的时间相对较少，累计有 55.7% 的低认知水平者几乎不花费时间或者每天仅花费 1 小时或 1 小时以下的时间获取与利用信息。这表明，低认知水平者在日常生活中对信息搜寻较低的时间投入从一定程度上"塑造"了其贫困的个人信息世界。

表 6-28　　　　低认知水平者个人信息世界的时间边界　　（单位：%）

每天花在信息搜索、阅读/浏览、参观、学习等信息获取及利用的时间	所占比
几乎没有	22.9
小于等于 1 小时	32.8
大于 1 小时，小于等于 3 小时	32.0
大于 3 小时，小于等于 5 小时	9.3
大于 5 小时，小于等于 10 小时	1.9
大于 10 小时	1.1

其次，低认知水平者个人信息世界的空间狭小而低质。

如表 6-29 所示，过去一年中，近 80% 的低认知水平者没有在本研究所涉及的各类场所进行信息获取与利用活动，这表明，低认知水平者的个人信息世界被局限于一个非常狭小的空间内。进一步分析发现，85% 的低认知水平者没有在"课堂或培训场所"或图书馆等优质信息源开展进行过信息搜寻活动。总之，就空间维度而言，低认知水平者个人信息世界贫困化的表现是，这一人群具有一个狭小而低质的信息空间。

表 6-29　　　　低认知水平者个人信息世界的空间边界　　（单位：%）

过去一年进行过信息搜索、阅读/浏览、参观、学习等信息获取及利用活动的场所	有效百分比
书店/报刊亭	23.0
课堂或培训场所	15.2
实体或虚拟图书馆	15.0

过去一年进行过信息搜索、阅读/浏览、参观、学习等信息获取及利用活动的场所	有效百分比
旅行途中（汽车、火车等）	12.4
会议场所	11.0
车站	8.1
实体或虚拟博物馆/展览馆	5.3
地铁	3.8

最后，低认知水平者语言应用水平低，对于网络信息源的使用能力有限，倾向于不加分析地接受所获得的信息。

表6-30全面反映了低认知水平者知识方面的特征：第一，从语言的水平来看，低认知水平者的母语和外语的应用水平均较低。如表6-30所示，低认知水平者中，能看懂中文专业学术著作的人仅有24.1%，而完全不懂外语者达55.9%。第二，从信息搜索的复杂程度来看，低认知水平者倾向于使用技能要求更低的信息获取手段。由表6-30可见，无论是生活方面还是工作/学习方面所需要的信息，约四成的低认知水平者都是通过向别人询问或委托他人代查而获得。即使是通过网络搜索引擎而获取信息的低认知水平者中，大部分也仅仅使用了简单的搜索功能，而且对于生活和工作信息的获取渠道没有区别。第三，低认知水平者对于知识信息的内容缺乏批判性分析。如表6-30所示，无论在何种信息源中，70%以上的低认知水平者都止步于"理解其字面内容"，而缺乏对来自这些信息源的信息进行批判性思考的能力与习惯。

表6-30　　　　低认知水平者个人信息世界的知识边界　　　（单位：%）

项目与指标		占比	项目与指标		占比
中文阅读水平	什么也看不懂	5.1	英文（或其他语言）阅读水平	什么也看不懂	55.9
	能看懂简单小故事	15.9		能看懂简单小故事	35.4
	能看懂报纸上的大部分文章	54.9		能看懂报纸上的大部分文章	4.6
	能看懂某一方面专业性学术著作	24.1		能看懂某一方面专业性学术著作	4.0

续表

项目与指标		占比	项目与指标		占比
日常生活中信息搜索的复杂程度	向他人询问或委托他人代查	36.0	工作/学习中信息搜索的复杂程度	向他人询问或委托他人代查	35.9
	利用百度或谷歌的简单搜索页面	46.7		利用百度或谷歌的简单搜索页面	46.8
	利用百度或谷歌的高级搜索页面	12.4		利用百度或谷歌的高级搜索页面	12.5
	利用百度/谷歌以及专业数据库的高级搜索功能	5.0		利用百度/谷歌以及专业数据库的高级搜索功能	4.8
对知识/专业性报纸栏目的批判思维能力	理解其字面内容	73.1	对新闻或时政性报纸栏目的批判思维能力	理解其字面内容	71.9
	探究其言外之意	19.0		探究其言外之意	17.9
	对其证据、观点/结论、逻辑、有用性等进行批判分析	7.8		对其证据、观点/结论、逻辑、有用性等进行批判分析	10.2
对知识/专业性电视节目的批判思维能力	理解其字面内容	73.0	新闻或时政性电视节目的批判思维能力	理解其字面内容	73.0
	探究其言外之意	20.5		探究其言外之意	17.7
	对其证据、观点/结论、逻辑、有用性等进行批判分析	6.6		对其证据、观点/结论、逻辑、有用性等进行批判分析	9.3
对知识/专业性网站的批判思维能力	理解其字面内容	70.9	对新闻或时政性网站的批判思维能力	理解其字面内容	70.7
	探究其言外之意	19.8		探究其言外之意	20.7
	对其证据、观点/结论、逻辑、有用性等进行批判分析	9.3		对其证据、观点/结论、逻辑、有用性等进行批判分析	8.7

（四）低认知水平者个人信息世界动力要素的特征

首先，低认知水平者个人信息世界明显地表现出动力不足的现象，具体表现在这一人群在三种信息实践中对各类信息源的使用频率都较低且比较分散，对知识富集型信息源的使用频率尤其低。

分析表6-31发现，在各种信息实践中，受访者"经常"使用任何一个信息源以获取所需要信息的频率基本低于40%。这表明，并不存在大多数低认知水平者高频率集中使用的信息源。本研究认为，之所以形成上述特征是由于多数低认知水平者缺乏频繁使用信息源来满足自己信息需求的意识和习惯。此外，低认知水平者对信息源使用频率的不集中，也从一定程度上反映了这个人群对信息源的选择与使用充满着随意性和不确定性。

此外，通过比较表6-31中信息贫困者对各种信息源的使用频率可以看出，在各种信息实践中，低认知水平者对通过阅读而满足自己信息需求的频率最低。具体表现在，在三种信息实践中，低认知水平者中三分之一以上的人"很少"通过阅读而满足自己的信息需要；相反，仅有不足20%的人会在各类信息实践中通过"经常"阅读以满足自己的信息需求。这表明，低认知水平者较少具备从知识富集的信息源获取信息，以满足自己信息需求的意识和能力。

其次，在目的性信息实践中，低认知水平者更乐于使用需要付出较少认知努力的信息源。

由表6-31第一列可见，为解决生活工作中的问题，仅有12.4%的低认知水平者通过经常阅读而满足其目的性信息实践需要。与此形成对照的是，低认知水平者通过经常与人交流而获取信息者占40%，是这一分群对各类信息源的使用比例的最高值。显然，与阅读相比，与人交流需要付出的认知努力更少，因而，低认知水平者倾向于使用需要付出较少认知努力的信息源。

最后，在知觉性信息实践中，低认知水平者对各类信息源的使用比例均较低。

由表6-31第二列可以看出，低认知水平者为增长见识，经常从网络、电视和人际信息源获取信息的人数比例均在30%左右，且通过阅读而获取此类信息的人为19.5%。可见，在知觉性信息实践中，低认知水平者对各类信息源的使用比例均很低且不存在集中使用某一信息源的现象。此外，与低认知水平者在目的性信息实践中的特征相类似，这一人群在知觉性信息实践中也倾向于使用认知努力程度较低的信息源。

表 6-31　　　　低认知水平者信息获取的动力　　　（单位：%）

信息获取动机、渠道与频率		占比	信息获取动机、渠道与频率		占比	信息获取动机、渠道与频率		百分比
为了解决生活工作中的特定问题而阅读	很少	39.9	为增长见识/了解动态而阅读	很少	32.3	为休息休闲而阅读	很少	37.4
	有时	47.7		有时	48.2		有时	43.0
	经常	12.4		经常	19.5		经常	19.6
为了解决生活工作中的特定问题而上网	很少	27.6	为增长见识/了解动态而上网	很少	26.9	为休息休闲而上网	很少	28.8
	有时	38.9		有时	39.1		有时	34.5
	经常	33.5		经常	33.9		经常	36.8
为了解决生活工作中的特定问题而看电视	很少	28.7	为了增长见识/了解动态而看电视	很少	20.1	为了休息休闲而看电视	很少	18.9
	有时	39.8		有时	49.1		有时	39.7
	经常	31.5		经常	30.7		经常	41.4
为了解决生活工作中的特定问题而与人交流	很少	16.1	为了增长见识/了解动态而与人交流	很少	19.1	为了休息休闲而与人交流	很少	22.2
	有时	43.9		有时	50.6		有时	39.5
	经常	40.0		经常	30.3		经常	38.3

（五）小结

综上所述，低认知水平者个人信息世界内容要素的特征是：就可及和可获信息源而言，这一人群对高质量的信息源数量可及（available）和可获（accessible）程度均很低；就基础信息源而言，低认知水平者的"惯习"[①]局限了其对信息源的使用，从而导致其个人信息世界贫困化；此外，这一人群也存在信息资产贫乏与"信息自觉"缺失等特征。

低认知水平者个人信息世界边界要素的特征是：这一人群用于信息搜寻的时间投入少，半数以上的低认知水平者每天用于信息搜寻的时间少于或等于 1 小时；个人信息世界的空间狭小且质量较低；此外，从知识维度看，低认知水平者语言应用水平低，对于网络信息源的使用能力有限，倾向于不加分析地接受所获得的信息。

低认知水平者个人信息世界动力要素的特征是：低认知水平者在各

---

① 惯习（habitus）是法国社会学家布迪厄所提出的一个概念，是指"体现在能动行动者身上的历史经验积累"，详见刘欣《阶级惯习与品味：布迪厄的阶级理论》，《社会学研究》2003 年第 6 期。

种信息实践中存在着动力不足的现象,表现为对各类信息源的使用频率都较低且比较分散,对知识富集型信息源的使用频率尤其低。无论在有意识的信息实践还是无意识的信息实践中,这一人群都更倾向于使用需要付出较低认知努力的信息源。

第七章

社会认识高级化的制度保障
——公共图书馆

第一节 文献回顾与研究假设

一 研究背景

作为公共财政支持的公益性信息服务机构,公共图书馆的发展水平既跟所在地经济发展水平紧密关联,又与其服务对象的知识水平和认知能力密不可分。改革开放以来,我国经济建设取得了令人瞩目的巨大成就,居民教育程度也有了显著提高,基于这一时代背景,要深刻理解图书馆职业这种制度安排如何保障社会认识不断走向高级化,就有必要将公共图书馆的基本业务活动置于经济发展水平和居民教育程度发展变化的宏观情境之中予以考察。

经济发展水平之于公共图书馆事业发展的影响集中表现在财政支持力度上。据统计,从1978年到2014年,我国人均GDP由381元增加至46629元,[①] 同期全国公共图书馆财政投入经费由1979年的5040万元增加至1137210万元。伴随着经济发展水平的提高和经费投入的快速增加,我国公共图书馆事业发生了天翻地覆的变化。1978年,我国仅有1218家公共图书馆,而到了2014年,我国已拥有3117家公共图书馆。[②] 与此同

---

① 国家统计局:《中国统计年鉴》,2017年4月24日,(2020-3-25),http://www.stats.gov.cn/tjsj/ndsj/2016/indexch.html。
② 文化部财务司:《中国文化文物统计年鉴》,2017年4月24日,(2020-3-25),http://www.yearbookchina.com/naviBooklist-YMKOI-0.html。

时，办馆条件明显改善。据统计，2000—2014 年，我国公共图书馆总面积由 598.2 万平方米上升到了 1231.6 万平方米，每万人拥有公共图书馆建筑面积由 47.3 平方米上升到了 90.0 平方米，人均拥有公共图书馆藏量由 0.32 册/件上升到了 0.58 册/件，公共图书馆新购图书册数由 692 万册上升到了 4742 万册，阅览室座席数由 41.6 万个上升到了 85.6 万个。①

　　显然，经济的快速发展与经费投入的增长是最近几十年来我国公共图书馆事业发展的基本驱动力。近年来，关于经济发展水平与公共图书馆业务活动之间的关联虽然已引起了研究者的关注，但由于在指标选择、统计口径、分析方法等方面存在局限，现有研究常常对相同的问题做出截然不同的解释。如，陈力行、②王林③等发现，公共图书馆对于经济发展具有明显的正向影响。而李烜等则认为，公共图书馆财政投入对我国经济增长的效应并不明显。④ 另一方面，虽然学界普遍认同经济增长可有效促进公共图书馆事业的发展，但是，经济发展是一个永续的过程，而图书馆的设施设备与办馆条件改善的空间却终将随着经费投入的增加而趋于饱和。从这个意义上说，通过增加投入而带来的图书馆事业的扩张式发展，在经历一定时期后必然转型为基于内涵发展而实现职业价值的"新常态"。在这一背景下，充分解析经济发展之于公共图书馆事业的影响，并识别公共图书馆事业从"扩张式"走向"内涵式"发展的关键节点兼具理论价值与实践意义，而现有研究尚不足以对经济发展处于不同阶段的各区域公共图书馆发展特征做出完整的解释。这一研究薄弱点的存在，构成了本研究得以展开的第一个必要性。

　　除经济发展与经费投入因素之外，居民教育程度也是影响公共图书馆事业发展的一个重要因素。现代意义上的公共图书馆最早作为教育活

---

① 文化部财务司：《中国文化文物统计年鉴》，2017 年 4 月 24 日，（2020 - 3 - 25），http://www.yearbookchina.com/naviBooklist-YMKOI-0.html。

② 陈力行、宋华雷、徐建华：《我国公共图书馆发展与经济增长关系初探——公共图书馆财政投入与 GDP 的实证分析》，《图书馆论坛》2011 年第 4 期。

③ 王林：《公共图书馆事业与国民经济协调发展量化分析》，《中国图书馆学报》2006 年第 164 期。

④ 李烜、阳镇：《公共图书馆财政投入、人力资源发展与经济增长相关性研究》，《情报探索》2015 年第 6 期。

动机构而赢得了其存在的合理性，① 而我国早期公共图书馆的领导者也将"开启民智"作为公共图书馆的基本职业价值追求之一。② 美国图书馆学家杜威（Dewey）将拥有免费的图书馆服务和免费的学校教育相并列，共同作为"每个灵魂"所具有基本权利。③ 研究表明，教育职能作为用户中心视角下公共图书馆促进社会认识高级化职能的基本体现，是公共图书馆及其服务体系对教育本质的顺应、是对公民终生学习的必要制度安排、是公民实现文化内化的重要渠道及对教育走向开放化的基本途径。④ 虽然公共图书馆以履行教育职能并促进社会认知高级化为己任，但公共图书馆的教育之责显然不同于学校教育体系。丰富的信息资源是公共图书馆履行教育职能并促进社会认识高级化的物质前提，而面向终生学习、弥补学校教育的时空局限及面向不特定的用户群体等是公共图书馆开展教育活动并促进社会认识高级化的基本特征。既然负有教育之责，公共图书馆的业务活动必然与用户的教育水平之间存在着千丝万缕的联系。按照本书前序部分的构建的社会认识层次论理论框架，当用户受教育程度普遍较高时，用户对高级信息服务需求可能更加旺盛；反之，对于受教育程度较低的用户而言，公共图书馆的资源建设、服务定位及业务活动的设计都有必要从一个基础性层次展开。由此可见，要深入揭示公共图书馆何以可能保障和促进了社会认识高级化，就有必要对用户的教育程度给予足够关注。通过文献调查发现，迄今还很少有研究者以用户教育程度为解释变量，对公共图书馆业务发展规律进行解释。这一研究薄弱点的存在，构成了本研究得以展开的第二个必要性。

综上所述，本研究着眼于改革开放以来我国公共图书馆事业发展的宏观社会背景，旨在基于统计年鉴数据，构建定量分析模型，对 21 世纪以来我国经济发展水平、经费投入状况和居民教育程度等因素之于公共

---

① 于良芝：《公共图书馆存在的理由：来自图书馆使命的注解》，《图书与情报》2007 年第 1 期。

② 苏州图书馆馆史编委会：《苏州图书馆编年纪事（1914—2004）》，苏州大学出版社 2004 年版，第 1—23 页。

③ Dewey, cited in Nardini, R. F., "A Search for Meaning: American Library Metaphors, 1877 – 1926", *Library Quarterly*, Vol. 71, No. 2, 2001, pp. 111 – 140.

④ 周文杰：《走向用户中心：公共图书馆体系对个体发展影响的理论解读》，《国家图书馆学刊》2017 年第 1 期。

图书馆在促进社会认识高级化过程中的作用做出实证解析，以期为科学认识图书馆事业在不同经济社会环境下的发展规律做出理论解读，并为准确评估不同处于不同发展时期的公共图书馆的服务绩效提供可资借鉴的参照。

二 文献回顾与研究假设

（一）经济发展状况与公共图书馆的业务发展

通过文献调查发现，关于经济发展状况与公共图书馆之间关联的研究主要从两个相向而行的方向上展开：一些研究者考察了经济发展之于公共图书馆的积极作用，而另一些研究者则试图证实公共图书馆对于经济发展的作用。

经济发展之于公共图书馆事业发展的积极作用已得到研究者的普遍认同。如，王惠基于省级面板数据分析发现，经济增长率每上升1%，公共图书馆总流通人次将会增多0.309%；人口城市化率每提高1%，公共图书馆总流通人次将会提升0.397%。[①] 罗贤春等研究发现，区域经济发展与馆舍面积、书刊藏量、电子资源等关联度较高。[②] 也有研究者发现，虽然经济增长对公共图书馆的影响存在明显的滞后，而且经济增长对代表公共图书馆发展水平的不同指标的影响差别很大，但经济发展对公共图书馆的机构数量、总藏量、图书馆实际使用房屋建筑面积等指标具有正向促进效应。[③]

关于公共图书馆之于经济发展的效应，很多研究者也展开了研究，但这些研究的结论却充满矛盾。例如，郑京华认为公共图书馆是推动经济发展的倍速器，同时，用"人均购书费"，"总流通人次"来解释第一产业GDP增长是有道理的；用"购书费支出"来解释第二产业GDP增长

[①] 王惠：《城市化、经济增长与公共图书馆发展——基于我国省级面板数据》，《图书馆论坛》2015年第12期。

[②] 罗贤春、姚明：《公共图书馆事业与区域经济的关联分析》，《图书情报知识》2013年第2期。

[③] 彭继玉：《中国公共图书馆发展与经济增长关系的实证研究》，《图书馆理论与实践》2014年第7期。

是有道理的；用"人均购书费"来解释第三产业 GDP 增长是有道理的。[①]另外，陈力行等认为公共图书馆的经济效益是由其特定功能所决定的。通过计量分析，陈力行等发现，公共图书馆财政投入增加 1%，实际 GDP 增长约 1.001353%，公共图书馆的发展对我国经济增长具有较强的拉动作用，二者之间存在长期稳定的均衡关系；从误差修正模型来看，公共图书馆财政投入的短期变动对 GDP 存在正向影响，本期公共图书馆财政投入增加 1%，本期 GDP 增加 0.291357%。[②] 王林也发现，"公共图书馆事业对国民经济，尤其对国民经济高新技术产业的贡献比例呈上升趋势，达到了 14% 的贡献率"[②]。与此截然不同的是，彭继玉研究发现，公共图书馆对经济增长的"反哺"现象没有出现[③]。王惠等也发现，公共图书馆对经济增长的促进作用并没有完全显现，公共图书馆作为重要知识传播渠道的价值并没得到充分体现；同时人口城市化也成为推动公共图书馆发展的倍速器，但公共图书馆对城市化的影响甚微。[④] 另外，即使在同一个研究中，研究者所陈述的研究发现也常常相互矛盾。例如，李烜等研究发现，公共图书馆财政投入每增加 1%，我国经济就会增长 0.743553%；公共图书馆人力资源数量每提高 1%，经济就会增长 2.384081%。然而，作者经过对实际情况的分析以及模型检验后又指出，公共图书馆财政投入对我国经济增长的效应并不明显。[⑤]

综上所述，经济增长之于公共图书馆发展的积极作用已得到了比较确定的研究支持，但是，如果用公共图书馆的发展程度去解释经济发展状况则存在着诸多疑点。这些问题的存在，事实上源于公共图书馆自身的社会功能和职业使命。从性质上来说，公共图书馆作为公益性信息服务机构，是一种由公共财政支持、无差别地服务于全社会、旨在保障和促进社会主识高级化的制度安排。既然这是一种公益性而非营利性的信

---

① 郑京华：《我国公共图书馆发展与经济增长的实证分析》，《图书馆》2007 年第 3 期。
② 陈力行、宋华雷、徐建华：《我国公共图书馆发展与经济增长关系初探——公共图书馆财政投入与 GDP 的实证分析》，《图书馆论坛》2011 年第 4 期。
④ 王惠：《城市化、经济增长与公共图书馆发展——基于我国省级面板数据》，《图书馆论坛》2015 年第 12 期。
⑤ 李烜、阳镇：《公共图书馆财政投入、人力资源发展与经济增长相关性研究》，《情报探索》2015 年第 6 期。

息服务机构，则对其"经济效益"直接进行量化评估显然是不妥的。据此，本研究认为，公共图书馆着眼于满足公众的基本信息需求，长远地看，即使公共图书馆之于经济发展具有积极影响，这种影响也是潜在的，而且被深度融合于普通民众科学文化水平（特别是信息素养）的提升过程中。显然，居民科技水平和信息素养的提升对经济发展的影响既不可能收效于朝夕之间，且这种影响隐含着教育、文化、传媒等诸多社会机构的综合功效。从这个意义上说，经济发展水平是公共图书馆事业发展非常重要的解释变量；反之，将公共图书馆的发展情况作为经济发展水平的解释变量则很难成立。基于这种考虑，本研究以经济发展为核心解释变量，以公共图书馆综合性发展指数为被解释变量，以期考察不同经济发展水平下公共图书馆事业发展的状况。

基于上述分析，本研究提出如下假设。

假设一：经济发展水平的提升对公共图书馆的业务指标具有正向作用。

有多项指标可以用来衡量经济发展水平。考虑到公共财政投入在很大程度上既代表着区域经济发展的程度，又是联结经济发展水平与图书馆事业的直接纽带。因此，本研究以公共财政投入作为衡量经济发展之于公共图书馆事业作用的核心变量，同时本研究拟对人均GDP、城市化水平、第三产业所占比重及恩格尔系数等与经济发展水平相关的变量进行控制，以解析财政经费投入之于公共图书馆业务发展的"净效应"。

另一方面，本研究也认为，经济发展状况之于公共图书馆事业发展的影响并非单调增长。具体表现在，在经济发展水平较低的情况下，由于财政支持能力有限，公益性信息服务资源相对稀缺。在此背景下，由于信息资源的可得性成为衡量经济发展与公共图书馆之间关联的基本标尺，因此，经济发展水平之于公共图书馆事业发展的影响应该会表现得非常明显。然而，随着经济发展水平的提高，随着公共财政对于图书馆事业支持力度的加大，公益性信息源的建设趋于完善，此时，信息服务的内容与效率成为公共图书馆所关注的核心问题，而信息资源的可得性将不再是衡量公共图书馆事业发展与经济发展之间关联的唯一因素。为此，假设一进而可分解为两个子假设：

假设1—1：在经济发展水平较低阶段，公共财政投入对公共图书馆基本业务指标具有显著的正向作用；

假设1—2：在经济发展水平较高阶段，公共财政投入对公共图书馆基本业务指标仍然存在走向作用但影响趋于弱化。

（二）居民受教育程度与公共图书馆社会认识高级化保障职能的履行

自20世纪七八十年代以来，关于不同教育程度的居民在信息获取与使用行为方面的差异引起了研究者的普遍关注。具有代表性的，是基于"知识沟假说"而产生的一系列研究。

知识沟假设由提契诺（Phillip Tichenor）、多诺霍尔（George Donohue）和奥利安（Clarice Olien）于1970年提出，其基本内容是："随着大众媒体信息不断'浸入'社会系统，社会经济地位高者比社会地位低者更快地获取这些信息，以至于两者之间的知识沟趋于加宽而非弥合。"[①] 然而，经济社会地位是一个综合了诸多因素的变量。为了更深刻地揭示知识沟的形成机理，很多研究者转而将教育程度作为知识沟形成的主要解释变量。如，提契诺（Tichenor）等通过实证研究发现，在均等接受媒介信息的前提下，有较高教育水准的人与较低教育水准的人之间的知识沟会增大。由于知识沟假说比较典型地描述了广泛存在的群体认知不均衡现象，因此，公共图书馆研究领域关于知识沟相关的研究事实上就为公共图书馆促进社会认识高级化职范的履行提供了佐证。

邦法德利（Bonfadelli）[②] 对基于知识沟假说而展开的大量实证研究进行综合分析后发现，影响知识沟的主要因素均与教育水平有着密切关联。具体体现在：与低教育水平者相比，高教育水平者的综合交流能力和对具体媒体信息进行解读的能力更强。[③] 教育水平与主动搜寻信息的行为有着很强的相关性，高教育水平者更多使用印刷媒体等"信息富集媒体（information-rich media）"，而低教育水平者则主要依赖于电视等信息源。[④]

---

① Tichenor, P. J., Olien, C. N., Donohue, G. A., "Mass Media Flow and Differential Growth in Knowledge", *Public Opinion Quarterly*, No. 34, 1970, pp. 159–170.

② Bonfadelli, H., "The Internet and Knowledge Gaps: A Theoretical and Empirical Investigation", *European Journal of Communication*, Vol. 17, No. 1, 2002, pp. 65–84.

③ Grabe, M., "Cognitive Access to Negatively Arousing News. An Experimental Investigation of the KNowledge Gap", *Communication Research*, Vol. 27, No. 1, 2000, pp. 3–26.

④ McLeod, D. and Elisabeth, M., "Direct and Indirect Effects of Socioeco Nomic Status on Public Affairs Knowledge", *Journalism Quarterly*, Vol. 71, No. 2, 1994, pp. 433–442.

另外，邦法德利就 Internet 不断普及背景下的知识沟进行研究后发现，高教育水平者对 Internet 的接入率更高，且这种接入差距不因时间而变小；高教育水平者常常以获取信息服务为目的而使用 Internet，而低教育水平者则常常以娱乐为主要目的使用 Internet。[1]

综上所述，知识沟假设及后续实证研究已充分证实了用户教育程度与其对周边信息源的使用之间存在紧密联系。按照知识沟假设的逻辑来分析，公共图书馆作为一种旨在保障和促进社会认识高级化的优质信息源，无疑与其用户的教育程度之间存在紧密关联。然而，考虑到这种关联很可能是一种相互影响的过程，如果直接将教育程度作为公共图书馆业务指标变化的解释变量，势必存在着内生性问题。但是，如果以居民的受教育年限作为教育程度的代表，则会有效消除这种内生性。这是因为，居民的受教育年限取决于学校教育系统而不是公共图书馆。因此，以居民受教育年限为公共图书馆业务发展指标的解释变量时，符合自变量外生性的要求。

总之，作为一种促进社会信息公平的制度安排，富集的信息资源是公共图书馆实现职业使命的基本平台。依据知识沟假设，不同教育水平的用户对于信息资源的使用行为有所不同。换言之，公共图书馆的业务活动有可能取决于用户的教育水平。据此，本研究提出如下假设：

假设二：居民平均受教育年限的提升对公共图书馆基本业务指标具有积极促进作用。

与经济增长对公共图书馆业务指标的影响相类似，本研究认为，居民教育水平之于公共图书馆业务指标的影响也非单调的线性增长。为此，假设二进而被分解为如下两个子假设：

假设 2—1：在居民平均受教育年限较低阶段，平均受教育年限对公共图书馆基本业务指标具有显著的正向作用；

假设 2—2：在居民平均受教育年限较高阶段，平均受教育年限对公共图书馆基本业务指标的影响趋于弱化。

---

[1] Bonfadelli, H., "The Internet and Knowledge Gaps: A Theoretical and Empirical Investigation", *European Journal of Communication*, Vol. 17, No. 1, 2002, pp. 65 - 84.

第二节 研究设计

一 样本与数据

本研究以我国省级行政区域为样本,并通过《中国统计年鉴》《中国文化文物年鉴》《中国图书馆年鉴》等数据库获取了2010—2014年全国及各省(自治区、直辖市)区域经济发展、居民教育程度及公共图书馆主要业务指标等相关数据。最终,本研究获得了31个省(自治区、直辖市)从2000年到2014年间的统计数据465条。

二 变量

(一)因变量

本研究的因变量是一个反映公共图书馆履行保障和促进社会认识高级化职能的综合得分。该得分是通过因子分析,对反映公共图书馆发展状况的11项指标的整合。这11项指标大致可分为四类:(1)机构覆盖程度,主要包括各地区公共图书馆机构数、各地区每万人拥有公共图书馆建筑面积(人均密度)和各地区每万平方公里平均公共图书馆建筑面积(区域密度)三项指标。(2)馆藏信息资源,包括各地区公共图书馆总藏量、各地区人均拥有公共图书馆藏量和各地区公共图书馆新购图书册数三项指标。(3)资源利用状况,包括各地区公共图书馆总流通人次和各地区公共图书馆图书外借册次两项指标。(4)馆内硬件条件,包括各地区公共图书馆阅览室座席数、各地区公共图书馆拥有计算机数和各地区公共图书馆电子阅览室终端数三项指标。这11项指标基本情况如表7-1所示:

表7-1　　公共图书馆11项业务指标的描述性统计

类别	变量名称	测量单位	平均值	标准差
机构覆盖程度	机构数	个	91.68	43.7
	人均密度	平方米/万人	68.30	32.3
	区域密度	千平方米/万平方公里	47.30	88.77

续表

类别	变量名称	测量单位	平均值	标准差
馆藏信息资源	总藏量	万册件	1686	1356
	人均拥有公共图书馆藏量	册/件	0.47	0.46
	新购图书册数	万册	78	103.4
资源利用状况	总流通人次	万人次	967.3	1052
	图书外借册次	万册次	804.7	830.3
馆内硬件条件	阅览室座席数	万个	1.86	1.16
	电子阅览室终端数	个	2289	1672
	拥有计算机数	台	3959	2793

上述11项指标经因子分析，被降维为两个因子，其中第一个因子包括了公共图书馆机构数、总藏量、图书外借册次、新购图书册数、阅览室座席数、总流通人次、电子阅览室坐席数、拥有计算机数8项指标。由于这8项指标都与规模有关，因此被命名为"规模因子"。第二个因子包括了人均拥有公共图书馆藏量、人均密度、区域密度3项指标，由于这3项指标都与密度有关，因此被命名为"密度因子"。总得分及两个因子基本情况如表7-2所示。

表7-2　　　　　　总得分及两个因子的描述性统计

变量名称	平均值	标准差
规模因子	-0.18	0.11
密度因子	0.01	1
总得分	-0.12	0.27

（二）自变量

如前文所述，本研究的基本研究目标是解析经济发展水平和居民教育程度与公共图书馆基本业务指标之间的关联。由于区域经济发展状况之于公共图书馆事业最直接的影响通常体现于公共图书馆所获取得公共财政经济投入，为此，本研究选择财政经费投入作为衡量经济发展水平之于公共图书馆业务指标影响的核心自变量。另外，本研究以居民的平均受教育年限为衡量教育程度与公共图书馆业务活动的核心自变量。上述两个变量的基本情况如表 7-3 所示。

表 7-3　　　　　财政投入及居民教育状况的描述性统计

变量名称	测量单位	平均值	标准差
财政经费投入	万元	14735	16487
平均受教育年限	年	8.170	1.240

（三）控制变量

由于各地区面临着不同的经济发展水平和教育发展状况，为真实反映两个核心自变量之于因变量影响，本研究对人均 GDP、各地区城镇化率、第三产业占 GDP 的比重及各地区恩格尔系数四个经济发展水平相关变量和高等学校在校学生数这一教育程度相关变量进行了控制。各控制变量的基本情况如表 7-4 所示：

表 7-4　　　　　经济与教育发展相关控制变量描述性统计

变量名称	测量单位	平均值	标准差
城镇化率	%	47.48	15.77
恩格尔系数	%	40.25	6.31
第三产业占 GDP 比重	%	40.24	7.85
人均 GDP	元	25318	20022
高等学校在校学生数	人	580000	450000

第三节　研究结果

一　公共图书馆发展过程中的"结构突变"

如前所述，本研究关注的问题是，经济与教育变量之于公共图书馆事业发展是否存在影响及这种影响是否具有阶段性。为探寻本研究的两个核心自变量（公共财政投入和人均受教育年限）对于因变量（公共图书馆业务指标总得分）的影响是否具有阶段性，本研究引入了社会研究中关于"结构突变"识别的通用计量方法—Zivot-Andrews 单位根检验法（Zivot-Andrews unit root test）。[①] 检验结果表明，从全国数据来看，在 2000—2014 年间，财政经费投入对总得分的影响于 2011 年出现了结构性变动。进而，本研究考察了同时期教育水平之于总得分的影响，发现 2011 年同样出现了结构性变动。据此认为，经济发展水平和居民教育程度之于公共图书馆事业的影响的确存在阶段性。

为进一步确认 2011 年可以作为衡量财政投入及教育水平之于公共图书馆业务总得分结构变动的时间点，本研究进而使用了匡特似然比（Quandt Likelihood Ratio，QLR）进行了检验。[②] 在对全国的数据中财政经费投入的检验中，P 值为 0.0245，在 5% 显著性水平下拒绝无结构变动的原假设，认为在 2011 年发生了结构变动。在对平均受教育水平的检验中，P 值为 0.0733，在 10% 的显著性水平下拒绝原假设，认为在 2011 年确实发生了结构变动。

综上所述，无论是用 Zivot-Andrews 单位根检验法进行探索，还是用匡特似然比进行确证，都发现 2011 年作为经济与教育变量之于公共图书馆事业发展产生影响结构变动点是适宜的。这一实证结果从整体上支撑了本研究前文关于经济与教育变量之于公共图书馆发展的影响具有阶段性的假设。因此，本研究以 2011 年为界，分两个阶段展开了后续检验。

二 计量模型的平衡性、外生性和共线性检验

考虑到本研究所使用的是面板数据，因此，在进行回归分析之前，先对其平衡性、自变量的外生性及共线性等问题进行了检验。由于本研究所使用面板数据来自 31 个省级行政区，且自 2000 以来我国的省级行政区域的数量并未发生新的变化，因此，从理论上说，这是一组平衡面板数据。本研究进而以省为虚拟变量进行检验后发现，本数据属高度平衡（strongly balanced）。[③] 继之，本研究对两个核心自变量可能存在的内生性

---

① Zivot-Andrews 单位根检验的 stata 命令为 zandrews。由于本研究涉及多个变量，因此编制了全局宏进行了统计。本部分统计分析过程的全部 stata 代码读者均可致信本书作者获取。

② Stock, J. and Wetson M., *Introduction to EcoNometrics* (3rd edition), Boston: Addison-Wesley, 2011.

③ 平衡性检验的 stata 命令为 xtset。

进行了检验。尽管本文在提出研究假设前，通过理论分析已经初步判明财政投入和教育程度这两个变量具有外生性，但为获得这种理论分析的经验证据，本研究进而将人均 GDP 和财政经费投入的滞后一阶作为财政经费投入的工具变量，基于拔靴法（bootstrap，replications = 300），应用 Davidson-MacKinnon 统计量对财政投入的内生性进行了检验。[①] 结果表明，P 值为 0.3004，由此可以确认财政经费投入之于公共图书馆业务发展具有外生性。应用同样方法对教育水平进行内生性检验，同样确认了理论分析的结论（P = 0.0798）。另外，着眼于分析各自变量之间的可能存在的共线性问题，本研究计算了方差膨胀因子（VIF），确认各变量的 VIF 值及其均值都小于 10，据此认为，本研究各自变量不存在明显的共线性。

三　财政投入、教育程度对公共图书馆业务指标总得分的效应解析

如上所述，本研究已识别 2011 年为经济与教育变量之于公共图书馆事业发展产生影响的结构变动点。因此，将样本数据分解为 2000—2010 年和 2011—2014 年两个阶段分别进行实证检验，结果如表 7－5 所示。

由表 7－5 可见，财政投入在两个时间段上对公共图书馆业务指标的回归系数均为正且效应显著，因此，本研究所提出的假设一从整体上得到了支持。然而，正如前文所述，经济发展是一个没有止境的过程，这一过程与公共图书馆的业务指标的变化并不一定总能够保持同步。基于这种考虑，本研究将假设一分解为两个子假设。由表 7－5 模型 1—1 可见，在 2000—2010 年间，财政经费投入对公共图书馆总得分产生了显著的正向影响。对照模型 2—1 可以看出，这种效应在 2011—2014 年间仍然显著存在，但回归系数却明显变小了。基于上述证据，假设 1—1 和 1—2 也都得到了支持。即，在经济发展水平相对较低的阶段，财政经费的投入对公共图书馆基本业务指标的促进作用更明显，但随着经济发展水平的提高，这种影响趋于弱化。

由表 7－5 可见，居民教育程度之于公共图书馆业务指标的影响则表现出与财政经费投入截然不同的效果。观察模型 1—2 与 2—2 可以看出，在两个时间段，教育程度之于公共图书馆总得分所产生的均是负效应，

---

① Davidson-MacKinNon 统计量检验的 stata 命令为 dmexogxt。

即，随着区域内居民教育水平的提高，公共图书馆的总得分趋于下降。这一发现推翻了本研究所提出的假设二中关于教育水平之于公共图书馆业务发展具有正向作用的设想。进而对照模型1—2和2—2发现，2000—2010年间平均受教育年限对于公共图书馆总得分的负效应小于2011—2014年间。即，在教育水平较高阶段，平均受教育年限对公共图书馆总得分的负向影响大于教育水平较低阶段。这也进一步否定了研究二的两个子假设。

为进一步确认上述效应，本研究将财政经费投入和平均受教育年限同时加入模型进行估计。由表7-5模型1—3和2—3可以看出，财政经费投入的正向效应仍然呈现"先强后弱"的态势。同时，平均受教育年限的负向效应虽然仍然有所增大，但并未通过显著性检验。由于模型2—3中人均受教育年限的标准误更大，因此，这种不显著性很可能与样本量及置信区间等因素有关。由于本研究的目标仅仅是探析受教育年限之于公共图书馆总得分整体效应的性质，因此，对于受教育年限与公共图书馆业务之间复杂关系的深入解析，将在本书作者的后续论文中进一步展开。

表7-5　　　两个阶段经济和教育变量之于公共图书馆业务指标影响的实证检验

变量	2000—2010年			2011—2014年		
	模型1—1	模型1—2	模型1—3	模型2—1	模型2—2	模型2—3
城镇化率	0.0158***	0.0201***	0.0177***	0.0067	0.0228*	0.0164*
	(-0.00458)	(-0.00527)	(-0.00463)	(-0.00509)	(-0.012)	(-0.0095)
恩格尔系数	0.00947*	0.0111*	0.00786	0.00711**	0.00142	0.00254
	(-0.00522)	(-0.00648)	(-0.00492)	(-0.00339)	(-0.00393)	(-0.00307)
第三产业占GDP比重	-0.00231	-0.00212	-0.00191	-0.000679	0.00151	-0.00078
	(-0.00497)	(-0.00616)	(-0.00463)	(-0.00499)	(-0.005)	(-0.00399)
人均GDP	-4.22e-06	1.28e-06	-3.69e-06	1.85e-06	-6.25e-07	-7.04e-07
	(-3.07e-05)	(-2.78e-05)	(-3.05e-05)	(-2.91e-05)	(-4.21e-05)	(3.76e-05)

续表

变量	2000—2010 年			2011—2014 年		
	模型 1—1	模型 1—2	模型 1—3	模型 2—1	模型 2—2	模型 2—3
高校在校学生数	-1.69e-07** (-7.43e-08)	-3.23E-08 (-6.04e-08)	-1.51e-07* (-7.69e-08)	-1.45e-07* (-7.87e-08)	1.57e-08 (-4.00e-08)	-1.12e-07 (-6.68e-08)
财政经费投入	1.21e-05** (-4.82e-06)		1.13e-05** (-4.95e-06)	6.43e-06** (-2.53e-06)		5.60e-06** (-2.27e-06)
平均受教育年限		-0.0729** (-0.0293)	-0.0460* (-0.0255)		-0.128* (-0.0722)	-0.0887 (-0.0533)
样本数	331	331	331	123	123	123
R^2	0.725	0.677	0.719	0.742	0.666	0.717

四 财政投入、受教育程度对公共图书馆规模因子的效应解析

如上文所述，本研究将 11 项公共图书馆业务指标降维为规模因子和密度因子，并最终凝练为总得分。上文已对总得分与两个核心变量之间的关系做出了分析，为进一步探查经济、教育等诸变量对于公共图书馆发展所产生影响的实质，本研究进而针对规模因子和密度因子分别进行了分析。表 7-6 展示了财政经费投入和平均受教育年限对于公共图书馆规模因子的影响。如前所述，规模因子凝含了公共图书馆机构数、总藏量、图书外借册次、新购图书册数、阅览室座席数、总流通人次、电子阅览室座席数、拥有计算机数 8 项指标。对照表 7-6 中模型 1—1 和模型 2—1 可见，财政经费之于规模因子的影响趋于减弱。这从一定程度上说明，在经济发展水平较低时期，处于规模扩张式发展中的公共图书馆在财政经费的支撑下，馆舍数量及馆内硬件设施得到快速改善，公共图书馆各项规模指标得以明显扩大；而在经济发展到较高阶段后，硬件设施的扩张式发展趋于平缓，公共图书馆更多走向内涵式发展，规模指标的扩大趋势由此而放缓。这一发现进一步支持了本研究所提出的假设一及其子假设。同时，财政投入之于公共图书馆总得分及规模因子的正向效应及其阶段特征为解读新时期公共图书馆职能的转型提供了证据，本研究将在后续讨论部分对这一问题展开进一步分析，在此不赘。

对照表 7-6 中模型 1—2 和模型 2—2 可以看出，在两个时间段内，平

均受教育年限之于公共图书馆规模因子都产生了负效应，但在经济发展水平较低阶段（2000—2010年间），这一效应在10%的水平下是显著的，而在经济发展水平较高阶段（2011—2014年间），这一效应不再具有统计意义上的显著性（P>0.1）。这表明，整体而言，随着居民平均受教育年限的提升，公众对公共图书馆规模因子规模扩张的需求有所下降。而当居民平均受教育年限提高到一定程度后，平均受教育年限与公共图书馆规模之间的关系模糊化。这与上文关于教育变量对公共图书馆总得分的影响所得出的结论基本一致，也从另一方面证伪了假设二及其子假设。

表7-6中的模型1—3和2—3反映了将财政经费投入和平均受教育水平两个自变量同时纳入模型时的结果。对照分析这两个模型可以看出，财政经费投入整体上对公共图书馆规模因子仍然具有正效应，但会随着经济发展水平的提高而弱化；平均受教育年限对公共图书馆规模因子则具有负效应，但在统计意义上并不显著。

表7-6　　两个阶段经济和教育变量之于公共图书馆规模因子影响的实证检验

变量	2000—2010			2011—2014		
	模型1—1	模型1—2	模型1—3	模型2—1	模型2—2	模型2—3
城镇化率	0.00314**	0.00599**	0.00407**	-0.000612	0.00564	0.000994
	(-0.0012)	(-0.00224)	(-0.00151)	(-0.000652)	(-0.00358)	(-0.00135)
恩格尔系数	0.00107	0.00279	0.000267	0.00293***	0.00135	0.00217**
	(-0.00219)	(-0.00299)	(-0.00219)	(-0.000944)	(-0.00183)	(-0.000871)
第三产业占GDP比重	-0.000572	-0.000536	-0.000369	-0.00157**	8.58E-05	-0.00159***
	(-0.000902)	(-0.00131)	(-0.000994)	(-0.000573)	(-0.00143)	(-0.000524)
人均GDP	-6.12e-06***	-1.94E-06	-5.85e-06***	-1.85e-07	-5.50e-07	-6.08e-07
	(-1.33e-05)	(-1.2e-05)	(-1.25e-05)	(-5.6e-06)	(-1.79e-06)	(-5.8e-06)
高校在校学生数	1.04e-07***	2.07e-07***	1.14e-07***	7.76e-08***	1.76e-07***	8.30e-08***
	(-2.06e-08)	(-3.68e-08)	(-2.07e-08)	(-1.44e-08)	(-2.93e-08)	(-1.64E-08)
财政经费投入	9.29e-06***		8.87e-06***	4.23e-06***		4.09e-06***
	(-1.53e-06)		(-1.41e-06)	(-5.09e-07)		(-5.32E-07)
平均受教育年限		-0.0442*	-0.023		-0.0435	-0.0147
		(-0.0259)	(-0.0178)		(-0.0263)	(-0.0103)

续表

变量	2000—2010			2011—2014		
	模型1—1	模型1—2	模型1—3	模型2—1	模型2—2	模型2—3
样本数	331	331	331	123	123	123
R^2	0.682	0.508	0.692	0.898	0.701	0.902

五 财政投入、教育程度对公共图书馆密度因子的效应解析

本研究进而对两个核心自变量之于密度因子的影响进行了解析。由表7-7可见，在两个时间段，财政经费投入和平均受教育年限两个核心自变量之于密度因子的影响都不具有统计意义上的显著性。本研究中，密度因子是由人均公共图书馆藏量、人均密度和区域密度三个变量降维形成的。其中人均密度的计算方法为：

$$人均密度 = \frac{区域内公共图书馆的建筑面积}{区域总人口}$$

区域密度的计算方法为：

$$区域密度 = \frac{区域内公共图书馆的建筑面积}{区域总面积}$$

可见，密度因子从总体上反映了各区域对公共图书馆资源的平均拥有状况。显然，相对于有限的公共图书馆资源，区域内人口越密集，人均藏量越小，人均密度也越小；同理，区域面积越大，区域密度越小。因此，密度因子兼顾了我国省级行政区域人口分布和区域范围方面的差异。由表7-7可见，财政投入对于密度因子的回归系数为正，而平均受教育年限之于密度因子的回归系数为负，但在这两个自变量上所有的回归系数都不具有统计意义上的显著性。这表明，无论财政投入还是教育程度都对区域对公共图书馆资源的平均拥有状况的影响相对较弱。考虑到我国省级行政区域的一个基本特征是，经济相对发达的东西沿海地区人口密集，但各省级行政区域面积相对较小，而经济欠发达的西部内陆地区的省（自治区、直辖市）区域面积辽阔但人口相对稀疏。据此，本研究认为，人口分布、区域面积与公共图书馆平均拥有量之间存在比较复杂的关系。例如，经济发达省（自治区、直辖市）对于公共图书馆的财政投入相对较大，馆藏资源相对丰富，但同时因人口基数大，因此从

"密度"的角度看,人均馆藏就不一定高;反之,经济欠发达的西部省(自治区、直辖市)人口密度小,尽管公共图书馆资源有限,但人均资源拥有量却不一定低。这种复杂交织的关系反映到本研究中,则表现为财政投入和居民平均受教育年限对于密度因子影响的不显著性。

表7-7 两个阶段经济和教育变量之于公共图书馆密度因子影响的实证检验

变量	2000—2010年			2011—2014年		
	模型1—1	模型1—2	模型1—3	模型2—1	模型2—2	模型2—3
城镇化率	0.0487^{***}	0.0567^{***}	0.0517^{***}	0.0317	0.0833^{*}	0.0699^{*}
	(-0.0139)	(-0.0169)	(-0.0138)	(-0.0223)	(-0.0482)	(-0.0407)
恩格尔系数	0.0332^{*}	0.0371^{*}	0.0306^{*}	0.0219	0.00158	0.00394
	(-0.017)	(-0.0217)	(-0.017)	(-0.0145)	(-0.0146)	(-0.0135)
第三产业占GDP比重	-0.00908	-0.00884	-0.00841	0.00206	0.00648	0.00167
	(-0.0193)	(-0.0218)	(-0.0186)	(-0.0211)	(-0.0188)	(-0.0172)
人均GDP	$6.60E-06$	$1.75E-05$	$7.47E-06$	$8.83E-06$	$-1.06E-06$	$-1.23E-06$
	$(-1.32E-04)$	$(-1.16E-04)$	$(-1.32E-04)$	$(-1.25E-04)$	$(-1.62E-04)$	$(-1.61E-04)$
高校在校学生数	$-1.06e-06^{***}$	$-7.86e-07^{***}$	$-1.03e-06^{***}$	$-8.95e-07^{**}$	$-4.98e-07^{***}$	$-7.67e-07^{***}$
	$(-3.28e-07)$	$(-2.39e-07)$	$(-3.37e-07)$	$(-3.31e-07)$	$(-1.61e-07)$	$(-2.71e-07)$
财政经费投入	$2.42e-05$		$2.28e-05$	$1.51e-05$		$1.18e-05$
	$(-2.12e-05)$		$(-2.16e-05)$	$(-1.05e-05)$		$(-9.33e-06)$
平均受教育年限		-0.13	-0.075		-0.432	-0.349
		(-0.0942)	(-0.093)		(-0.276)	(-0.224)
样本数	331	331	331	123	123	123
R^2	0.718	0.704	0.719	0.689	0.692	0.713

总之,综合分析表7-5、表7-6和表7-7可以看出,财政经费投入之于公共图书馆事业发展的促进作用更大程度上源于对其规模而不是密度的影响,而平均受教育年限之于公共图书馆事业发展整体上具有负效应,但这种效应在经济发展水平不同阶段具有不同表现。

六 讨论与启示

本研究针对财政投入、教育程度与公共图书馆业务指标之间关系的实证解析对于图书馆职业在社会信息化背景下的社会认识高级化职能的履行提供了诸多启示。具体而言，立足于本研究的实证发现，公共图书馆职业面临着绩效观和服务观的全面转型。

（一）亟待转型的公共图书馆绩效观

本研究显示，财政经费投入之于公共图书馆的影响具有如下三个特征："先强后弱"的阶段性、对于规模因子影响的显著性和对密度因子影响的不显著性。本部分将重点讨论这些特征之于公共图书馆事业发展的启示。

所谓"先强后弱"的阶段性是指，在经济发展水平不同的情况下，财政投入对于公共图书馆的业务发展具有"先强后弱"的不同效果。本研究认为，这一特征表明，在经济发展水平相对较低阶段，实现公共图书馆硬件设施的建设和完善是实现图书馆事业发展的基本条件。显然，在这个阶段只有加大财政投入力度，努力提高公共图书馆对于服务区域的覆盖程度，才能有效保障公共图书馆服务效益的发挥。也就是说，在经济发展水平较低的时期，从公共图书馆的面积、硬件设施及资源拥有的绝对量等方面来评判公共图书馆服务的绩效是合理的。然而，当经济发展水平进入一个较高阶段后，公共图书馆资源拥有量等硬件指标虽然仍然重要，但深度化、内涵式的服务却已成为衡量其绩效更重要的体现。换言之，公共图书馆发展的基本路径应该是，在财政投入的支撑下先经历硬件条件及设备设施"全覆盖"的过程，而当覆盖程度达到一定水平后，则"服务"而不是"覆盖"将成为公共图书馆绩效的基本体现。显然，在前一个阶段，以图书馆硬件资源的建设来衡量公共图书馆的绩效是适宜的，但在后一阶段却未必适宜。例如，外借册次作为公共图书馆的一项核心业务指标，事实上在不同阶段具有不同的含义。在经济发展水平较低，公共图书馆尚处于馆舍、硬件与资源扩张式发展的时期，由于"全覆盖"是这一阶段的主要目标，因此，将外借册次作为公共图书馆业务评估的核心业务指标是恰当的。然而，随着"全覆盖"目标的逐步达成，由财政经费投入的增长而带来的外借册次数量的增长将趋于放缓。本研究认为，这种放缓的趋势并非说明公共图书馆服务绩效下降了，而是说明公共图书馆的服务方式发生了转型。显然，与扩张式的数量增长相比，内涵式的深度服务对于图书馆职业来说同样意义重大。基于上述分析，本研究认为，对于公共图书馆绩效的认知，须与所在地经济发展水平相关联。如果罔顾经济发展水平的实际，以同样的指标评估处于不同发展阶段的公共图书馆，难免会存在失之偏颇的风险。可见，面对我国经济的快速发展和社会事业的全面进步，有必要从根本上转变公共图书馆的绩效观，以促进图书馆事业的健康、持续发展。

（二）亟待转型的公共图书馆服务观

基于对财政经费投入与公共图书馆业务指标之间关联的解析，上文已得出了公共图书馆由"覆盖"走向"服务"的结论。事实上，自从现代意义上的公共图书馆职业产生以来，提供均等、无差别的信息服务一直是这一职业的基本追求。然而，面对当代中国社会经济社会快速发展的现实，公共图书馆的服务行为也需要进行必要的调整和转型。

如上文所述，从本研究的实证结果来看，随着经济发展水平的提高，公共图书馆的发展必将从"扩张式"走向"内涵式"。与此相适应，公共图书馆绩效的表现形式也势必由扩张式、显性化走向内涵式、隐性化。长期以来，由于外在化、显性化的指标易于测量，已经成为公共图书馆绩效评估的主流指标。但在如何测度公共图书馆内在、隐性的指标方面，现有研究尚存在着明显的不足。

本研究认为，科学评估公共图书馆内在、隐性服务绩效的前提，在于深刻理解社会信息化背景下公共图书馆职业的全面转型。在信息社会背景下，走向用户中心成为公共图书馆发展的基本趋向，教育职能和学习职能将不仅是公共图书馆的基本职业追求，更已成为实现职业价值的主要途径。就参与教育活动而言，公共图书馆体系顺应了教育本质，为公民终生学习提供了条件，实现了文化的内化，为开放教育提供了可能并为学习者提供了重要的隐性课程资源。就促进个体学习而言，行为主义和认知学派等学习理论流派从不同视角为图书馆职业促进个体学习行为的心理机制提供了解释。

就本研究而言，当前我国公共图书馆的职能亟待基于用户中心而深刻转型具有两方面比较明显的证据：

首先，本研究发现，财政投入之于公共图书馆绩效的影响具有"结构突变"的现象。也就是说，当经济发展达到一定水平后，公共图书馆的基本发展趋向不应当仅仅被局限于量的扩张与覆盖，更应当对走向深化的用户个性化服务给予特别关注。换言之，公共图书馆的职业追求由全覆盖、大众化走向个性化、小众化服务的过程，恰恰体现了经济发展不同阶段社会之于图书馆职业要求的变化。

其次，本研究发现，居民平均受教育年限之于公共图书馆的影响具有负向效应，且这种效应随着社会发展水平的提升而有所增强。也就是说，随着居民教育水平的提升，公共图书馆外在、显性的业务指标（如图书外借册次、流通人数）不升反降，且在经济发展水平较高的阶段这种趋向愈加明显。本研究认为，造成这一现象在原因在于，在居民教育水平不断提升的背景下，更多用户的信息需求将不再仅仅局限于图书借还之类的初级信息服务，高教育程度的居民更需要获得深刻的、个性化的信息服务。基于此，本研究认为，由大众化走向小众化的公共图书馆服务，有必要考虑将自己的业务活动的重心由资源组织转向对用户的个人信息世界的深度干预。而且，从学习理论的角度来看，行为主义和认知学派两大流派已经为跨越信息资源组织与用户学习行为之间的鸿沟提供了充分的理论支撑。

总之，本研究的发现为公共图书馆走向个性化服务以适应社会认识的层级结构提供了证据。面对我国经济社会高速发展和居民受教育程度不断提高的社会现实，公共图书馆领域的实践者有必要深刻转变其服务观，以期提供更切合社会需要和用户需求实际的信息服务，从而切实发挥图书馆体系在社会认识高级化进程中的保障作用。从科学认识公共图书馆绩效的角度来看，在经济发展到较高水平后，公共图书馆的绩效将更多体现于信息服务活动在多大范围上参与了社会认识的高级化、何种深度上促进了用户平均认知水平的提升等方面。与外借册次、到馆人数等指标相比，这些指标因其内隐性而测度困难，因此更易于被公共图书馆的评估者、管理者与研究者所忽视。

七 结论与后续研究

（一）结论

基于对2000—2014年间我国公共图书馆基本业务指标及财政经费投入和居民教育程度的实证分析，本研究对所提出的假设进行了检验，并回答了相关研究问题。概括而言，本研究的主要研究发现包括以下几个方面。

（1）从财政经费投入和居民教育程度两个方面来看，我国公共图书馆事业于2011年出现了"结构突变"的现象。

（2）财政经费投入对于公共图书馆业务指标的影响体现在：首先，在经济发展水平较低的阶段，财政经费对于公共图书馆事业发展的影响更强，而随着经济发展水平的提升，这种影响趋于弱化。其次，财政投入之于公共图书馆事业发展的影响更多体现于规模而非密度方面。

（3）居民受教育程度对于公共图书馆业务指标的影响体现在：整体而言，居民教育程度对于公共图书馆业务指标存在着负效应，且随着经济发展水平的提升，这种负效应有增强的趋势。同时，居民教育程度之于规模因子的影响在经济发展水平较低阶段具有统计显著性，而在经济发展水平较高阶段则显著性消失了。另外，居民教育程度之于密度因子无统计意义上的显著性。

（二）局限性与后续研究

虽然本研究有效回答了所提出的研究问题，但也还存在着一些局限。具体表现在：在结构突变点的识别方面，本研究以全国数据探寻了突变的点，但事实上国内各省（自治区、直辖市）之间公共图书馆发展很不平稳，各省级行政区域的结构突变点各有差异，更多关于特定区域结构突变时间点的确定及相关属性的分析尚待后续研究的跟进。此外，本研究识别出2011年是我国公共图书馆事业的结构突变点，而2011年也恰是我国三馆"免费开放"政策的实施之年。"免费开放"与本研究所识别的结构突变之间是否存在及存在何种关联等诸多问题在本研究中尚未得到回答。

总之，本研究立足于社会认识层次论，从经济发展水平，居民教育程度和公共图书馆核心业务指标之间的关系进行了深入解析，从一定程度揭示了公共图书馆作为图书馆体系的有机组成部分，在保障和促进社会认识高级化的进程中所具有的特点和规律。本研究的产生的启示是：不能完全按照图书馆的显性业务指标来认识公共图书馆的社会作风。如果站在社会认识层次论的理论立场上，适应不同教育水平的居民因其群体性认知水平的差异而开展业务活动的设计和实施，不仅关乎图书馆事业自身的健康发展，也对推进社会认识高级化的进程具有不言而喻的重要意义。

第八章

社会认识高级化的制度保障
——高校图书馆

第一节 文献回顾与研究假设

在社会认识层次论的理论框架中,知识创新是最高层的社会认识行为。参与知识创新则是高等学校的基本使命之一,而大学图书馆是支撑高校知识创新的一项重要制度设计。在我国的图书馆体系中,高校图书馆因拥有相对完善的专业化信息资源体系且服务于学术趋向明显的群体,因而与公共图书馆等其他类型的图书馆存在明显区别。对于高校科学研究予以有效支撑,既是高校图书馆的核心业务目标,也是衡量高校图书馆作为社会认识高级化制度保障体系中重要一环的实际社会作用的重要标尺。

近年来,研究者围绕高校图书馆信息资源建设与绩效评估展开了大量研究,取得了一系列研究发现。但通过文献调查发现,无论是研究者还是评估政策的制定者都倾向于将高校图书馆的资源总量指标(如藏书量等)作为评估的重要指标,或以图书馆藏书量等指标作为知识创新基础能力指标进行了考察。这些研究(或评估)中,天然地凝含着一个假设,即高校图书馆所拥有的资源能够对高校知识创新有所贡献。然而,迄今为止这一假设更多地体现为一种"约定俗成"的存在,很少有研究者对于以高校图书馆为主体的高校信息资源保障体系的规模和结构对所在高校知识创新存在何种实质性的影响加以深入实证研究。本研究展开的基本背景之一,就是对高校图书馆及其在各类信息资源建设上的投入与所在高校知识创新能力之间进行关联分析,以期对高校图书馆之于所在高校知识创新的支撑作用做出检验。具体而言,本研究拟以全国各类高校图书馆经费投入为核心自变量,对高校信息资源建设与其对所在高校知识创新能力的支撑进行回归分析，以期对如下研究问题做出回答：在考虑到高校的规格、规模和区域的前提下，高校信息资源建设是否对于所在高校的知识创新存在正向影响？如果存在影响，这种影响具体体现为总量还是结构的影响？本研究期望通过对上述研究问题的回答，为解析高校图书馆在促进社会认识高级化进程中的作用和价值提供有益参考。

一 高校知识创新能力及其关联因素的测度相关研究

高校知识创新能力的测度一直是多个领域研究者共同关注的重要话题。除形形色色的大学"排行榜"中以"研究能力"等名义对高校知识创新能力进行测度外，有大量研究者也直接针对不同类型高校的知识创新能力进行了研究。有研究者发现，2000—2010年美国大学知识创新水平持续提升，表现为创新环境的持续优化、知识创新投入的稳步增长和创新产出的不断增加。并认为，美国大学通过直接参与科研活动或通过人才培养和知识溢出改善区域的知识创新环境，从而影响美国知识创新体系的发展。[①] 另有研究者对我国50所教育部直属研究型大学进行分析后发现，其中12所大学在科技资源配置和整体规模上均达到了相对最优水平，另有30所大学在科技资源配置上相对低效率。[②] 还有研究者将我国大学按知识创新效率分为高投入高效率、高投入低效率、低投入高效率、低投入低效率等模式。[③]

不仅学界针对高校知识创新能力展开了大量研究，国家层面也对这一问题给予了高度关注。2016年，国家教育部和科技部联合发布了《中国普通高校创新能力监测报告（2016）》，首次对全国近2000所普通高校的创新能力进行了总体评估监测。这一报告涉及高校创新情况、创新人才培养、研发活动、科技成果转化和产学研合作5个方面78项指标。[④]

---

① 李恒：《美国大学知识创新体系的区域差异及溢出效应研究》，博士学位论文，华东师范大学，2016年。
② 罗阳：《中国研究型大学科技创新绩效的实证研究》，硕士学位论文，南京大学，2012年。
③ 沈能：《大学知识创新效率的测度与空间收敛分析》，《科学学与科学技术管理》2012年第5期。
④ 中华人民共和国教育部、中华人民共和国科学技术部编：《中国普通高校创新能力监测报告（2016）》，科学技术文献出版社2017年版。

通过对现有研究的梳理发现，研究者从不同侧面对影响高校知识创新的诸因素进行了检验。根据本领域现有的研究发现并考虑到我国高校在规模、规格和区域方面存在的差异，本研究提出如下研究假设：

假设1：高校规格、规模和所在区域与其知识创新能力之间存在显著的正相关。

二　信息资源体系对高校知识创新的保障与支持相关研究

研究发现，国内外高校图书馆在基于信息资源体系支撑高校知识创新能力方面存在一定差异。例如，理查德森（Richardson）等人对女王大学图书馆合作办公室所属13个成员图书馆提供的研究支持进行系统调查，发现所有被调查的高校图书馆提供了高水平的研究支持，但高校图书馆之间在电子信息资源和数据管理两个方面所提供的研究支持差异最大；[1] 韩忠霞则发现我国大学图书馆在研究支持方面总体意识较弱，不仅在研究支持的内容上整体匮乏，而且在研究支持的能力上整体偏低。[2] 杨（Young）等对英国高校图书馆在研究支持方面所做的两次调查进行了研究，基于两次调查形成的定量和定性数据分析了高校图书馆如何建立起有效的研究支持，[3] 阿特金森（Atkinson）对高校图书馆的研究支持做了一个概览，基于研究全过程分析了高校图书馆研究支持的发展和变迁，以及这一变化对知识创新的影响。[4]

综合上述研究发现，并结合我国高校的自身特征，本研究提出如下假设：

假设2：在控制规模、规格和区域因素的前提下，我国高校图书馆年度经费投入对所在高校的知识创新能力具有促进作用。

---

[1] Richardson, et al., "Library Research Support in Queensland: A Survey", *Australian Academic & Research Libraries*, Vol. 43, No. 4, 2012, pp. 258–277.

[2] 韩忠霞：《我国大学图书馆的学术支持研究——基于5所大学图书馆的调查分析》，《图书馆理论与实践》2018年第1期。

[3] Young, et al., "Tools to Develop Effective Research Support in an Academic Library: A Case Study", *Quantitative Methods in Libraries: Theory and Applications*, Proceedings of the International Conference on QQML 2009, Chania, Grete, Greece, World Scientific, 2010, p. 439.

[4] Atkinson, J., "Academic Libraries and Research Support: An Overview", *Quality and the Academic Library*, Vol. 22, No. 3, 2016, pp. 135–141.

三 创新扩散、技术接受与高校知识创新行为相关研究

创新扩散是一种用以解释技术创新在一个特定系统中扩散的基本规律和过程的理论。[①] 显然，在高校的知识创新系统中，各种类型（纸质或电子）的学术文献是促进知识创新与扩散的主要媒介。考虑到高校图书馆通常是学术文献最主要的集散地，因此，有必要对各种资源形式之于知识创新的贡献进行评估，从而能够从创新扩散的角度理解信息资源对于知识创新的具体支撑能力。

在参照社会心理学意向模型的基础上，信息系统的研究者发展了技术接受模型（TAM）。[②] 从技术接受的角度来看，与有技术门槛的电子资源相比，纸质资源在知识创新过程中更可能被用户所接受。然而，从另一方面来看，电子资源获取虽然有技术门槛，但其检索效率更高，所以更有可能被专业研究者所接受。由此可见，关于资源的结构（具体体现为纸质资源、电子资源等各种不同类型的资源在资源总体中所占的比重）对于知识创新也存在着潜在影响。

基于上述研究现状，本研究提出如下研究假设：

假设3：高校信息资源投入的结构与其知识创新能力存在关联。

为方便检验，进而将这一假设分解为如下两个子假设：

假设3—1：文献资源在总投入中所占的比例越高，高校知识创新能力越强。

假设3—2：电子资源在总投入中所占的比例越高，高校知识创新能力越强。

第二节 研究设计

一 变量

（一）因变量

本研究的因变量是高校知识创新能力。对于知识创新能力的测度，已

[①] Rogers, E. M., *Diffusion of InNovation*, New York: Free Press, 1983, pp. 112 – 115.
[②] Davis, F. D., *A Technology Acceptance Model for Empirically Testing New End-use Information Systems: Theory and Results*, Cambridge: MIT Sloan School of Management, 1986.

有来自各领域的研究者发展了一系列指标。本研究在参照前人关于知识创新能力相关测度指标的基础上,选择了如下3个维度的9项指标进行测度:

维度一,学术论文的数量和质量。学术论文是知识创新成果输出的主要形式,也是高校知识创新能力的基本衡量指标。本研究对学术论文的测量考虑了数量和质量两个方面。就数量而言,针对发表于国际刊物的论文,本研究以SCI和SSCI源刊发表的论文篇数为指标;针对发表于国内刊物的论文,本研究以CNKI收录的论文篇数为指标。就质量而言,本研究以所发表论文的下载频次和被引频次为指标。

维度二,科学研究能力。各类基金有着严格的评审机制,是衡量高校科研能力的重要标尺。本研究以样本高校在各年度获得的国家自然科学基金和国家社会科学基金项目数为主要指标,并兼顾了其他部委级基金项目数,最终构成了本研究关于科学研究能力的测度指标。

维度三,知识转化能力。专利是由知识向应用技术转化的基本渠道。本研究选择了高校的发明专利数量作为测度指标,以期实现对高校知识转化能力的测量。考虑到实用专利与外观专利更多是由企业完成,因此,本研究中未予涉及。

上述3维度9指标在各年度上的均值如表8-1所示。

表8-1　　2011—2016年我国高校知识创新相关变量的均值

年份 变量名称	2011	2012	2013	2014	2015	2016
SCI论文	212	238	282	316	350	386
SSCI论文	5.8	7.1	8.9	11.2	13.5	17.1
基金论文	628	660	677	685	700	704
被引频次	7166	5588	4421	3188	2002	800
下载频次	348800	285258	253443	214671	184046	134608
国家自科	37	40	39	38	36	36
国家社科	4.9	5.3	5.5	5.4	5.2	4.9
部委项目	12	51	42	38	42	5
发明专利	66	96	111	125	150	110
样本数	736	756	771	803	824	840

通过对上述3个维度9个变量进行因子分析发现，经因子旋转后，上述9个变量特征向量大于1的只有一个因子，且解释了总变异在六个年份上均大于75%。这表明，本研究所选择的9个变量对高校知识创新能力具有较高的解释力和一致性。由于本研究使用的是一组面板数据，为体现不同年份之间的差异，本研究以因子所解释的方差为权重，对总得分进行了加权，从而形成了本研究的因变量——知识创新能力。

（二）自变量

本研究选择了高校信息资源建设相关经费总投入作为核心自变量。另外，考虑到信息资源的结构对于知识创新能力也可能产生一定影响，因此，本研究把信息资源建设总投入分解为电子资源和纸质资源的投入。上述三个变量的描述性统计结果如表8-2所示。另外，为考察不同的信息资源结构对于所在高校知识创新的各自贡献，本研究分别使用了电子资源和纸质资源在总经费中所占的比重为自变量。

表8-2　　　　　　　自变量的描述性统计　　　　　　（单位：万元）

变量	统计指标	2011年	2012年	2013年	2014年	2015年	2016年
总经费	均值	911	952	1045	1136	1235	1347
	标准差	966	938	1004	1046	1112	1449
	最小值	18.8	15.7	39.2	102.9	79.5	118.6
	最大值	5087	4857	5433	4869	5022	8371
电子资源投入	均值	320	348	421	480	584	659
	标准差	357	367	448	495	608	741
	最小值	2	4	3	3	3	3
	最大值	1764	1770	2150	2623	2891	4169
纸质资源投入	均值	421	443	440	462	479	528
	标准差	423	466	433	428	459	647
	最小值	13	7.5	33.2	54.8	48.5	50
	最大值	2428	2813	2825	2398	2771	4830

（三）控制变量

根据我国大学的基本特征，本研究进而选定了如下三个控制变量，以期使后续研究结果更具有可比性。

学校规模。由于学校规模大小与其发表的论文数量和承担的科研项目等反映知识创新能力的指标有关，因此，本研究对样本中大学的规模进行了划分。具体为，4万人以上属大规模学校，编码为1；2万—4万人属中等规模学校，编码为2；2万人以下属小规模学校，编码为3。

学校规格。对大学按照隶属关系和办学沿革进行划分是我国高校体系的一大特色。为控制学校规格对其知识创新能力的影响，本研究对样本中大学的规格进行了划分。其中，如果该大学为211大学，则编码为1，否则编码为0。进而，如果该大学不在"双一流"名单中，则编码为0；如果是B类"一流大学"，则编码为1；如果是A类"一流大学"，则编码为2。由于985大学与"双一流"名单中的"一流大学"存在高度的重合，因此，本研究未将是否985高校纳入控制变量。

地域属性。由于我国经济发展的不平衡性，高校所处的区域位置有可能对其知识创新能力产生影响。本研究因此将所在省编码纳入了控制变量，并最终合并为华北、华南、华东、西北、西南、东北、华中7个区域。

二 数据来源与分析工具

本研究因变量相关数据主要来自《中国高校科研成果统计分析数据库》和《中国统计年鉴》。部分在年鉴中缺失的数据，由研究者直接登录各个高校的官网获取。自变量数据来源于《教育部高校图书馆事实数据统计系统》。本研究使用了2011—2016六年间，在上述变量上均无缺失的121所高校为分析样本，使用了统计分析软件stata针对上述研究假设，进行了基于面板数据的回归分析。

第三节 研究结果

基于面板数据，以基于9项知识创新相关指标而构建的综合因子为因变量，以图书馆投入及其结构为自变量，在控制了区域、规格、规模等因素的基础上，进行了稳健回归分析，结果如表8-3所示。

社会认识层次论

表8-3　　　　　　　　　　　回归分析结果

类型		变量	模型1	模型2	模型3		模型4	
					模型3—1	模型3—2	模型4—1	模型4—2
自变量		总经费投入		0.000615 *** (0.000112)				
		纸质资源投入比重			-0.249 (0.195)			
		纸质资源投入总量				0.00107 *** (0.000320)		
		电子资源投入比重					0.166 (0.249)	
		电子资源投入总量						0.000785 *** (0.000189)
控制变量	区域	华东	0.241 ** (0.121)	0.00781 (0.0812)	0.235 * (0.122)	0.0707 (0.0986)	0.237 * (0.121)	0.115 (0.0955)
		华北	0.379 (0.487)	0.322 (0.299)	0.381 (0.486)	0.344 (0.344)	0.381 (0.489)	0.364 (0.421)
		东北	0.0343 (0.127)	0.0427 (0.0976)	0.0317 (0.122)	0.0271 (0.122)	0.0289 (0.125)	0.0362 (0.103)
		西南	-0.0663 (0.119)	-0.101 (0.0841)	-0.0770 (0.120)	-0.0677 (0.0942)	-0.0662 (0.118)	-0.0825 (0.0993)
		华中	0.118 (0.330)	-0.289 (0.242)	0.115 (0.328)	-0.156 (0.356)	0.121 (0.330)	-0.0729 (0.291)
		华南	0.329 (0.281)	-0.140 (0.122)	0.322 (0.266)	-0.154 (0.254)	0.318 (0.274)	0.0928 (0.164)
	规模	2万—4万人	0.449 *** (0.113)	0.190 *** (0.0632)	0.436 *** (0.116)	0.269 *** (0.0727)	0.436 *** (0.129)	0.289 *** (0.0903)
		4万人以上	0.942 *** (0.299)	0.528 ** (0.237)	0.934 *** (0.298)	0.622 * (0.315)	0.928 *** (0.301)	0.663 *** (0.234)
	规格	"211"大学	0.528 *** (0.135)	0.212 * (0.120)	0.508 *** (0.135)	0.383 *** (0.128)	0.518 *** (0.130)	0.297 ** (0.124)
		B类一流大学	0.386 (0.266)	0.129 (0.288)	0.375 (0.256)	0.249 (0.348)	0.386 (0.259)	0.259 (0.226)
		A类一流大学	2.386 *** (0.430)	1.322 *** (0.332)	2.388 *** (0.432)	1.592 *** (0.354)	2.388 *** (0.432)	1.844 *** (0.417)

续表

类型	变量	模型1	模型2	模型3		模型4	
				模型3—1	模型3—2	模型4—1	模型4—2
	常数项	-0.409***	-0.583***	-0.274	-0.564***	-0.462***	0.0707
		(0.0918)	(0.0798)	(0.169)	(0.100)	(0.0862)	(0.0986)
	样本量	726	726	726	726	726	726
	R^2	0.796	0.871	0.797	0.859	0.797	0.834

注：括号中是稳健标准误，*** $p<0.01$，** $p<0.05$，* $p<0.1$。

一 学校规格、规模、所在地域与知识创新能力

根据研究设计，本研究以学校是否为211高校以及是否为"双一流"建设名单中的"一流大学"作为学校规格的量度，在兼顾学校所处的区域和规模的基础上，首先没有在模型中加入自变量，仅仅对规格、规模和区域因素与高校知识创新能力因子之间的关联进行了解析（模型1）。

就所在地域而言，当以西北地区高校为参照时，华东地区的高校在知识创新方面的表现明显较高，而其余地区高校与西北地区相比，在知识创新方面并无显著差异。就规模而言，中等规模（2万—4万人）和大规模（4万人以上）的大学知识创新能力均显著高于小规模（2万人以下）大学。就学校规格而言，211大学的知识创新能力显著高于非"211"大学；A类"一流大学"的知识创新能力显著高于非"一流大学"，但B类"一流大学"与非"一流大学"相比，则没有检验出显著差异。

综合而言，高校所在区域、规模和规格对其知识创新能力存在着一定程度的影响，由此，本研究所提出的假设一得到了支持。

二 信息资源总体投入与高校知识创新能力

为对信息资源投入之于高校知识创新能力的影响进行检验，本研究进而将各高校在2011—2016年间投入到图书馆的总经费作为核心自变量纳入了模型。由模型2可见，在控制了地域、规模、规格等因素后，高校图书馆的年度总经费投入对于其知识创新能力产生了显著的正向影响。

具体而言，在对地域、规模、规格等因素进行控制的前提下，高校图书馆年度总经费每增加投入1万元，其知识创新因子得分提升0.000615个单位且具有统计上的显著性。由此可见，高校在信息资源建设上的总体投入对于其知识创新能力存在比较确切的正向影响。由此，假设二得到了支持。

三 信息资源的投入结构与高校知识创新能力

上文已对高校图书馆总体经费投入之于其知识创新能力的影响进行了检验，然而，年度经费总投入是一个总量指标，并不足以反映高校信息资源建设的结构问题。大致而言，高校图书馆信息资源大致可分为纸质资源和电子资源两种类型。由此，本研究分别以纸质资源和电子资源建设费用在年度总投入中所占的比重为自变量，试图对信息资源建设的结构与高校知识创新能力之间的关联做出解析。

由模型3—1可见，在控制地域、规模和规格因素的前提下，纸质资源在年度总投入中所占的比重对高校知识创新能力并无显著影响。同样，由模型4—1可见，电子资源所占比重也未检验到对高校知识创新能力产生显著影响。据此可见，高校信息资源的结构与其知识创新能力之间并不存在统计意义上的显著关联，本研究所提出的假设三及其两个子假设均没有得到支持。

然而，为完全回答本研究所提出的研究问题，有必要对不同类型信息资源投入之于高校知识创新的实际贡献做出解析。为此，本研究进而以高校图书馆投入到纸质和电子两种类型资源上的年度经费为自变量，再次进行了回归分析。如模型3—2和模型4—2所示，在控制地域、规模与规格因素后，无论是纸质资源投入还是电子资源的投入，均对高校知识创新产生了显著的影响。这表明，对于高校图书馆而言，无论（纸质或电子）何种资源的投入，对于所在高校的知识创新都有着明显的正向影响。

四 讨论

(一) 高校图书馆对社会认识的支撑

实证检验发现，纸质资源或电子资源占年度总经费的比重对高校知识创新能力并无显著影响，但高校图书馆投入到纸质或电子资源上的年度经费却对其知识创新能力产生了显著影响。这表明，对于高校而言，无论何种类型信息资源建设经费的投入，都将对其知识创新产生影响。美国图书馆情报学家谢拉为将图书馆学与情报学置于一个统一一致的理论基础之上，曾参照个体的认知行为而提出了"社会认识论"。知识创新行为显然是社会获得新的认识，从而实现社会认知结构完善化的基本途径。由此可见，高校因其知识创新行为而深度参与了社会认识高级化的进程，而高校图书馆各类信息资源的建设都是对社会认识高级化的必要支撑与保障。

（二）高校图书馆经费保障的重要性

如表 8-3 所示，模型 1 表明华东地区的高校在知识创新能力方面明显优于西北地区。然而，如果考虑到每所高校图书馆年度总经费投入、纸质资源年度经费投入或电子资源年度经费投入时（模型 2、模型 3—2、模型 4—2），这种地区差异就消失了。基于这种对比可以看出，华东地区高校在知识创新能力方面的优势，在很大程度上源自其对图书馆及各类信息资源的投入。由此产生的启示是，高校图书馆作为保障知识创新的制度设计，保障其获得充足的信息资源建设经费对于高校科学研究工作的深化具有重要意义。

五 结论与后续研究

本研究以 2011—2016 年间我国 121 所高校图书馆为样本，通过面板数据分析后发现：

（1）高校所处地域、规模和规格与其知识创新能力之间存在关联。

（2）在控制地域、规模及规格因素的情况下，高校图书馆经费投入对其知识创新能力具有显著的正向影响。

（3）不同种类信息资源（纸质资源或电子资源）在高校图书馆总投入中所占的比重对于所在高校的知识创新能力无显著影响，但年度投入到纸质或电子信息资源上的经费对其知识创新有显著影响。

本研究从一定程度上澄清了高校图书馆与所在高校知识创新之间的关系，初步回答了所提出的研究问题。但考虑到数据的可获得性，本研究仅仅选取了 121 所高校为样本展开了研究，所获得的研究发现难免会受到样本的局限。另外，本研究虽然揭示了高校图书馆费投入与所在高校知识创新之间的关联，但是信息资源投入如何转化为高校实际的知识创新产出？其中的逻辑和机制是什么？这一系列问题的回答，尚需后续研究的跟进。

附录 1

个人信息世界量表

尊敬的朋友：

您好！

  我们是西北师范大学商学院信息管理系的一个研究团队，正在进行一项有关个人信息活动差异及其成因的调查。我们恳请您通过填写下面的问卷，给予我们支持。问卷无须填写姓名，各题的选项也无对错之分，请您放心如实填写。题目若有不清楚之处，请及时向问卷发放人提出。

  感谢您对学术研究的理解和支持！

第一部分

1. 您的性别为：

男☐   女☐

2. 您出生于（　　）年

3. 最近一年，您所从事的主要工作是：

农村居民请填这行：

在本地种植☐   在本地养殖☐

赴外地打工☐   在本地打工☐

其他（请填写_____）

城市居民请填这行：

在政府部门工作☐   在事业单位工作☐

在企业（含个体）工作☐   其他（请填写_____）

4. 您个人目前每个月的平均收入（包括工资、各种奖金、补贴、分红、股息）大致是（　　）元？

5. 您目前居住在：

村□ 乡/镇政府所在地□

县城□ 地级市□

省城/直辖市□

第二部分　请在相应的"□"上打"√"

1. 当您遇到生活上的问题（如了解医疗保险有关的政策）时，您通常会：

经常查阅一些相关的书籍□　　偶尔查阅一些书籍□

从不查阅书籍□　　经常上网查询□

偶尔上网查询□　　从不上网查询□

经常去问身边的人□　　偶尔问问身边的人□

从来不问身边的人□

2. 您是怎样了解各种各样的新闻动态（如了解国内外发生的大事），开阔自己的眼界的？

经常查阅一些相关的书籍□　　偶尔查阅一些书籍□

从不查阅书籍□　　经常上网查询□

偶尔上网查询□　　从不上网查询□

经常看电视□　　偶尔看电视□

从不看电视□　　经常去问身边的人□

偶尔问问身边的人□　　从来不问身边的人□

3. 您在休息休闲时，通常会：

经常阅读书籍□　　偶尔阅读一些书籍□

从不阅读书籍□　　经常上网□

偶尔上网□　　从不上网□

经常看电视□　　偶尔看电视□

从不看电视□　　经常去问身边的人□

偶尔问问身边的人□　　从来不问身边的人□

附录1 个人信息世界量表

4. 在您生活或工作地点周围是否有以下信息源？可多选；如不确定，请不用选择。

图书馆/图书室的书籍报刊	☐	能上网的电脑	☐
书店/报刊亭的书籍报刊	☐	数据库	☐
政府信息公开点展示的文件、通报等	☐		

5. 您是否能够从以下人员处得到您需要的信息？可多选；如不确定，请不用选择。

乡镇/街道及以上政府工作人员	☐	律师、医生或农技员	☐
研究人员	☐	记者	☐

6. 当您在日常工作或生活中遇到您不熟悉但急迫需要解决的问题（例如，了解社会保障的政策、房价走势或为生病的朋友或家人寻找治疗方案或医生），您觉得您能够从以下渠道获取信息吗？可多选。

图书馆/图书室的书报刊	☐	乡镇/街道及以上政府工作人员	☐
书店/报刊亭的书报刊	☐	专职研究人员	☐
政府信息公开点展示的文件、通报等	☐	律师、医生或农技员	☐
互联网	☐	记者	☐
数据库	☐	其他（请注明　　　）	☐

7. 过去半年内您读过下列哪类图书？读过多少？

	没读过	少于5本	5—10本	少于10本
故事类图书	☐	☐	☐	☐
知识或专业类图书	☐	☐	☐	☐
实用类图书（有关日常生活的实际问题）	☐	☐	☐	☐
政策法规类图书	☐	☐	☐	☐
其他＿＿＿＿（请注明）	☐	☐	☐	☐

社会认识层次论

8. 过去半年内您读过下列哪类杂志文章？读过多少？

	没读过	少于 5 篇	5—10 篇	多于 10 篇
故事类杂志文章	☐	☐	☐	☐
知识或专业类杂志文章	☐	☐	☐	☐
实用类杂志文章	☐	☐	☐	☐
新闻或时政类杂志文章	☐	☐	☐	☐
其他_____（请注明）	☐	☐	☐	☐

9. 过去半年内您读过下列哪类报纸栏目？如果阅读过，请标明阅读频率

	没读过	偶尔读	每周至少1次	几乎每天
故事性报纸栏目	☐	☐	☐	☐
知识或专业性报纸栏目	☐	☐	☐	☐
新闻或时政性报纸栏目	☐	☐	☐	☐
实用性报纸栏目	☐	☐	☐	☐

10. 过去半年内您看过下列哪类电视节目？如果看过，请标明平均每日大致观看时间

	没看过	少于每天1小时	每天1—3小时	多于每天3小时
故事性电视节目（如电视剧、人物传奇）	☐	☐	☐	☐
知识或专业性电视节目（如财经、法律）	☐	☐	☐	☐
实用性电视节目（如烹饪、保健等）	☐	☐	☐	☐
新闻或时政性电视节目	☐	☐	☐	☐

11. 过去半年内您是否用过下列网站？如果用过，请标明平均每月大致使用次数。

	没用过	小于 5 次	5—10 次	大于 10 次
故事性或游戏性网站	☐	☐	☐	☐
知识或专业性网站	☐	☐	☐	☐
实用性网站	☐	☐	☐	☐
新闻或时政性网站	☐	☐	☐	☐
政府机构网站	☐	☐	☐	☐

12. 过去半年您是否向以下人员咨询过您需要的信息？如果咨询过，请标明半年内大致咨询人次数

	没咨询过	1—2 人次	3—5 人次	大于 5 人次
乡镇/街道及以上政府工作人员	☐	☐	☐	☐
专职研究人员	☐	☐	☐	☐
律师、医生或农技员	☐	☐	☐	☐
记者	☐	☐	☐	☐
其他_____（请注明）	☐	☐	☐	☐

13. 过去一年，您是否使用过下列哪类信息搜索工具？可多选

网络搜索引擎（如百度、谷歌）	☐
计算机检索的图书馆藏书目录	☐
专业/行业数据库（请填写一个您常用的数据库的名称）_____	☐
其他_____（请注明）	☐

14. 您每天花在信息搜索、阅读/浏览、参观、学习等信息获取活动的时间总共约多少？

几乎没有	☐	小于等于 1 小时	☐
大于 1 小时，小于等于 3 小时	☐	大于 3 小时，小于等于 5 小时	☐
大于 5 小时，小于等于 10 小时	☐	大于 10 小时	☐

15. 过去一年中，您是否曾在以下场所获得过有用的信息？

实体或虚拟图书馆	☐	会议场所	☐	车站	☐
实体或虚拟博物馆/展览馆	☐	书店/报刊亭	☐	旅行途中（汽车、火车等）	☐
课堂或培训场所	☐	地铁	☐		

16 请在下表中分别标出与您的中文和外文水平最接近的一种

	完全不懂	能看懂简单小故事	能看懂报纸上的大部分文章	能看懂某一方面专业性学术著作
中文	☐	☐	☐	☐
英文	☐	☐	☐	☐

17. 您是否通过以下手段进行过信息搜索？如果从未感觉到有搜索信息的需要，请不用选择。

	向他人询问或委托他人代查	利用百度的简单搜索页面（即首页）	利用百度的高级搜索页面	利用百度以及专业数据库的高级搜索功能
日常生活	☐	☐	☐	☐
工作/学习	☐	☐	☐	☐

18. 您在电视，阅读报刊以及上网时，最高曾达到哪种程度（单选）？没用过的信息请不用选择。

	理解其表面内容	探究其言外之意	进行深入的反思，分析其可靠性和真实性
知识/专业性报纸栏目	☐	☐	☐
新闻或时政性报纸栏目	☐	☐	☐
知识/专业性电视节目	☐	☐	☐

续表

	理解其表面内容	探究其言外之意	进行深入的反思，分析其可靠性和真实性
新闻或时政性电视节目	□	□	□
知识/专业性网站	□	□	□
新闻或时政性网站	□	□	□

19. 您最后阶段的教育属于以下哪类？

小学以下	□	小学	□	初中	□
高中	□	职业高中或中专	□	大专	□
大学本科	□	硕士	□	博士	□

附录 2

《个人信息世界量表》赋分规则

1. 动力维度

项目	得分	项目	得分	项目	得分
解决问题	2	阅读—很少	2	解决问题*阅读—很少	4
		阅读—有时	3	解决问题*阅读—有时	6
		阅读—经常	6	解决问题*阅读—经常	13
		上网—很少	2	解决问题*上网—很少	4
		上网—有时	3	解决问题*上网—有时	6
		上网—经常	6	解决问题*上网—经常	12
		看电视—很少	1	解决问题*看电视—很少	3
		看电视—有时	2	解决问题*看电视—有时	4
		看电视—经常	4	解决问题*看电视—经常	8
增长见识	2	阅读—很少	2	增长见识*阅读—很少	4
		阅读—有时	3	增长见识*阅读—有时	6
		阅读—经常	6	增长见识*阅读—经常	13
		上网—很少	2	增长见识*上网—很少	4
		上网—有时	3	增长见识*上网—有时	6
		上网—经常	6	增长见识*上网—经常	12
		看电视—很少	1	增长见识*看电视—很少	3
		看电视—有时	2	增长见识*看电视—有时	4
		看电视—经常	4	增长见识*看电视—经常	8
		与人交流—很少	2	增长见识*与人交流—很少	4
		与人交流—有时	3	增长见识*与人交流—有时	5
		与人交流—经常	5	增长见识*与人交流—经常	11

附录2 《个人信息世界量表》赋分规则

续表

项目	得分	项目	得分	项目	得分
休息休闲	1	阅读—很少	2	休息休闲*阅读—很少	2
		阅读—有时	3	休息休闲*阅读—有时	3
		阅读—经常	6	休息休闲*阅读—经常	6
		上网—很少	2	休息休闲*上网—很少	2
		上网—有时	3	休息休闲*上网—有时	3
		上网—经常	6	休息休闲*上网—经常	6
		看电视—很少	1	休息休闲*看电视—很少	1
		看电视—有时	2	休息休闲*看电视—有时	2
		看电视—经常	4	休息休闲*看电视—经常	4

2. 可及（available）、可获（accessible）信息源维度

项目	原始得分	使用值	项目	原始得分	使用值
图书馆书报	5.22	2	政府人员	3.78	1
书店书报刊	3.67	1	研究人员	5.56	3
政府信息公开	3.67	1	实践专家	5.89	3
电脑/互联网	6.33	3	记者	5	2
手机	6	3			

3. 惯用（habitual）信息源维度

项目	原始得分	使用值	项目	原始得分	使用值
故事类	3.44	2	政府机构网站		3
知识类	6.33	5	政府人员	3.78	1
实用类	5.89	5	研究人员	5.56	3
政策法规	5.11	4	实践专家	5.89	3
新闻时政	4.78	4	记者	5	2

4. 信息资产维度

项目	得分	项目	得分	项目	得分
故事类	2	图书：小于 5 本	1	故事类图书：小于 5 本	2
		图书：5—10 本	2	故事类图书：5—10 本	4
		图书：大于 10 本	3	故事类图书：大于 10 本	6
知识类	5	图书：小于 5 本	1	知识类图书：小于 5 本	5
		图书：5—10 本	2	知识类图书：5—10 本	10
		图书：大于 10 本	3	知识类图书：大于 10 本	15
实用类	5	图书：小于 5 本	1	实用类图书：小于 5 本	5
		图书：5—10 本	2	实用类图书：5—10 本	10
		图书：大于 10 本	3	实用类图书：大于 10 本	15
政策法规类	4	图书：小于 5 本	1	政策法规类图书：小于 5 本	4
		图书：5—10 本	2	政策法规类图书：5—10 本	8
		图书：大于 10 本	3	政策法规类图书：大于 10 本	12
故事类	2	杂志文章：小于 5 篇	1	故事类杂志文章：小于 5 篇	2
		杂志文章：5—10 篇	2	故事类杂志文章：5—10 篇	4
		杂志文章：大于 10 篇	3	故事类杂志文章：大于 10 篇	6
知识类	5	杂志文章：小于 5 篇	1	知识类杂志文章：小于 5 篇	5
		杂志文章：5—10 篇	2	知识类杂志文章：5—10 篇	10
		杂志文章：大于 10 篇	3	知识类杂志文章：大于 10 篇	15
实用类	5	杂志文章：小于 5 篇	1	实用类杂志文章：小于 5 篇	5
		杂志文章：5—10 篇	2	实用类杂志文章：5—10 篇	10
		杂志文章：大于 10 篇	3	实用类杂志文章：大于 10 篇	15
新闻时政类	4	杂志文章：小于 5 篇	1	新闻时政类杂志文章：小于 5 篇	4
		杂志文章：5—10 篇	2	新闻时政类杂志文章：5—10 篇	8
		杂志文章：大于 10 篇	3	新闻时政类杂志文章：大于 10 篇	12
故事类	2	报纸栏目：偶尔读	1	故事类报纸栏目：偶尔读	2
		报纸栏目：每周至少 1 次	2	故事类报纸栏目：每周至少 1 次	4
		报纸栏目：几乎每天	3	故事类纸栏目：几乎每天	6

附录2 《个人信息世界量表》赋分规则

续表

项目	得分	项目	得分	项目	得分
知识类	5	报纸栏目：偶尔读	1	知识类报纸栏目：偶尔读	5
		报纸栏目：每周至少1次	2	知识类报纸栏目：每周至少1次	10
		报纸栏目：几乎每天	3	知识类报纸栏目：几乎每天	15
新闻时政	4	报纸栏目：偶尔读	1	新闻时政报纸栏目：偶尔读	4
		报纸栏目：每周至少1次	2	新闻时政报纸栏目：每周至少1次	8
		报纸栏目：几乎每天	3	新闻时政报纸栏目：几乎每天	12
实用类	5	报纸栏目：偶尔读	1	实用类报纸栏目：偶尔读	5
		报纸栏目：每周至少1次	2	实用类报纸栏目：每周至少1次	10
		报纸栏目：几乎每天	3	实用类报纸栏目：几乎每天	15
故事类	2	电视节目：小于每天1小时	1	故事类电视节目：小于每天1小时	2
		电视节目：每天1—3小时	2	故事类电视节目：每天1—3小时	4
		电视节目：大于每天3小时	3	故事类电视节目：大于每天3小时	6
知识类	5	电视节目：小于每天1小时	1	知识类电视节目：小于每天1小时	5
		电视节目：每天1—3小时	2	知识类电视节目：每天1—3小时	10
		电视节目：大于每天3小时	3	知识类电视节目：大于每天3小时	15
实用类	5	电视节目：小于每天1小时	1	实用类电视节目：小于每天1小时	5
		电视节目：每天1—3小时	2	实用类电视节目：每天1—3小时	10
		电视节目：大于每天3小时	3	实用类电视节目：大于每天3小时	15

续表

项目	得分	项目	得分	项目	得分
新闻时政	4	电视节目：小于每天1小时	1	新闻时政电视节目：小于每天1小时	4
		电视节目：每天1—3小时	2	新闻时政电视节目：每天1—3小时	8
		电视节目：大于每天3小时	3	新闻时政电视节目：大于每天3小时	12
故事类	2	网站：小于5次	1	故事类网站：小于5次	2
		网站：5—10次	2	故事类网站：5—10次	4
		网站：大于10次	3	故事类网站：大于10次	6
知识类	5	网站：小于5次	1	知识类网站：小于5次	5
		网站：5—10次	2	知识类网站：5—10次	10
		网站：大于10次	3	知识类网站：大于10次	15
实用类	5	网站：小于5次	1	实用类网站：小于5次	5
		网站：5—10次	2	实用类网站：5—10次	10
		网站：大于10次	3	实用类网站：大于10次	15
新闻时政	4	网站：小于5次	1	新闻时政网站：小于5次	4
		网站：5—10次	2	新闻时政网站：5—10次	8
		网站：大于10次	3	新闻时政网站：大于10次	12
政府机构网站	5	网站：小于5次	1	政府机构网站：小于5次	5
		网站：5—10次	2	政府机构网站：5—10次	10
		网站：大于10次	3	政府机构网站：大于10次	15
政府人员	1	咨询：1—2人	1	咨询政府人员：1—2人	1
		咨询：3—5人	2	咨询政府人员：3—5人	2
		咨询：大于5人	3	咨询政府人员：大于5人	3
研究人员	3	咨询：1—2人	1	咨询研究人员：1—2人	3
		咨询：3—5人	2	咨询研究人员：3—5人	6
		咨询：大于5人	3	咨询研究人员：大于5人	9
实践专家	3	咨询：1—2人	1	咨询专家：1—2人	3
		咨询：3—5人	2	咨询专家：3—5人	6
		咨询：大于5人	3	咨询专家：大于5人	9

附录2 《个人信息世界量表》赋分规则

续表

项目	得分	项目	得分	项目	得分
记者	2	咨询：1—2 人	1	咨询记者：1—2 人	2
		咨询：3—5 人	2	咨询记者：3—5 人	4
		咨询：大于 5 人	3	咨询记者：大于 5 人	6

搜索工具		
项目	得分	使用值
搜索引擎	6.56	7
藏书目录	5.67	6
数据库检索	6.11	6

5. 时间维度

项目	得分	项目	得分
几乎没有	1	大于 3 小时，小于等于 5 小时	4
小于等于 1 小时	2	大于 5 小时，小于等于 10 小时	5
大于 1 小时，小于等于 3 小时	3	大于 10 小时	6

6. 空间维度

项目	原始得分	使用值	项目	原始得分	使用值
图书馆场所	6.22	4	会议场所	5.44	3
博物馆场所展览馆	4.89	3	书店场所	4	2
课堂培训场所	5.67	4	旅行途中	2.89	1

7. 知识维度

语言能力		
项目	描述	得分
中文	什么也看不懂	1
	能看懂简单小故事	2
	能看懂报纸上的大部分文章	3
	能看懂某一方面专业性学术著作	4

续表

项目	描述	得分
英文	什么也看不懂	1
	能看懂简单小故事	2
	能看懂报纸上的大部分文章	3
	能看懂某一方面专业性学术著作	4

信息搜索能力

项目	描述	得分
日常信息搜索复杂程度	向他人询问或委托他人代查	1
	利用百度或谷歌的简单搜索页面（即首页）	2
	利用百度或谷歌的高级搜索页面（点击"高级搜索"进入）	6
	利用百度/谷歌以及专业数据库的高级搜索功能	12
工作/学习信息搜索复杂程度	向他人询问或委托他人代查	1
	利用百度或谷歌的简单搜索页面（即首页）	2
	利用百度或谷歌的高级搜索页面（点击"高级搜索"进入）	6
	利用百度/谷歌以及专业数据库的高级搜索功能	12

批判性思维

项目	得分	项目	得分	项目	得分
知识性	2	理解其字面内容	1	知识性＊理解其字面内容	2
		探究其言外之意	2	知识性＊探究其言外之意	4
		对其证据、观点/结论、逻辑、有用性等进行批判分析	3	知识性＊对其证据、观点/结论、逻辑、有用性等进行批判分析	6
新闻或时政性	1	理解其字面内容	1	新闻或时政性＊理解其字面内容	1
		探究其言外之意	2	新闻或时政性＊探究其言外之意	2
		对其证据、观点/结论、逻辑、有用性等进行批判分析	3	新闻或时政性＊对其证据、观点/结论、逻辑、有用性等进行批判分析	3

最后阶段教育

项目	得分
不满小学	1
小学	2

附录2 《个人信息世界量表》赋分规则

续表

项目	得分
初中	3
高中	4
大专	5
本科及以上	6

参考文献

[1] 丁五启:《图书馆与信息科学的认知基础——耶希·霍克·沙拉的社会认识论构想》,《自然辩证法研究》2006 年第 5 期。

[2] 冯玲、周文杰、黄文镝:《社会性公共文化联动对于信息贫富分化的干预效果研究——来自东莞社会阅读调查的证据》,《图书馆》2015 年第 1 期。

[3] 黄纯元:《知识交流与交流的科学》,北京图书馆出版社 2007 年版。

[4] 吕乃基:《三个世界的关系——从本体论的视角看》,《哲学研究》2008 年第 5 期。

[5] 李煜:《文化资本、文化多样性与社会网络资本》,《社会学研究》2001 年第 4 期。

[6] 宓浩:《图书馆学原理》,国家图书馆出版社 2013 年版。

[7] 仇立平、肖日葵:《文化资本与社会地位获得——基于上海市的实证研究》,《中国社会科学》2011 年第 6 期。

[8] 施良方:《学习论》,人民教育出版社 1994 年版。

[9] [英] 卡尔·波普尔:《客观知识》,舒炜光、卓如飞、周柏乔等译,上海译文出版社 2005 年版。

[10] 田耕:《社会学知识中的社会意象——Doxa 概念与布迪厄的社会学知识论》,《社会学研究》2005 年第 1 期。

[11] 王子舟:《知识集合初论——对图书馆学研究对象的探索》,《中国图书馆学报》2000 年第 4 期。

[12] [印度] 阮冈纳赞:《图书馆学五定律》,夏云等译,书目文献出版社 1988 年版。

[13] 于良芝：《图书馆与情报学（LIS）的使命与视域》，《图书情报工作》2009 年第 9 期。

[14] 于良芝、刘亚：《结构与主体能动性：信息不平等研究的理论分野及整体性研究的必要》，《中国图书馆学报》2010 年第 1 期。

[15] 于良芝：《整体性社会理论及其对信息不平等研究的适用性——以布迪厄的社会理论为例》，《上海高校图书情报工作研究》2011 年第 1 期。

[16] 于良芝：《"个人信息世界"——一个信息不平等概念的发现及阐释》，《中国图书馆学报》2013 年第 1 期。

[17] 于良芝、于斌斌：《保障中国农村社区 ICT 接入的自上而下路径——社群信息学的机遇》，《中国图书馆学报》2013 年第 3 期。

[18] 于良芝、谢海先：《当代中国农民的信息获取机会——结构分析及其局限》，《中国图书馆学报》2013 年第 6 期。

[27] 于良芝、周文杰：《信息穷人与信息富人：个人层次的信息不平等测度述评》，《图书与情报》2015 年第 1 期。

[28] 于良芝：《图书馆情报学概论》，国家图书馆出版社 2016 年版。

[29] 于良芝、樊振佳、程乐天：《信息单元再认识》，《图书馆杂志》2016 年第 7 期。

[30] 杨桂华：《论社会系统的自在控制和自为控制》，《哲学研究》1998 第 8 期。

[31] 杨絮、于良芝：《兰开斯特的预言与 iSchool 的抱负：跨时代的话语分析》，《中国图书馆学报》2018 年第 3 期。

[32] [美] 杰西·H. 谢拉：《图书馆学引论》，张沙丽译，兰州大学出版社 1986 年版。

[33] 周文杰、闫慧、韩圣龙：《基于信息源视野理论的信息贫富分化研究》，《中国图书馆学报》2015 年第 1 期。

[34] 周文杰：《公益性信息服务能够促进信息公平吗？——公共图书馆对信息贫富分化的干预效果考察》，《中国图书馆学报》2015 年第 4 期。

[35] 周文杰：《走向用户中心：公共图书馆体系对个体发展影响的理论解读》，《国家图书馆学刊》2017 年第 1 期。

[36] 周文杰、白钰：《信息减贫语境中的公共图书馆：职能与定位》，《中国图书馆学报》2017 年第 1 期。

[37] 周文杰：《二维向度中的图书馆学科理论视域与边界：一个基于职业实践的元理论分析框架》，《图书馆》2017 年 12 期。

[38] 周文杰：《微观视角下的图书馆职业洞察——读〈图书馆情报学概论〉兼与梁灿兴老师商榷》，《高校图书馆工作》2018 年第 6 期。

[39] 周文杰：《社会认识层次性与图书馆的本质论析》，《中国图书馆学报》2019 年第 1 期。

[40] 周文杰、徐少翔：《知识交流与图书馆情报学的理论基础——"知识交流论"创立三十年回顾、评析与启示》，《国家图书馆学刊》2019 年第 4 期。

[41] Ausubel, D. P., "The Use of Advance Organizers in the Learning and Retention of Meaningful Verbal Material", *Journal of Educational Psychology*, Vol. 51, 1960.

[42] Butler, P., *An Introduction to Library Science*, Chicago: The University of Chicago Press, 1933.

[43] Budd, J. M., "Jesse Shera, Sociologist of Knowledge?", *The Library Quarterly*, Vol. 72, No. 4, 2002.

[44] Clarke, C., Yu, Liangzhi, Lu, F. and Yu, C., "How far Can We Go in Ensuring Equality of Access to Public Library Services? Services? The Re-Visitation of a Core Professional Value in the Context of Regional and Urban-Rural Inequalities in China", *Library*, Vol. 61, No. 1, 2011.

[45] Egan, M. E. and Shera, J. H., "Prolegomena to Bibliographic Control", *Journal of Cataloging and Classification*, Vol. 5, No. 2, 1949.

[46] Egan, M. E. and Shera, J. H., "Foundations of a Theory of Bibliography", *Library Quarterly*, Vol. 22, 1952.

[47] Guthrie, R. and Powers, F. F., *Educational Psychology*, New York: Ronald Press, 1950.

[48] Luciano, Floridi, "On Defining Library and Information Science as Applied Philosophy of Information", *Social Epistemology*, Vol. 16, No. 1, 2002.

[49] Piaget, J., *The Graph of Consciousness*, Cambridge, M. A.: Harvard University Press, 1976.

[50] Shera, J. H., "Social Epistemology, General Semantics, and Librarianship", *Wilson Library Bulletin*, Vol. 35, 1961.

[51] Shera, J. H., *Sociological Foundations of Librarianship*, New York: Asia Publishing House, 1970.

[52] Shera, J. H., *The Sociological Foundations of Librarianship*, Asia Publishing House, Bombay, India, and New York, 1970.

[53] Yu, Liangzhi, "How Poor Informationally are the Information Poor? Evidence from an Empirical Study of Daily and Regular Information Practices of Individuals", *Journal of Documentation*, Vol. 66, No. 6, 2010.

[54] Yu, Liangzhi, "The Divided Views of the Information and Digital Divides: A Call for Integrated Theories for Information Inequality", *Journal of Information Science*, Vol. 37, No. 6, 2011.

[55] Yu, Liangzhi, "Towards a Reconceptualization of the Information Worlds of Individuals", *Journal of Librarianship and Information Science*, Vol. 44, No. 1, 2012.

[56] Zandonade, T., "Social Epistemology from Jesse Shera to Steve Fuller", *Library Trends*, Vol. 52, No. 4, 2004.

后　　记

　　我国图书馆情报学领域的研究者曾于20世纪80年代掀起了基础理论问题讨论的热潮，然而，这些讨论并没有能完全廓清图书馆情报学领域理论的迷茫。面对社会的数字化深刻转型和iSchool运动的风起云涌，图书馆情报学理论工作者再次面临着清晰回答图书馆职业将走向何方的问题。本书的撰写，正是基于这一背景而展开。

　　本书建构社会认识层次论的目的，是沿着杰西·谢拉在20世纪中叶开创的社会认识论的理论路径，结合图书馆职业实践的特征，为图书馆情报学的理论发展提供一些积极的启示。在本书前半部分的理论建构中，主要涉及了社会认识论本身的理论介绍，以及与之关联的客观世界、知识组织、认知结构、认知地图等若干理论构念。本书所提出的社会认识层次论的整体框架，正是将这些构念与图书馆职业的实践相关联而展开逻辑演绎的结果。关于社会认识层级性及图书馆职业的本质属性的有关思考，已作为单独的学术论文投诸学术刊物并得到了发表。为避免因坐而论道而陷入"自说自话"式理论空想，针对着社会认识层次论的若干命题，笔者也尝试开展了一系列实证研究。这些实证研究，大致始于2011年，到目前为止仍然在不断地深化。实证研究的成果，也已经或将要以学术论文的形式报告出来。

　　在本书前半部分的理论建构中，前辈学者的著述给予了无限的启迪。尽管本书在写作中尽量以引文形式表达对前人研究成果的敬意，但限于精力和学识，难免存在引用文献挂一漏万或对前人理论陈述的理解不够准确的情况。为此，笔者愿意对本领域的先行者们再次奉上最真诚的谢意和歉意。本书后半部分的实证研究不仅得到了国家自然科学基金的资助，而且也得到了受访者的配合和支持，尤其需要提及的是，我的学生徐少翔、万瑞、白钰、高冲、张彤彤等都曾先后帮助我检索文献、分析数据或校对文稿。正是因为得到了各方面的支持和帮助，这些实证研究才最终得以"修成正果"。当此书稿得以完稿之际，感谢之情竟无以言表。唯愿在后续研究中，以更加成体系的成果，来回报基金委、受访者和我的团队中其他成员的支持。同时，本书的写作虽然暂时告一段落，但关于社会认识层次论的探索却才刚刚开始。为此，笔者愿意以最开放的心态，期盼在后续研究中听取并吸纳来自读者的评点与指正。

2020 年 5 月